兵法经营学构建研究

纪洪波　姚振文　著

山东大学出版社

图书在版编目(CIP)数据

兵法经营学构建研究/纪洪波,姚振文著. —济南:山东大学出版社,2015.5

ISBN 978-7-5607-5272-3

Ⅰ.①兵… Ⅱ.①纪… ②姚… Ⅲ.①《孙子兵法》—应用—企业经营管理—研究 Ⅳ.①F270

中国版本图书馆 CIP 数据核字(2015)第 095100 号

责任策划:王立强
责任编辑:王立强
封面设计:张 荔

出版发行:山东大学出版社
社 址 山东省济南市山大南路 20 号
邮 编 250100
电 话 市场部(0531)88364466
经 销:山东省新华书店
印 刷:山东德州新华印务有限责任公司
规 格:720 毫米×1000 毫米 1/16
12.5 印张 220 千字
版 次:2015 年 5 月第 1 版
印 次:2015 年 5 月第 1 次印刷
定 价:29.00 元

自序

以《孙子兵法》为代表的传统兵学思想是中华民族宝贵的精神财富。它可以广泛应用于政治、经济、外交、体育、医学等各个领域，而以在商业经营管理中的应用最为突出。早在春秋战国时期，范蠡、白圭便把兵法理论应用到经商活动中，取得了巨大的成功。20世纪50年代以后，日本企业界在大桥武夫的倡导下，注重兵法经营的理论研究与实践探索，开启了兵法思想在现代经营管理中应用的先端。20世纪80年代以后，伴随着改革开放与市场经济的实践，中国也掀起兵法经营的热潮，并一度成为学术界的热门研究课题。时至今日，借鉴兵学理论指导经营管理和市场竞争已成为企业家的一种时尚。

兵法经营实践的探索迫切需要专门理论的指导，于是人们开始提出“兵法经营学”的说法。如日本的大桥武夫就著有一本名为《兵法经营学》的著作，他手下的研究群体则被称为“兵法经营学派”。在中国，也有部分学者在文章或著述中提到“兵法经营学”的名称，并简单地论及兵法经营的概念问题。

然而，真正能够深入地认识和分析这一问题的，是中国孙子研究会的首席专家吴如嵩先生。吴先生曾指出：关于《孙子兵法》与商战的问题，由于“兵法经营学”这一学科建立不起来，这方面的许多论著距市场经济的实际相去甚远，解决不了问题。而且，由于长期以来，我们在理论上并没有真正建立起符合中国特色的社会主义的兵法经营学，因此一些这方面的论著问题不少，负面影响较大。对于如何构建兵法经营学，吴先生又指出：所谓“兵法经营学”就是要将兵法与经营各自的理论体系打碎，经过仔细分析研究，在提炼二者共性的基础上，建立起一个新的体系。另外，吴先生的弟子宫玉振博士在这一领域也有深刻的见解，他著有一本《取胜之道——孙子兵法与竞争原理》的专门著作，致力于探讨兵法经营的深层理论问题，并初步构建起一个较为完善的兵法经营理论体系，堪称兵法经营学的奠基之作。

滨州学院自2005年9月成立孙子研究院以来，也十分关注《孙子兵法》在商业领域应用的研究，并将研究的方向和重点集中于兵法经营学构建这一核心问题上。2008年10月和2009年10月，为了推动兵法经营学的学科建设，《滨州学院学报》推出了两期特刊——《兵法经营学构建研究》和《再论兵法经营学构建》。在此过程中,我们也围绕兵法经营学构建的几个核心问题,提出了自己的观点。

在2008年的特刊上,我们推出《兵法经营学体系之构想》与《兵法经营中的谋略运用与欺诈问题》两篇文章。前者在阐释兵法经营基本概念和基本理论的基础上,初步构建了兵法经营学的理论体系;后者强调,如何对待由兵法谋略运用所带来的欺诈问题是兵法经营研究的焦点,我们必须立足社会竞争现实,承认兵法谋略内含的欺诈成分的客观存在,辩证认识和对待兵法经营中的欺诈问题,最终超越兵法经营的两难困境。

在2009年的特刊上,我们又推出《兵法经营学研究范式之构想》一文。该文立足于兵法经营研究尚处于前学科阶段的现状,探讨了不同的研究范式和研究方式在兵法经营研究领域的兼容与整合问题,最终设计出"诠释(interpretation)—构念(theoretical construction)—实征(empirical research)—互动(action research)"的兵法经营学理论体系建构路径。

在2012年9月出版的《兵道与商道——博弈中的生存哲学》(中国文史出版社)一书"序言"中,我们重点分析了中外兵法经营的不同特点问题。该文强调,由于各国开展兵法经营的主客观条件不同,其在兵法经营的发展历程和研究思路上表现出较大的差异,这种差异又集中体现了各国管理文化的不同特色,并为我们探索中西方管理思想和管理理论的融合问题提供了诸多有益的启示。

2012年10月,我们又推出《孙子复杂适应系统理论及其对企业竞争战略的启示》(《北京工业大学学报》2012年第5期)一文,这篇文章旨在重点解决兵法经营学实践的实效问题。我们认为,就孙子兵法与企业竞争理论的结合而言,如果仅仅是从静态的视角关注孙子某一思想与企业经营管理的对接与融合,难以适应信息化时代企业竞争的动态性和复杂性需求。为此,实现《孙子兵法》思想与现代复杂适应系统理论的对接与融合,在兵法经营学学科建设上具有极其重要的理论价值和现实意义。

从兵法经营学的基本概念、内容体系到兵法经营学的焦点问题,再逐步深入到兵法经营学的研究方法、实用实效及中外兵法经营的不同特色,这些论述都是围绕兵法经营学的基本理论问题而展开的,其根本目标是要对兵法经营学的研究对象、内容、方法等加以框定,构建起一个新的学科体系。而另一方面,我们又从不同视角探讨了兵法经营学的特色专题问题,力求使已经形成的基础理论框架更为丰富和完善。这方面发表的文章包括:《孙子兵法战略管理思想的普适意义》《孙子兵法蕴含的现代企业战略管理思想》《孙子兵法的战略隐喻及其对战略理论的贡献》《从孙子兵法看构建中国企业文化核心竞争力》《不战而胜与超越竞争——孙子兵法对企业界全争战略的启示》《孙子的战争实力论与企业竞争优势理论》《孙子兵法组织结构思想对企业管理的启示》《孙子兵法军事地理思想对企业经营管理的启示》《商务谈判的柔武制胜艺术》《孙子兵法与竞争文化》等。

对几年来的研究结论进行整合、提升，对有关内容进行修改、完善，便有了今天这本书的出版。我们希望能以此突破兵法经营学理论研究的瓶颈，进而大力推动兵法经营学的学科建设。当然，本书的出版，还不能解决兵法经营学构建的所有理论问题，毕竟这一领域的探讨尚处于起步阶段。但我们有理由相信，兵法经营学作为一门新兴的学科具有巨大的发展潜力，而这一学科的建立与发展，也会带来经营理论的革命性变化，我们愿与学界同仁一起，共同为这一学科的丰实和发展作出自己的努力。

在该书出版之际，我们要特别感谢吴如嵩先生、宫玉振博士与赵海军博士，他们在该领域的真知灼见给我们太多的启发，书中也大量引用了他们的观点。我们还要感谢孙子研究院的梁娟娟、郭海燕两位博士，她们对该书内容提出了许多宝贵意见，并参与了部分书稿的整理。另外，由于笔者水平有限，加之时间仓促，书中难免存在不少错误，不当之处，敬请读者朋友批评指正！

纪洪波　姚振文

2015 年 4 月 8 日

目 录

上 编

下 编

上编

第一章 兵法经营学概论

中国的传统文化蕴含着丰富的管理哲学、管理思想和管理方法。发掘这一宝库，继承其精华，剔除其糟粕，对建设具有中国特色的企业管理模式具有重要意义。以《孙子兵法》为代表的传统兵学是中国传统文化的重要组成部分，其战争指导原则、战略战术思想、治军思想、将帅理论均蕴含着丰富的管理学价值。深入挖掘这些思想价值，并将其应用于企业经营管理实践中，也就产生了兵法经营的专门学问。那么，对兵法经营学如何进行理论界定？兵法经营研究的主要意义是什么？其研究队伍和研究内容如何构成？研究的主要思路和方法是什么？对于这些问题，都需要作出明确的解释和科学的论证，本章的写作目的正在于此。

一、兵法经营学的理论界定

所谓“兵法经营”，就是把《孙子兵法》等兵法思想移植、嫁接、作用于工商经营管理、经商行销，使工商企业在生产经营中获得成功、获得胜利。[①] 就此而言，兵法经营学就是研究中国传统兵学理论在经营活动中的运用的学问。有学者认为，之所以叫“兵法经营”而不叫“兵法管理”，是因为“经营”一词在现代通常特指企业经营管理活动，其含义比较明确；而“管理”一词只有冠以“企业管理”，才特指企业经营管理活动。可见，叫“兵法管理”会导致概念比较模糊。另外，“兵法经营”的称谓也比较简练。日本的大桥武夫先生在 1962 年出版了一部用

① 参见杨先举：《兵法经营刍议》，《滨州学院学报》2008 年第 5 期。

兵法指导企业管理的著作，取名叫《借兵法经营》。有人直译为《兵法经营》，我们认为是比较确切的。①

下面，我们对兵法经营的概念和内容作进一步的理论分析：

“兵法”，在中国古代指用兵、治军的原则和方法，类似于现代军事术语中所说的战略、战役法和战术（论述兵法的著作称为“兵书”，与“兵法”二者通用）。兵法的出现，就是为了指导战争，把握战争，赢得战争。战争是人类活动的一个重要组成部分，与其他类型的人类活动相比，它具有对抗的暴烈性、信息的不确定性和政治从属性等特点。兵法就是对古代战争经验的总结，是对战争规律的科学认识。

“经营”，是指与企业商务活动有关的实现企业在市场上运作的各种内外活动，具体包括企业竞争与企业管理。它是一个通过与市场打交道，利用价格机制使自己生产的产品和劳务在市场上获得利益，组织调配组织内有限资源而获得最佳配置效率的过程。经营具有竞争性，它本质上是经济主体在市场上为实现自身的经济利益和既定目标而不断进行角逐的过程，遵循“物竞天择，适者生存”的基本法则和优胜劣汰的必然规律。

兵法与经营具有同质性。兵法本身就有管理的内容。军事活动可谓人类产生得最早、最为频繁、规模最大的管理实践。现代管理学中的几大职能，诸如计划、组织、指挥、协调、控制等，在军事活动中都有集中体现。现代管理学中所盛行的词汇，诸如“决策”“战略”“指挥”“参谋”等都是从军事科学中借代过来的。从现代商业实践来看，兵法与经营具有更多的同质性。“诸如以功利为目的的竞争性，决策的预见性，谋划的宏观性，信息的盖然性，投入的风险性，实施的灵活性，管理的法规性，以小的代价换取最大胜利的价值观念，等等。”②同质性规定了两者之间可以沟通的有效范围，即经营应主要从哪些方面去借鉴兵法智慧。

兵法与经营也具有异质性：兵法的目的在于消灭敌人，保存自己；经营的目的在于赢得客户，赢得市场。异质性规定了两者之间的排斥和不可沟通的部分，将兵法应用于企业经营管理要区分好两者的界限。两者的异质性决定了经营对兵法的应用不可盲目为之，如果企业完全以指导战争的思路经营企业，不顾社会和谐，欺诈百姓，对人性的弱点大加利用，不顾社会道德，甚至不顾国家法律，必然与建设和谐社会的宗旨相违背，也必然无法保证企业的长久发展。

兵法与经营的同质性与异质性决定了兵法经营学的特色与价值，也决定了

① 参见崔军：《古代兵法与现代企业管理》，北京：国防工业出版社 1994 年版，第 3 页。

② 吴如嵩：《超越兵法》，《滨州学院学报》2008 年第 5 期。

兵法经营学研究的基本内容、基本取向和研究范围。

从研究内容上说，兵法经营学包括兵法与经营的同质性与异质性、兵法经营的历史渊源及发展历程、兵学与经营理论体系的融合与重构、兵法应用的局限与禁忌等。

从研究取向上说，兵法经营学既要对兵法经营哲学、兵法经营理论体系进行探索，也要对具体的管理原理、管理工具和管理方法进行探索。

从研究的时间维度上说，兵法经营学既要注重对传统兵学精髓的提炼和继承，又必须对当代兵法经营实践经验进行提炼、归纳、萃取和创新。

从研究的空间维度上说，兵法经营学既要注重对东方本土管理文化及现实问题的解决，也要跟踪西方管理理论的新进展、新成就，并深入剖析西方管理理论和方法无法触及的一些问题。

二、兵法经营学研究的主要意义

商场如战场，商战即兵战。企业与企业之间的竞争，实际是场不宣而战的战争。企业家要在竞争中克敌制胜，求取生存，就必须探寻一套行之有效的战略战术。为此，人们把目光转向兵学，采用兵法经营，无疑是件再自然不过的事情。

从根本上讲，兵法与经营管理的结合，既是商业实践的需求，也是经营管理理论发展的必然。

中国的战争理论早在先秦时期便已经趋于成熟，比较而言，其经营理论则要滞后得多。故而，当人们从事商业经营的时候，很自然地便会借鉴兵学理论，并最终得出了“商场如战场”的结论。西方则刚好相反。西方商品经济的传统久远而浑厚，军事理论却并不像中国传统兵学那样早熟。因此，西方人谈及战争与经营之间的关系时，是将商业理论引入军事领域，而不是相反。普鲁士学者海因里希·冯·比洛有一句名言：“要像对待商业一样对待战争。”就连《战争论》的作者克劳塞维茨也认为：“战争是像交易那样的东西。”[①]其实，无论是将兵学理论引入商业竞争领域，还是将经济理论应用于战争领域，都反映了这样一个现实，即从本质上说，战争与经营具有很大程度上的同质性。竞争是经营的本质特征，这就决定了经营理论的主体内容是竞争理论。竞争的极致是对抗，而对抗的极致则是战争。以《孙子兵法》为代表的中国传统兵学，是揭示战争理

① 转引自纪洪波：《从兵法经营到兵法经营学（代序）》，《滨州学院学报》2008 年第 5 期。

论的顶尖之作，同时也是揭示竞争理论的经典著作，其对于经营管理的指导意义便不言而喻了。

就当代社会而言，兵法经营作为一种富有特色的经营管理模式，是中西方管理实践和现代管理学理论发展的需要，其在中西方管理文化融合的过程中具有重要的地位和作用。

西方经营管理理论来源于西方企业经营管理实践，作为推动西方发达国家经济腾飞的引擎之一，其成功之处显然是要充分肯定的。但是，西方各种经营管理著作标新立异、派别层出不穷，形成相互交叠、涵盖或游离的态势，它们之间又缺乏有机联系，缺乏系统性，让人目不暇接，无所适从。从技术的层面讲，西方现代经营管理理论在制度和规范方面可谓日益成熟和精细，但在战略问题上却有着明显的不足。“以美国社会和制度为背景发展起来的西方战略管理理论体系具有一定的基本假定。这些假定为该理论发展限定了方向，但却可能不适用于更广泛的背景。”①正因如此，当代西方战略管理思想正在进行后现代化创新。目前，西方战略创新思想、方式更多地关注领导者的直觉、个人经验及各种非规范不确定因素，批判正规的、过程化的、体制化的战略管理，而这些都可以从中国古代兵法及战略文化中得到借鉴与启示。还有学者认为，西方管理学研究的各种理论，可以说都是“实力派”的。其基本原则是通过各种新颖有效的管理手段，提高经营水平，最终以实力压垮竞争对手。但它们不仅在应用中产生了一些问题，而且出现了“理论盲点”。这个盲点在于经营者并非都是“君子人格”，因而不可能在经营时都采取正规且合乎道德的“君子经营”。而“兵法经营”正是针对这个“理论盲点”发展起来的，更侧重于经营中必不可少的谋略。相对于“实力派”来讲，兵法经营理论是“谋略派”的。虽然兵法讲究“兵不厌诈”，但用兵从来都不抛弃正义与道德，只是它面对变幻莫测的现实，更能掌握胜算，取得经营的优势。②

中国自经济体制由计划经济向市场经济转型以来，经过了二十多年的发展，业已形成丰富的经营实践，但在经营理论的发展上却基本沿袭西方的模式。而西方的经营理论毕竟是建立在西方经济的发展模式与文化背景下，因而其在中国的运用必须有具体语境的联系和转换。换言之，将中国的管理实践及传统的管理思想放在西方的管理语境中去理解，是存在问题的。西方管理文化的创新有其特定的历史背景、社会基础与企业经营状况。张阳认为，西方的企业战略管理思想是伴随科技进步、经济发展和竞争加剧出现的，其主要的着眼点是

① 许德音、周长辉：《中国战略管理学研究现状评估》，《管理世界》2004 年第 5 期。

② 参见达非：《兵法经营》，《读书》1992 年第 10 期。

适应快速变化的环境和应对激烈的竞争。当这些思想被移植到中国企业的土壤中时，必须在管理文化发展的视角上重视西方管理理性传统的意义。要知道，在一个具有理性化管理传统的企业中进行现代化创新，可以突破思想束缚，企业传统的管理基础可以获得更广阔的发展空间而不是遭到破坏。但在一个理性缺失的企业中进行同样的创新，带来的可能是虚无的改革。仅仅以商务领域的差别进行类比和学习，会使我们的企业处于两难处境，在一个理性缺失和一个不同的文化系统中，抓住的虽然是最新的，然而可能是缺乏坚实基础的管理思想。① 很显然，中国企业管理文化的建立，中国管理改革的推进，需要立足科学和理性层面，接纳和吸收西方的先进管理理论。这时，以高度理智、冷静、清醒为显著特征的兵学管理理论恰恰适应了这种需要。兵法经营及兵法经营学理论的兴起正是这种时代环境的产物。

然而，目前的兵法经营理论与规范化市场经济的需要还有很大的差距，兵法经营理论尚未走向体系化，离学科的建立相去甚远。

究其原因，就日本和西方世界而言，虽然有成熟的市场经济体制，但他们对中国传统兵学的总体把握显然存在问题，对中国传统文化的大背景也缺乏必要的了解，这就使两个体系的对接存在很大困难。

就国内来说，由于处于市场经济发展的不完善阶段，成熟的市场调节机制尚未形成，企业界人士在兵法经营活动中，更多关注兵法中“术”的层面，很少上升到“道”的高度，兵法应用于经营的非道义化倾向严重。许多企业家、理论家热衷于从古代文化中发掘各种克敌制胜之术，走极端，把《孙子兵法》和《三十六计》《厚黑学》混为一谈，在企业经营管理中表现出严重的谋略不足、取巧有余。“术”的盛行，也会使企业经营管理充满随意性，投机盛行，缺乏整体和长远的战略管理能力。②

有鉴于此，如何将《孙子兵法》的基本理念与当代企业竞争理论进行充分的关联探讨；如何从战争与竞争的深层次一致性上，揭示《孙子兵法》理论在企业竞争管理中的应用价值；如何将兵法经营不同层次、不同水平和不同内容的需求统一到一个完善的学科体系中来，真正揭示兵法经营的基本原理，创建一个新的学科，还有待于志同道合的中外学者付出艰苦不懈的努力。

---

① 参见张阳、余菲菲：《企业战略创新研究方法的探索性分析》，《科技进步与对策》2009 年第8 期。

② 参见洪兵：《孙子兵法与经理人统帅之道·序言》，北京：中国社会科学出版社 2005 年版。

三、兵法经营学研究的主要队伍与主要内容

从研究力量上来说，当代中国《孙子兵法》与企业经营管理的研究队伍大致由军事学者、管理学者和企业家几部分力量构成。

(一)部分兵学专家对兵法经营的理论指导

这些人都有深厚的兵学理论底蕴，能够充分认识兵法经营的优势和不足。他们强调不能简单地将兵法与经营管理对接，而是要在兼通兵学和企业管理理论的基础上，达到融会贯通的境界。如国防大学李殿仁将军在一次讲座中谈到，学习《孙子兵法》应在“悟”“融”“用”三个方面下工夫。所谓“悟”就是必须逐字逐句地咀嚼，反反复复地思索，把握其精髓，悟到其真谛。所谓“融”，即全面了解孙子的思想体系，无论是指挥军队作战还是进行企业经营，都要系统地用计用谋，不能单向思维。所谓“用”，即灵活运用，兵学不是刻板的理论，兵法原则只有灵活运用才具有价值、才有活力。军事科学院吴如嵩教授对此谈得更为深刻，他说：“兵法商用也好，兵法医用也好，究其根本都是用的中国文化中特有的重道轻器的思维方式：重宏观，轻微观，重整体，轻个别，重综合轻分析，重意象轻具象。这种思维方式颇能触动人们的思维按钮，举一反三，以石攻玉，获得灵感，创新出奇。”[①]此外，其他兵学专家也分别从不同的角度对兵法经营进行了深刻的理论分析。如宫玉振在《滨州学院学报》先后发表《孙子兵法在经济领域中应用的历史性跨越》(2005 年第 5 期)、《从战争理论看企业竞争的本质属性及指导原则》(2006 年第 5 期)、《孙子兵法的全胜思想与企业竞争样式的选择》(2008 年第 5 期)、《孙子兵法与企业经营管理研究 30 年巡礼》(2009 年第 5 期)、《取胜之道：一个基于孙子兵法的企业竞争理论体系》(2011 年第 1 期)等文章，立意深远，见解独特，从理论上真正廓清了兵法经营的本质及应用机制，对推动兵法经营研究的深入开展做出了重大贡献。

(二)部分管理学者对兵法经营的系统论述

这些人在经营管理研究方面具有专业优势，同时又能较全面地了解兵法的基本思想，故他们对兵法与经营如何结合的问题论述比较具体，且能形成较为系统的理论成果。如南开大学教授陈炳富长期致力于《孙子兵法》管理思想研究，先后发表近 20 篇论文，还与国外学者合作出版了英文版的《〈孙子兵法〉及其在管理中的一般应用》。南京大学国际商学院院长周三多与他人合作，在其

---

① 吴如嵩：《孙子兵法新论》，北京：解放军出版社 2008 年版，第 211 页。

工商管理硕士战略管理课教材基础上，出版了《孙子兵法与经营战略》一书，把中国古代战略思想与现代战略理论结合起来，是一部将古今中外管理理论融为一体的颇具特色的专著。中国人民大学杨先举教授连续出版了《孙子兵法与企业管理》（合著）、《兵法经营十谋》等专著，发表论文多篇，对《孙子兵法》在企业经营管理中的应用从理论上作了颇有深度的研究。在西方，管理学者也十分注重把兵法理论移植到企业经营管理之中。如美国营销大师菲利浦·科特勒曾在其《营销管理》一书中，探讨了兵法在营销中的应用。美国IBM公司的战略顾问麦克内利曾撰写《经理人的六项战略修炼：孙子兵法与竞争的学问》一书，对《孙子兵法》中的概念和思想进行了概括、提炼和整合，并结合数十家世界知名跨国公司战略的成败得失，提出了管理者应该把握的六项战略原则。上述学者的成果实质上是将传统军事谋略以现代管理理论进行解释，形成现代管理理论可以接受的术语、概念、原则，以此来获得知识运用的合理性基础。

（三）部分企业家对兵法经营的个人感悟与实践

这些人有丰富的企业管理经验，他们凭借对兵法思想的爱好与感悟，巧妙地将兵法思想运用于企业管理实践，积累了很多经验层次的知识。如沃尔沃卡车公司大中国区总裁兼首席执行官吴瑜章认为，市场就是战场，不懂市场战争学的企业家，不可能带领企业在长期的市场竞争中取得最终的胜利。中国海尔集团总裁张瑞敏也认为，灵活运用《孙子兵法》中的战略战术思想可以应对变幻莫测的市场风云，他在企业实践中曾借鉴《孙子兵法》的"疾水漂石"思想制定出市场竞争的速胜战略。日本软银公司总裁孙正义更是将自己的思想和感悟融入《孙子兵法》中，提出了一个纵横各五字的文字盘，即"一流攻守群，道天地将法，智信仁勇严，顶情七略斗，风林火山海"。[①] 这其中既吸收了孙子思想的精华，又有他个人的发挥和创造。如"一流攻守群"意为：以争天下第一为目标，洞察时势潮流，考虑攻守均衡，既要力求事半功倍的效果，又要分散风险，准备几种方案（群）。"顶情七略斗"则意为：站在最高处环视四周变化，获得尽可能多的信息。"风林火山海"，加一个"海"字，意为侵吞之势如海潮。总之，企业家运用兵法不能只简单地学习兵法的"形"，还要结合实践经验和个人感悟，掌握兵法的"神"。黄朴民先生曾经指出："学习兵法要'不以法为守'、'而以法为用'，要'常能缘法而生法'、'与夫离法而合法'，表面上你做的事情是跟原则好像有距离，实际上你的精神核心是合法的，表面上是离开的，但是实际上是吻合的。这才是读《孙子兵法》、理解《孙子兵法》、运用《孙子兵法》的最上乘的境界。"[②]

---

① 参见邱复兴：《孙子兵学大典》第7册，北京：北京大学出版社2004年版，第30～31页。

② 黄朴民：《大话孙子兵法》，济南：齐鲁书社2003年版，第12页。

在多年的兵法经营发展历史中，上述兵法经营的研究者们主要围绕战略规划、竞争手段、营销策略、信息情报、团队管理、领导素养与领导力等主题，对孙子思想在企业经营管理中的应用价值进行了多层次、多角度的探讨，取得了丰硕的成果。其中重大的理论问题，包括兵法经营的必要性与可行性，兵法经营的内容和原则，兵法经营的经验、误区与教训，兵法经营与中外管理文化融合等课题。这其中，最关键的问题则在于兵法经营学理论体系的构建问题。

实践的需要是理论发展的原动力，而理论成熟的标志则在于其自身的体系化。随着兵学理论受到越来越多的企业界人士的关注，兵法经营管理的研究之作不断涌现。但从总体上说，目前的研究还大多局限于兵法原则加案例分析的层面，部分涉及兵学原理在经营管理的某一局部或层面(如市场营销、人才管理等)的应用，距离兵法经营学理论的真正创立依然相去甚远。这其中的根本问题就在于如何构建兵法经营学的内容体系。对此，很多学者都认为，兵法经营学内容体系的建立，绝非兵法学与经营学的简单对接，而必须以孙子兵学思想体系为基础框架，广泛吸收军事学、经营学、经济学、管理学、心理学等多学科的知识，并在中西方管理文化融合的基础上，形成一个多元、灵活、开放的理论知识体系。

那么，孙子兵学思想本身有无体系呢？回答是肯定的。“整个《孙子兵法》行文仅十三篇，最长的一篇不过几百字，却可以从中找到现代管理学、市场学、战略学、领导科学、决策科学、组织行为学、伦理学以及经济学等学科的影子。更为奇妙的是，它决不是这些影子的叠加或组合，《孙子兵法》活的灵魂在于其本身独具一格的系统的思想体系。”[①]对于如何解读这一体系，学者们有不同的看法。如吴如嵩从《孙子兵法》本身的军事命题出发，对孙子的军事思想体系提出了一个新的框架，即安国全军的慎战论、深谋远虑的先胜论、不战而屈人之兵的全胜论、威加于敌的伐交论、纵深奔袭的突袭论、攻虚击弱的易胜论、示形动敌的致人论、因利制权的任势论、兵以诈立的诡道论、奇正相生的阵法论、用兵八戒与十围五攻的方法论、令文齐武的治军论、五德兼备的将帅论、因粮于敌的后勤论、九地六形的军事地理论、刚柔皆得的战道论，简称“十六论”。[②] 2002年，吴如嵩又提出一个观点：《孙子兵法》军事思想本身的逻辑体系应该是概念范畴体系，这一体系的骨架是六大范畴，即“全破”“庙算”“虚实”“形势”“奇正”和“赏罚”，而这一切目的又都是“争利”。[③] 刘庆在《〈孙子〉兵学体系初探》一文

① 苏东：《孙子兵法与西方管理理论比较研究之我见》，《科学管理研究》1997年第5期。

② 参见吴如嵩：《孙子兵法新论》。

③ 参见吴如嵩：《徜徉兵学长河》，北京：解放军出版社2002年版。

中，则将孙子兵学体系分成军事思想体系、思维形式体系和思维方式体系三个不同的层面。其中，军事思想体系又分为战争准备理论和战争实施理论两大部分；思维形式体系具体包括战争问题、作战指导和军队建设三个基本范畴群；而方法论体系则主要是由逻辑思维方法、定量分析方法、朴素系统方法、朴素辩证思维方法组成。[①] 从上述内容看，《孙子兵法》本身有一个完整的内容体系，而这一体系的存在无疑为兵法经营理论体系的构建奠定了坚实的基础。

就具体的途径而言，要建立科学的兵法经营理论体系，必须本着历史与现实相结合、理论与实践相结合、科学精神与人文情怀并重的原则，首先明确《孙子兵法》和当代西方经营管理理论的不同文化背景，然后从不同的层面进行系统的比较分析。要在中国传统文化和西方企业管理的双重语境中，从整体上对《孙子兵法》进行解读，注入现代企业经营管理知识，实现和合创新，最终形成新的思想理论体系。我们认为，这一思想理论体系的主要内容应包括：借鉴“慎战、全利”思想，确定宗旨与愿景；借鉴“知胜”之道，制定战略决策要审时度势，“校计索情”，全面考虑影响决策的制约因素，充分获取相关信息，对信息进行有效分析；借鉴“治胜”之道，内部管理要“修道保法，积形蓄势”，加强企业文化建设、制度建设、资源开发利用、核心竞争力构建；借鉴“致胜”之道，市场竞争要“不战而胜”，超越竞争，“批亢捣虚”，因利造势，争取经营的最终胜利。

四、兵法经营学研究的思路与方法问题

就当前而言，兵法经营学研究的思路和方法集中体现为以下几个方面的问题：

第一个问题是，兵法经营研究是否需要丰富的实践案例做支撑。兵法和经营一样，都是实践的科学，仅仅坐而论道显然是不行的，必须置之于活生生的社会实践中才能焕发出活力来。以《孙子兵法》为代表的中国传统兵学经典，之所以能跨越时空，在诸多领域产生巨大的影响，根本原因在于其所论问题超越战争而上升到了哲理的层面。其真正的价值并不是给人们提供现成的答案或方法（军事领域亦是如此），而是从哲理的层面为人们提供正确的思考问题的方法。因此，只有真正懂得现实军事的人，才能通过中国传统兵学的学习不断提高自己，从而成为出色的将领或军事理论家；同样，只有熟悉现代经营管理的

① 参见刘庆：《〈孙子〉兵学体系初探》，第一届孙子兵法国际研讨会论文编写组：《孙子新探》，北京：解放军出版社 1990 年版。

人，才能从中国传统兵学中汲取营养，并成功地指导自己的经营实践。现代企业家们必须从战略的高度、哲理的层面来汲取兵学智慧，并将之转化成自觉的思维与行为，在自己的经营管理实践中不断探索和创新，方能使古老的兵法服务于现代企业经营。简单地寄希望于从传统兵学中学会经营之道，那是南辕北辙、于事无补的。正如周述实所言："自觉的兵法经营是一种全新尝试。它所解决的一些问题对于人类亦属全新的。因此，人类以往的一切经验，无论其多么全面、多么深刻，都只有参考、借鉴价值，都必须经由实践重新检验后方可判定其现实意义。实践提出的问题，最终也只有通过实践才能得到圆满解决。在这里，动辄称引古训，拘泥于前人经验的作法极其有害。其害处在于：它从根本上腐蚀着人们的开拓进取精神，用僵死的躯壳禁锢人类充满活力的实践活动。倘若我们在兵法经营中不能明确意识到这一点，其后果如何将是令人极为忧虑的。"①

第二个问题是，在兵法经营学探索过程中，《孙子兵法》思想与西方现代经营管理理论能否实现对接与互补。要回答这个问题，首先需要谈一下中西文化的差异。当然，这是个见仁见智的问题，至今没有统一的答案。但从总体上说，中西文化的差异主要体现在思维方式的不同。笼统地说，中国传统的思维方式更加注重事物的宏观性、整体性，强调要统观全局，用联系的、发展的观点来看问题，这便是所谓的"整体思维"。比较而言，西方的思维方式更注重的是事物的细节和过程，体现出"逻辑思维"的总体特征。就《孙子兵法》而言，它是大智慧，是大战略层次的经典之作，它的深刻的理论思维、卓越的战略思想、独特的表述形式，对于人们理解战略的真谛具有无可替代的指导意义。具体来讲，《孙子兵法》体现了中国文化特有的重道轻器的思维方式：重宏观，轻微观；重整体，轻个别；重综合，轻分析；重意象，轻具象。《孙子兵法》意象式的表达方法和意象型的思想，是其不同于西方理论的最突出特点，而这种特点又恰恰适应了当前经济实践的需要，弥补了西方管理理论过于强调理性与分析的不足。

基于中西方思维方式的不同，西方现代经营管理理论可以说在技术和制度层面上已经相当完善，现在我们从事兵法经营学研究，主要是要实现西方经营管理理论与中国传统兵学在战略思维上的结合。因为，中国传统兵学在哲学层面对战争本身的反思，对于企业竞争的良性发展具有重要的意义。如中国的兵学家认为的那样，战争作为调节社会矛盾的手段，其功用毕竟是有限的，如果一味诉诸武力，便会走上穷兵黩武的自我毁灭道路。因此，孙子主张力争以非军事手段解决问题，提出了"不战而屈人之兵"的全胜战略思想；强调"战胜攻取"

① 周述实：《兵法经营概论》，北京：中国计划出版社 1995 年版，第 37 页。

而“修其功”，着力于在打破旧有平衡之后，建立一种新的有利于己的动态平衡。这一基于整体思维的战争理念为企业经营提供的启示是：经营的最佳境界乃是实现由竞争到超越竞争的跨越。总之，兵法经营学研究努力的方向，就是实现西方现代经营理论中的“术”与中国传统兵学中的“道”的完美结合，创造出一种崭新的经营理论。

第三个问题是，如何实现中国传统兵学与西方经营管理理论的对接与融合。需要说明的是，这里的对接，不是兵法原则与经营原则的对接，而是体系之间的对接。中国孙子兵法研究会首席专家吴如嵩先生曾指出，所谓“兵法经营学”就是将中国传统兵学和西方现代经营理论各自的体系打碎，经过仔细分析研究，在提炼二者共性的基础上，建立起一个新的体系。应该说这也正是《孙子兵法》应用研究发展的必由之路。中国传统兵学理论与西方现代经营管理理论源头不同，思维方式也存在着很大的差异，可以说属于不同的话语体系，要实现二者充分的交融，关键在于两种话语体系的对接，这也是我们从事兵法经营学研究致力探讨的核心问题。由此可知，兵法经营学未来发展的目标和方向，就是在现代西方经营理论与中国传统兵学间建立起一个共同的话语体系。只有做到这一点，兵法经营学学科建设才能算是真正开始。而从现实情况看，这方面的主客观条件也已经具备。从客观上讲，随着中国“入世”的过渡期完成，中国的市场经济体制逐步完善，市场竞争的条件越来越成熟。企业规模的扩大，竞争范围的国际化，竞争环境的复杂性和残酷性都需要高层次的战略指导理论和优质、高效的企业管理模式，这些都为《孙子兵法》与西方经营理论的对接提供了客观条件。从主观上讲，企业家和商家对《孙子兵法》的认识越来越理性化，正在从“术”的运用转向“道”的感悟，从一时的兴趣和凑热闹转向长期的自觉的运用。致力于孙子研究的学术界也开始认识到自身研究方向的不足，正在从以学术理论研究为重点转向立足于学术研究，重点向《孙子兵法》的实际应用领域延伸，这意味着《孙子兵法》与西方经营理论对接的主观条件也已经成熟。

兵法经营学研究任重而道远！我们相信，随着研究工作的进一步深入，《孙子兵法》在企业经营管理中的作用和价值会日益凸显，兵法经营作为一门专门的学问也会越来越受到学术界及社会各阶层人士的赞同与认可，并在推进社会主义市场经济繁荣的过程中发挥更大的作用。

第二章
兵法经营学的实践探索

兵法经营理论必须建立在兵法经营实践的基础之上，没有具体的、丰富的兵法经营案例作支撑，兵法经营学的理论研究和体系构建就成了空中楼阁。为此，回顾多年来兵法经营的发展历程，总结兵法经营的实践经验和教训具有重要的意义。从整体上讲，《孙子兵法》应用于商业竞争最早萌芽于中国。然而，由于历史上重本（农）抑末（商）的社会传统，兵法经营理念在随后两千多年并无太多实践空间。反倒是日本、美国自二战以后，先后掀起了兵法经营热潮并取得了相当的成功。直到20世纪80年代以后，中国企业界和学术界才逐渐认识到《孙子兵法》的应用价值，开始展开理论上的探讨和实践上的尝试。而就发展的速度和普及的程度而言，中国大有后来者居上之势，备受企业界和相关学者们的关注。

一、中国春秋战国时期兵法经营的最早萌芽

《孙子兵法》于春秋末年在吴国问世后，并未得到广泛的传播，直到战国初期尚未见诸历史文献记载。但战国中期以后，随着诸侯国之间兼并战争的日趋激烈，《孙子兵法》开始受到统治者的重视，并逐渐在民间流传开来。到战国末期，已经出现了“藏孙、吴之书者家有之”[①]的局面。

如果说《孙子兵法》的广泛传播是由于战国时期军事斗争的需要，那么兵法经营的出现则是源于这一时期各国变法的开展与商品经济的活跃。为了在争

① （清）王先慎撰，钟哲点校：《韩非子集解·五蠹》，《新编诸子集成》本，北京：中华书局1998年版。

霸中取得优势地位，各诸侯国无不重视发展经济，壮大国力，而富国强兵的关键就在于推进变法运动。通过变法，土地私有制得以确立下来，新的生产关系促进了生产力的迅速发展，劳动者生产积极性提高，劳动产品日益丰富。伴随这一系列变化，商品交换日趋频繁，为商业活动的繁荣准备了条件。同时，为了富国，各诸侯国还采取各种措施鼓励商业活动，致使各国的经商风气日益浓郁，所谓“万乘之国必有万金之贾，千乘之国必有千金之贾”[1]。甚至有谚语云，“用贫求富，农不如工，工不如商”[2]，经商成了致富的捷径。司马迁在《史记》中描述了当时的情形：“天下熙熙，皆为利来；天下攘攘，皆为利往。”[3]此时的商人很活跃，他们的地位也很高，能够出入宫廷，结交诸侯。为了能够经商致富，商人们不辞劳苦，到处奔波，“倍道兼行，夜以续日”[4]。历史上有名的富商大贾相继出现了，范蠡、白圭就是其中的佼佼者，他们两人也是最早成功将兵法应用到商业竞争领域的人物。

范蠡可谓中国历史上第一个下海经商的兵家人物。范蠡（前 536～前 448 年），字少伯，春秋时期楚国宛地三户邑（今河南淅川）人，后被宛县的县令文种赏识和推荐。二人用“计然”之策为越国积聚财富，共同辅佐越王勾践复仇并成就霸业。据《史记 · 越王勾践世家》记载，范蠡辅佐勾践灭吴之后，被封为“上将军”。但范蠡以为“大名之下，难以久居，且勾践为人可与同患，难与处安”，于是“装其轻宝珠玉，自与其私徒属乘舟浮海以行，终不反”。范蠡辞官后的人生计划和目标是殖产兴业。据《史记 · 货殖列传》记载，范蠡在离开之时曾感叹说：“计然之策七，越用其五而得意。既已施于国，吾欲用之家。”于是，范蠡带领弟子、家人渡海来到齐国，化名“鸱夷子皮”，在海边购田置地，辛勤劳作，最终有了数十万的家业。齐人都知道他的大名，因而推举他做了国相。然而，范蠡身居相位之时却始终保持清醒的头脑，认为“居家则致千金，居官则至卿相，此布衣之极也。久受尊名，不祥”[5]，最终又归还了相印，将家财分给朋友和乡邻，悄然来到陶地（今山东定陶）。陶地东邻齐、鲁，南通楚、越，西达秦、郑，北连晋、燕，乃是居“天下之中”的交通要道，范蠡正是看中了这一便利条件，在此继续经商，“逐什一之利”，“与时逐而不责于人”，再成巨富。故天下之人“言富者皆称陶朱公”，司马迁赞其“三迁皆有荣名”，范蠡也因此被后世称为“商圣”。

从上述内容可以得出范蠡用兵法经商的三点佐证：其一，“计然（春秋时期

---

① 黎翔凤撰，梁运华整理：《管子校注 · 轻重甲》，《新编诸子集成》本，北京：中华书局 2011 年版。

② （西汉）司马迁：《史记 · 货殖列传》，北京：中华书局 1982 年版。

③ 《史记 · 货殖列传》。

④ 《管子校注 · 禁藏》。

⑤ 《史记 · 越王勾践世家》。

谋士)之策”，既可“施于国”，又可“用之家”，说明在范蠡看来，治国用兵之道与经商之道本来是相通的。其二，选择“天下之中”的陶地经商，似乎是受了孙子“夫地形者，兵者助也”(《地形篇》)思想的影响。其三，“与时逐而不责于人”的经商原则，颇暗合于孙子“求之于势，不责于人”(《势篇》)的兵家理论。可见，范蠡经商致富，的确是受到了兵家思想的影响，他是那种大智慧之人，治国用兵的长期经历及丰富的政治、军事斗争经验，无疑使他可以自如地将兵家理论运用于商业活动。

继范蠡之后，白圭是运用兵法经商成功的又一个重要代表人物。白圭(前370～前300年)，名丹，字圭，战国时期大商人，因擅长经商而名满天下，被誉为“中国第一商人”。司马迁在《史记·货殖列传》载曰：“白圭，周人也。当魏文侯时，李克务尽地力，而白圭乐观时变，故人弃我取，人取我与。夫岁孰取谷，予之丝漆；茧出取帛絮，予之食。太阴在卯，穰；明岁衰恶。至午，旱；明岁美。至酉，穰；明岁衰恶。至子，大旱；明岁美，有水。至卯，积著率岁倍。欲长钱，取下谷；长石斗，取上种。能薄饮食，忍嗜欲，节衣服，与用事僮仆同苦乐，趋时若猛兽挚鸟之发。故曰：‘吾治生产，犹伊尹、吕尚之谋，孙吴用兵，商鞅行法是也。是故其智不足与权变，勇不足以决断，仁不能以取予，强不能有所守，虽欲学吾术，终不告之矣。’盖天下言治生祖白圭。”

从上述这段文字可以得出三点结论：第一，白圭是中国第一个在商业经营中自觉运用兵法的人物。从“吾治生产，犹伊尹、吕尚之谋，孙吴用兵，商鞅行法是也”一语完全可以得出这一结论。第二，白圭自觉运用兵法经商的事例说明，中国古代确已出现兵法经营的萌芽。白圭总结出的一些经商原则，如“人弃我取，人取我与”“贵出如粪土，贱取如珠玉”“趋时若猛兽鸷鸟之发”“乐观时变”“与时逐而不责于人”[①]等，完全是借鉴了孙子“因利制权”“避实击虚”“出奇制胜”等用兵思想。第三，白圭对兵法经营的认识已经达到了较高的层次和水平。如他对商人提出的至高素质要求：“是故其智不足与权变，勇不足以决断，仁不能以取予，强不能有所守，虽欲学吾术，终不告之矣。”这完全是立足于战略层面，从一名战略统帅的认知高度来概括的。

春秋晚期到战国时期是中国古代历史上商业活动相对发达的时代，商品经济的发展使得兵学在商业中得到初步应用，进而产生了兵法经营的萌芽。之所以称其为“萌芽”，是因为其应用的范围较窄，用兵法经营的行为也属凤毛麟角。但是兵法经营的功效性却是有目共睹的，有关兵法经营的理论也进入草创的阶段。尤其在白圭身上，我们已经可以看到自觉运用兵学的原理来创建商业理论

① 《史记·货殖列传》。

的趋势。然而秦汉之后，随着封建大一统局面的确立，统治者越来越重视农业，贬低商业，普遍实行重农抑商的政策。受此打击，商业活动很难得到长足发展，兵法经营失去了存在的沃土，也就很难见到如白圭一样的人物和实例了。

二、二战后兵法经营在日本和欧美等国的复兴

二战后兵法经营的复兴，有其内在的历史根源。一是此时的企业经营管理的研究已经走到了从业务控制到组织管理然后到战略管理的地步，因此，兵战的谋略很自然地受到人们的青睐。二是这一时期大批军官和士兵从战场步入了商场，这是兵法经营兴起的群众基础。战争期间，参战将领和士兵接受战火的洗礼，无形中增强了自身的军事谋略学知识。而以《孙子兵法》为代表的中国兵学思想，也在很多国家的军官和士兵中得到了普及。随着战争的结束，大批军官、士兵退伍，其中有些人转战商场，他们很自然地将自己的战争经验和谋略知识应用于商业经营管理，并在实践中主动地学习《孙子兵法》等兵学思想，以此作为指导商业经营的理论和方法，随后掀起了兵法经营的热潮。

近代史上，将《孙子兵法》的思想应用到企业经营和管理中，最早始于日本。一般认为，较早讨论兵法经营问题的是日本的大本翰堂先生。早在 1941 年，他依据中国的古代兵法创作了《为了人生的兵法》一书，书中就涉及了“商卖与兵法”的命题。[①] 二战结束后，日本作为战败国，经济衰败，企业倒闭，大多数公司艰难度日，而此时一批军人从军界转入商界，开始把军事谋略思想运用到企业的经营管理中，其中最典型的代表就是大桥武夫。大桥武夫在二战期间曾担任日本第十二军参谋、东部军参谋、五十三军参谋，战后退役进入商界。1951 年，他毅然接管了小石川工厂，将因劳资纠纷而濒临破产的东洋时计株式会社，一举整顿重建为东洋精密工业公司，并担任董事长。在此期间，他将《孙子兵法》中的“上下同欲者胜”的思想作为经营方针，引导全体职工渡过了最艰苦的经济难关，并使公司发展到鼎盛。此后，他坚持运用兵法指导企业，积极提倡“兵法经营论”，并认为运用兵法谋略经营企业是当今世界经营理论的最高阶段。

大桥武夫的成功，在日本经济界引起了巨大反响，而他自己也更加坚信兵法经营的可行性。为了扩大兵法经营学的影响，他一面经营，一面著书。据不完全统计，从 1959 年 4 月到 1984 年 4 月，他共写过 55 部著作，其中 1962 年完成的《用兵法经营》一书是其代表作。他还创办了“兵法经营学校”，主持“兵法

① 参见崔军：《古代兵法与现代企业管理》，第 49 页。

经营塾”，坚持每月在帝国大厦举办普及兵法知识的讲座，并亲自讲授。讲座内容以研究和学习《孙子兵法》《战争论》和《统帅纲领》《作战要务令》等古今东西方代表性兵书为主。参加讲座学习的人员，多是大企业参谋级的部长、课长，经营顾问及中小企业的社长。他们从大桥武夫的理论著作和课程中得到有益的启示。例如，新日本制铁公司的常任顾问、副社长相原满寿美曾发表评论说：“日本的钢铁业是从战后的废墟中重建的，今天终于确立了世界一流的制铁技术，如今已在向欧美出口技术了。在这个过程中，遇到了许多障碍和挫折，但每次支持我渡过难关的都是大桥君的有关著作。在困难局面难以打开，决心难以下定的时刻，正是这些著作给我以规诫，使我反省，给予我明确的暗示，使我心扉洞开。”①由此可见，大桥武夫的“兵法经营”思想在日本取得了显著的效果。

大桥武夫逝世后，武冈淳彦成为继承人。武冈淳彦先后在会津、大阪、冈山、东京、京都、仙台、高松、广岛等地开办“孙子座谈”，同时主持“武冈战略经营研究所”的研究工作，并于 1995 年成立“国际孙子俱乐部”，开展《孙子兵法》的普及和国际交流活动。他还根据大桥武夫的临终委托，出版多部《孙子兵法》应用专著，如《领导者孙子》《孙子经营学》等。

在大桥武夫和武冈淳彦的倡导与推动下，日本学术界掀起兵法经营研究的热潮，许多学者致力于研究《孙子兵法》在企业经营和管理中的应用，推出了大批优秀成果，日本因此出现了“兵法经营学派”。

在兵法经营学派的影响下，日本很多大公司、大企业开始进行兵法经营的实践探索。例如，日本麦肯齐公司董事长大前研一把《孙子兵法》称为“最高的经营教科书”，声称：“没有哪本书能像《孙子兵法》一样为我们提供如此丰富的经营思想。它有着取之不尽的战略思想，每次读它，我都会涌出无限的想象力。”②他还谈道：“日本的企业经营者确实没有什么能说得出名字的教科书，但却有着相同的思维方法。在欧美人看来，所有的日本人都以一种与欧美不同的逻辑，下意识地干着确实很有意义的事。我想，其中肯定有一种东西给日本人造成了极大的影响。经过长时间的思索和调查，我终于找到了一本教科书，那就是《孙子》。”③被誉为日本的“经营之神”的松下电器公司创始人松下幸之助也曾多次说：“中国古代先哲孙子，是天下第一神灵，我公司职员必须顶礼膜拜，对

① [日]大桥武夫著，肖楠等译：《企业经营的诀窍——日本企业家谈用兵法经营》，北京：军事科学出版社 1990 年版，第 161 页。

② 转引自王兆春、潘嘉玢：《中国军事科学的西传及其影响》，石家庄：河北人民出版社 1999 年版，第 242 页。

③ 转引自潘承烈：《传统文化与现代管理》，北京：企业管理出版社 1994 年版，第 83 页。

其兵法认真背诵，灵活运用，公司才能兴旺发达。”①

孙正义是将《孙子兵法》活用于企业经营的最具代表性的日本企业家。孙正义自诩为孙武的后裔，熟读《孙子兵法》，他将自己的思想与孙武的话糅合在一起，别出心裁地编出一个纵横各五字的文字盘，并称之为“孙孙法则”或“孙孙兵法”。其基本内容是：“一流攻守群，道天地将法，智信仁勇严，顶情略七斗，风林火山海。”②这可谓将《孙子兵法》的思想精髓与孙正义个人的实践感悟相结合归纳出的25个要素。

“一流攻守群。”“一”是孙正义最基本的思想，“Number one 主义”的表现。在事业上，除第一名以外，均等于失败。因而，孙正义从不去做不可能成为第一的事，不能取胜的仗决不打，必须每战必胜。“流”，指从根本上不能逆时代的潮流而动。“攻守”，指的是掌握攻守平衡，“攻”重要，“守”也同样重要。“群”，是说不应只经营单一品种或一条线，要有组织、多线条地组成一个阵营。这样，即使一条线出了问题，其他的线也能充分保持稳定，整体不会垮掉，从而分散了风险。

“道天地将法。”孙子所说的“道、天、地、将、法”，是指战略环境分析的5个战略要素。孙正义对此的理解是：作为分析敌我的基础项目，道＝方针，天＝时机，地＝状况，将＝指挥官，法＝组织形式，一个也不能错过。孙正义还认为，《孙子兵法》的制胜理论，其根本是“道”。作为实战家的企业经营者，孙正义搞事业不是为了获得民众的喝彩，而是为了取胜。能够胜而不败，是因为有远大的理想和坚强的信念。他坚信：自己的理想是最高的、纯洁的。软银公司把“为推进数字化信息革命提供基础设施”当作自己的使命。

“智信仁勇严。”孙子所说的“智、信、仁、勇、严”是对将帅素质的基本要求，或者说是选拔将帅的基本标准。孙正义对此的理解是：在低水平的条件下，要取得这五种均衡并不困难。某种程度的聪明，某种程度的仁爱，不难做到。不过，要成大器，要在更高层次上取得平衡，就要有远远超出常人的贤能才行。但是若贤能出众，往往就会重信义仁爱而忽略威严；而勇敢地面对现实，严格追究，又会招来“那人缺人情味”的责难。追求更高的层次，往往会失去平衡。要想既保持平衡又能追求高层次，发展自己，是相当难的事，而且它是我们永远的目标。

“顶情略七斗。”“顶”，顶峰，高瞻远瞩之意。掌握了整体，再集中精力彻底

---

① 转引自王泽民：《孙子兵法的管理学阐释》，北京：民族出版社2006年版，第48页。

② 艳良：《老虎跳起了华尔兹：世界顶级CEO的成功真经》，上海：上海科学普及出版社2005年版，第212页。

分析得到的情报(信息)——“情”。“略”,即收集到情报之后,确立自己的战略。“七”,表示“七成”这一数字所具有的重要意义。胜败的比率为五比五时就发起战斗是愚蠢的;获胜比例为一成、二成时,自然成不了气候;但如果以为九成要比七成取胜可靠性大,可就错了。这是因为取胜的比率为九成时,在数字化信息时代,一切就都迟了。“斗”就是智慧。智慧如果不是斗而取胜的智慧,那它只不过是纸上谈兵,因而孙正义在这里加进了一个“斗”字。

“风林火山海。”浪涛般的战斗结束了,战争并未完结。战斗终了后,还留下了平定的工作。这种平静的印象与孙正义脑海中海的印象联系在了一起。深入而广阔的战事完结了,应当把平静带到攻击的目标——被占领的市场上去。这与孙子所主张的“费留”思想相合。孙子在《火攻篇》有言:“夫战胜攻取,而不修其功者,凶,命曰‘费留’。”意思是说:凡打了胜仗,夺取了土地城邑,而不巩固战果的,则有凶险,这叫作“费留”。

可见,所谓的“孙孙兵法”完全是孙正义个人将孙子的思想贯穿于其整个事业经营体系中,进行兵法经营实践探索的结晶。每当事业上遇到新问题或面临选择时,每当要挑战新的事业时,孙正义脑海里就会浮现出以上“25 字”。他反复地自问自答,决定出前进的方向和工作的进行方式。

二战后,日本将孙子兵学理论应用于经济领域的成功,引起了西方经济界人士的关注。欧美很多国家也开始把《孙子兵法》引入经营管理领域,其中以美国最为典型。

1985 年 4 月,美国《幸福》杂志国际版公布了美国大工业公司营业额的排序,位列第三的是通用汽车公司。它在 1984 年的汽车销售量是 830 万辆,销售额为 839 亿美元,高居世界汽车工业销售榜首,而创造这一辉煌的是该公司董事会主席、熟悉且能活用《孙子兵法》的罗杰・史密斯。1985 年 3 月 15 日,香港《亚洲华尔街日报》刊登长篇报导,披露史密斯改革的效益是运用《孙子兵法》的谋略而获得的。该文称:史密斯的成功秘诀就是“从 2000 年前中国一位战略家与他的《孙子兵法》一书中吸取了许多东西”,从而使他获得了一个“战略家的头脑”。

史密斯的成功极大地推动了《孙子兵法》在美国企业界的传播和应用。美国有两家大的商业咨询公司专门研究如何将以《孙子兵法》为代表的战争艺术应用到市场开发和产品竞争上,并提出了一套完整的理论体系,受到美国一些大公司的青睐。1990 年 10 月,在第二届《孙子兵法》国际研讨会上,一家公司的顾问麦克尔森专门介绍了这种理论。他在发言中盛赞《孙子兵法》说:四十年前,我作为军人与中国人在朝鲜战场上见面,那时学的是战争的艺术即《孙子兵法》。今天,我从事商业活动,商业也是一种艺术。我在一桩生意中,开始以为只能赚200万元，由于运用了《孙子兵法》“出奇制胜”的策略，结果赚了1亿多。他从自己的经营实践中得出结论：《孙子兵法》用于商业战场，能收到意想不到的奇效。[①] 美国国际科技应用公司还专门制定了《孙子科技发展战略》，受到了美国国防部、能源部、总统科技委员会的高度重视，被认为在同西欧、日本等的科技竞争中“很有参考价值”。

另外，美国的一些知名高等院校也陆续翻译出版中国和日本有关《孙子兵法》与企业管理的书籍，相继开设了许多兵法管理思想的课程，要求学生学习《孙子兵法》。如美国商界明星的摇篮——哈佛大学商业管理学院就规定，学生必须熟背《孙子兵法》中的若干章节，并将《孙子兵法》喻为“商界《圣经》”。美国北卡罗来纳大学管理思想史教授克劳德·小乔治（George, C. S. Jr.）在他的著作《管理思想史》中说：“目前，虽然马拉战车已不再被使用，武器也改变了，但这位古代军事家的观点还继续有用。因为他所论述的是一些基本原理。对那些愿意研究他的兵法的军事领导人和现代管理者来说，他的兵法仍能提供有价值的指导作用。”[②]

除日本和美国以外，世界上其他一些国家也出现了兵法经营的研究和推广活动。如马来西亚自20世纪80年代开始，就将《孙子兵法》应用于经济领域。他们定期组织研讨活动，将孙子思想与商业经营、股市行情等联系起来进行学习、讨论，参加人员多是企业界的精英和管理者。1992年，马来西亚成立孙子兵法学会以后，努力将研讨活动制度化、长期化，并出版了专门的会刊——《兵法世界》，刊载会员们的心得体会。再如，在韩国企业界，“浦项制铁”是应用《孙子兵法》获得巨大成功的典型代表，其会长郑俊阳热心《孙子兵法》几乎到了痴迷的程度，先后读了几十遍。在推广普及方面，韩国著名孙子研究学者宋震九深入企业讲解兵法经营知识，十多年来举办报告和讲座四五千场次。他还开设“孙子兵法大讲堂”，在收视率最高的韩国电视台、韩国文化电视台开办了450场有关《孙子兵法》与企业管理的电视讲座。

综上所述，二战后尤其是20世纪60年代之后，兵法经营在世界范围内得到迅速的发展，这首先得益于二战结束后转业、退伍的军事将领，他们率先将自己的军事经验应用于商业领域，继而在自己的管理实践中主动地学习和应用军事理论。军事医学科学院的张志祥专门作过一项统计：“在世界500强企业里，美国西点军校培养出来的董事长1000多名，副董事长2000多名，董事、总经理

---

① 参见喻江、陈昆福编著：《孙子兵法企业家读本》，北京：军事科学出版社2008年版，第122～123页。

② [美]克劳德·小乔治著，孙耀君译：《管理思想史》，北京：商务印书馆1985年版，第18页。

5000 多名，超过美国任何一所商学院。”[①]由此可见军事对于商业经营的可供借鉴性。正是在他们的推动下，中国的《孙子兵法》在企业界得到广泛的应用，并在各国取得了令人瞩目的成就。在运用兵法进行商业经营的同时，不同行业和领域的经营者还将《孙子兵法》与各自的行业和领域实际运用的经验相结合，形成层出不穷的兵法经营著作，这些工作促使兵法经营的理论进一步成熟和普及。

三、20 世纪下半期中国兵法经营的兴起与高潮

新中国成立后，尤其是改革开放以后，中国的经济形态发生了巨大变化。商品经济和市场经济获得了长足发展；企业获得了经营自主权，需要对波诡云谲的市场作出迅速的反应；企业管理体制也迫切需要改变，而此时我国的管理理论和竞争理论几乎是一片空白。在此情况下，人们把目光转向了传统兵法的谋略和管理思想。1978 年，肖而邝推出的《孙吴兵法与企业管理》一书，是新中国成立后较早的一部正式出版的借兵法谈管理的专著。1984 年，李世俊等编著的《孙子兵法与企业管理》一书则是这方面比较成功的代表性著作，该书出版后，曾多次再版，印数达几十万。值得强调的是，李世俊先生既是兵法经营的研究者，也是实践者。他一边著书立说，一边创办云兴公司，并自觉运用兵法思想进行经营和管理，使公司不断发展壮大。实事求是地讲，当时的中国经济正处于一个“机会主义”盛行的时代，经济体制的转轨、法律法规的不完善、市场的不成熟，使得很多人能够通过小聪明、小智谋，甚至投机手段一夜暴富。而这也就使兵法中的诡诈和谋略手段，诸如“致人而不致于人”“兵贵神速”“避实击虚”“出奇制胜”等思想最大限度地派上了用场，而且此种类型的兵法经营效果极为明显，全国性的“孙子热”由此兴起。

这一时期的兵法经营实践有两种情形。一种属于自觉行为，即有意识地按照《孙子兵法》思想去做，如邯郸轧钢备件厂主动利用孙子的“用势”思想进行经营，常州第四制药厂主动运用孙子的出奇制胜思想开拓市场等。而更多的企业开展兵法经营则是处在一种自在状态，即他们的管理与经营不是有意模仿《孙子兵法》思想去做，但其所作所为却暗合了孙子的思想意旨，最后通过反思认识了《孙子兵法》的重要价值，进而自觉应用。如当时宝山钢铁公司的决策行为，

---

① 张志祥：《兵法谋略与现代商战》，薛宁东主编：《超越哈佛：二十一世纪孙子兵法应用讲坛精粹》（上），北京：军事科学出版社 2009 年版，第 199 页。

实际就是按照孙子的“伐谋”思想而为的。

这一时期兵法经营的一位典型代表人物是中国民营企业家史玉柱。他可谓当时热心研究《孙子兵法》和毛泽东兵法的商界传奇人物。在策划“二次创业”和“三大战役”(电脑促销、保健品促销和药品促销)时，他曾成立三大战役“总指挥部”，在全国设“八大方面军”，又将下面的30多个独立分公司改为军、师建制，各级管理改称“司令员”或“军长”“师长”。然而，史玉柱的兵法经营，既有成功之处，也有失败的教训。兵法经营谋略既帮助他追逐时代大潮而登上顶峰，也让他在潮起潮落中跌得头破血流。

与史玉柱相反的典型例子是张瑞敏对兵法的正确解读与理性运用。他既能够活用兵法谋略指导经营，又能深刻认识其弊端而不走极端。在有关市场的问题上，他认为抢占市场要有速度，这就是孙子所说的“激水之疾，至于漂石者，势也”，而这个“石”就是顾客，率先推出吸引顾客、满足顾客需求的产品，必定会抢先占领市场。这与孙子的“致人而不致于人”“先处战地而待敌者易，后处战地而趋战者劳”(《虚实篇》)的思想是一致的。在有关实力建设的问题上，孙子认为“先为不可胜，以待敌之可胜，可胜在己，不可胜在敌”(《形篇》)，意思是说要先做好自己的实力建设，才能有效应对各种风险。对此，张瑞敏深有体会。所以当有记者问海尔有无传奇时，张瑞敏笑言：海尔无传奇。即海尔平时就很注重自己的内部建设，所以从没有遇到过大的危机。张瑞敏运用《孙子兵法》的战略思想，在激烈的商场竞争中获得巨大成功，使中国的海尔走向了世界。

20世纪90年代中期以后，兵法经营在具体发展上又有了新的趋势。这一时期，企业界开始大量引进西方的经营管理理论，与中国的经营实践相结合，探索中国特色的企业管理模式，而这一时期兵法经营的发展也主要体现为如何推动《孙子兵法》思想理论与现代经营管理理论的结合。如1993年2月成立的哈尔滨兵法商战谋略应用研究所为自己确立的主要宗旨和任务就是，开发兵法与现代商战相结合的市场竞争理论和谋略工程，培训商战谋略人才，开展商战谋略咨询，发展国际交流与合作。研究所成立以来，多次举办“兵法商战谋略应用”专题讲座，培训人员近万人，并出版了《兵法商战谋略全书》。再如，1996年1月成立的北京兵法经营管理学校，也是强调通过研究古代兵法智谋和军事组织指挥在商战中的应用，以及开展现代国际商贸管理经验交流，使学员掌握最新经济理论，增强企业的战略意识、宏观意识，提高企业管理人员的谋略水平、管理水平和决策能力。

沃尔沃中国区首席执行官吴瑜章是这一时期兵法经营的典型代表。1997年，吴瑜章刚加盟沃尔沃时，沃尔沃汽车在中国的年销售量仅为27辆。五年后，他运用《孙子兵法》攻城略地，击败了主要竞争对手，将沃尔沃汽车的年销售量提高了30多倍，占据了中国大车市场的主要份额。他曾深有体会地说，市场就是战场。不懂市场战争学的企业家，不可能带领企业在长期市场竞争中取得最终的胜利。不懂《孙子兵法》的企业家，不可能是真正的成功者。古语云：半部《论语》治天下。今朝云：半部《孙子兵法》打江山。《孙子兵法》是商战中的《圣经》。特别是在今天中国从计划经济向市场经济飞速过渡的时代，《孙子兵法》对我们的企业家们更具有深远的指导意义和实际的使用意义。[①]

为了尽快领会《孙子兵法》的精髓，有关《孙子兵法》管理的培训班为各行业、各领域的经营管理者们所青睐。如美国的斯坦福大学与北京大学联合举办了培训职业经理人的国际MBA项目，该项目在融合中西管理思想的基础上设计了《孙子兵法》战略体验课程。其基本思路是：在概括介绍《孙子兵法》的基础上，以案例分析讨论为主，结合教学、体验和研讨等多种形式分析经典战例，启发学员思考和概括企业经营战略面临的实际问题，提高学员在市场竞争环境中的决策与执行能力。

除上述内容外，在我国，军人转业到企业，从而把兵法引入企业经营管理，是建国后相当一段时期里企业管理发展的一个重要方面。我国不少著名企业家都是军人出身，如联想的柳传志、华为的任正非、万科的王石、华远的任志强等等。这也从一个侧面反映了兵法经营的实践和巨大影响。

四、21世纪初中国兵法经营的理性回归

21世纪以来，中国的兵法经营出现沉寂化的趋向，越来越多的人对兵法经营提出质疑甚至批判。这是因为，一方面，随着中国“入世”的过渡期完成，中国的市场经济体制逐步完善，市场竞争的条件越来越成熟；另一方面，企业规模的扩大、竞争范围的国际化、竞争环境的复杂性和残酷性都需要高层次的战略指导理论和优质、高效的企业管理模式，这要求人们对兵法的学习要从“术”的借鉴和运用转向“道”的感悟与发挥，从一时的兴趣和凑热闹转向长期的自觉的运用。然而，大多数兵法经营的实践者并没有认识到这一点。

相反，在前段时期兵法经营大潮余波的带动之下，人们仍然沿袭兵法经营简单对接、盲目热衷、生搬硬套的传统思路，认为《孙子兵法》是指导企业在竞争中取胜的万能法则，按图索骥地从《孙子兵法》高度凝练的文字中寻找指导商业运作的法则。譬如，不少企业把《孙子兵法》做成标语到处张贴，热衷于军事化

① 参见孙其海：《孙子兵学年鉴》，济南：泰山出版社2006年版，第216～217页。

的组织管理方式，动辄让员工军训数周；还有些经营者将孙子“道、天、地、将、法”的“五事”思想牵强附会套用于企业的战略分析和决策，将孙子“智、信、仁、勇、严”的“五德兼备”理论一一对应于企业领导的才能和素养，将孙子的“诡道十二法”简单归结为市场竞争艺术，甚至将市场调查情况的归类也与“九地”“六形”一一挂靠等，这必然使孙子文化在商业中的应用陷入僵化和教条。此种做法事实上已经与《孙子兵法》的精髓背道而驰，从根本上忽视了兵道与商道的本质区别。

另一方面，这一时期的兵法经营又普遍存在着实用化、表面化的倾向，其探索和尝试大多停留于经验和应用层次的一些似是而非的答案和判断，而一些概括和深刻的问题则被回避，这种现象和倾向不利于兵法经营的进一步发展。[①]如前面提到的史玉柱的兵法经营就是一个典型例子。史玉柱曾经为了学习兵法，将军事组织结构生搬硬套到企业管理中，但由于不符合企业实际的战略需要，结果反而使得战略失控。这说明，史玉柱并不真正了解兵法，他只不过是学习了兵法的“形”，却没有掌握兵法的“神”。《孙子兵法》中有一句话叫“军争为利，军争为危”。意思是说，凡事既要看到它有利的一面，又要看到它有害的一面。史玉柱恰恰违背了这个道理。发家后，他说要造 20 层巨人大厦，有人说 20 层也能算巨人？只能算侏儒。他头脑开始发热，从 20 层到 30 层，从 30 层到 40 层，再到 50 层、60 层，资金不断地增加，最后支撑不下去了，巨人大厦也“轰然倒塌”。

正是鉴于兵法经营实践中的挫折和教训，21 世纪初人们开始了对兵法经营认识的理性回归。如李零教授就强烈反对孙子文化应用中的急学滥用现象，他认为当前的一些人把孙子文化搞成了关公文化，妄想有求必应，心想事成，拿它当狗皮膏药、万金油，这是一种类似于迷信的自欺欺人的现象。[②] 苏培鑫在《孙子兵法与商战之法》一文中也提出了《孙子兵法》在企业管理中应用的基本要求：其一是切忌僵化教条，注意变通活用。“若想在商战中寻求‘无穷如天地，不竭如江河’的应对策略，显然需要深入领会孙子思想的深刻内涵和意蕴，需要灵活运用孙子谋事竞争的原理，而不是拿着孙子的信条当作标签、当作招牌。”其二是把握伦理标准，避免庸俗曲解。“企业运营借鉴孙子思想，也必须在该做和如何做之间找到衔接的桥梁，应该从整体上解读孙子的管理、竞争哲学的精妙之处，尤其不能将其那些脱离语境单拎出来有道德争议的词句，如‘兵以诈立’、

---

① 参见王泽民：《论孙子兵法的管理价值》，《西北民族大学学报》2003 年第 5 期。

② 参见李零：《兵以诈立——我读〈孙子〉》，北京：中华书局 2006 年版，第 35 页。

'上智为间'等,作为商战的信条和法宝。"①

企业界人士也开始反思兵法经营的误区和教训,并致力于从宏观和深层次的角度把握孙子思想在企业经营管理中的指导作用。如史玉柱在经营巨人大厦失败后,曾经沿着当年红军行军的路线走了一段长征路,学习毛泽东的战略智慧,并结合孙子"杂于利害"的思想,谈出了这样的卓越见解:整个中国市场目前可以说到处都是机会,不怕没有机会,重要的是怎样去拒绝这些机会。对于争取机会和拒绝机会这两种不同选择,后者在战略上可能更难。他还谈到,在决策当中作最坏的打算是为了作最好的准备。作最好的准备,要求我们在"最坏打算"的认识基础上,不一定做到未卜先知,却一定要做到未雨绸缪。今天,我在决策任何一个项目的时候,都会作最坏的打算,都会先估算一下,如果发生亏损,损失会超过我净资产的1/3吗?如果超过1/3,再大的诱惑我也不干。而在过去,我只是想到做,不考虑其他。② 再如,山东大王集团总裁李培义在谈及自己兵法经营的体会时也说:《孙子兵法》之《谋攻篇》中讲到"知胜有五",其中之一是"上下同欲者胜"。《计篇》中又说:"道者,令民与上同意也。故可与之死,可与之生,而不诡也。"就是说,官兵同心同德,围绕一个共同目标,齐心协力,就可以夺取战争的胜利。这是《孙子兵法》分析的决定战争胜负的一个最根本的条件。大王集团所在的大王镇地处山东省东营市最南隅,既无任何自然资源优势和矿藏资源优势,又无城市近郊辐射优势,要想把企业发展起来,并做强做大,有所建树,靠什么?只有特别注重人的因素。因此,多年来集团把"人本管理"放在了一切工作的首位,把"上下同欲者胜"的战略思想作为企业文化建设的真谛,贯穿于企业思想政治工作和生产经营管理的全过程。③

张瑞敏先生则从中外文化融合创新的角度开拓兵法经营的新路子。海尔在发展中总结出一个管理公式:日本管理(团队意识和吃苦精神)+美国管理(个性舒展和创新竞争)+中国传统文化的管理精髓=海尔管理模式。海尔还有一个理念:"海尔是海","海纳百川,有容乃大"。海尔对日本、美国现代管理文化以及中国传统文化的融汇、吸纳是应用兵法而又超越兵法的最佳写照。张瑞敏曾说,对他影响最大的书有三本,一是《老子》,二是《论语》,三是《孙子兵法》。④《老子》中的"顺应自然""淡泊明志"使得张瑞敏在激烈的市场竞争面前能保持平和的心态;《论语》中的诚信思想对建设海尔团队精神起到了至关重要

① 苏培鑫:《孙子兵法与商战之法》,喻江、陈昆福编著:《孙子兵法企业家读本》,第123~127页。

② 参见镇荣理:《成王败寇:体验史玉柱》,《财政监督》2004年第12期。

③ 参见李培义:《构划企业愿景,创建企业文化,导航企业发展——孙子兵法在大王集团发展中的应用》,《滨州学院学报》2006年第5期。

④ 参见孙宝连:《张瑞敏的谋势经营哲学及其启示》,《中外企业家》2009年第2期。

的作用;《孙子兵法》中的战略战术思想则使张瑞敏懂得如何灵活应对变幻莫测的市场风云。

五、结语

实践对于兵法经营的重要性,不仅表现在过去它是兵法经营论的萌生根源和强劲动力,还表现在未来兵法经营的发展也时刻离不开实践。进入21世纪以后,兵法经营仍然在持续发展,对兵法经营进行理论上的深化研究是必要的,也是必需的。然而,中国兵法博大精深,哲理深邃,其中哪些可以用于现代企业经营管理,哪些不能用于现代企业经营管理,可以用的话范围有多大、如何把握尺度,这一切,仅凭理论上的演绎、推理是不行的,必须通过实践才能得出合理和权威的结论。因此,兵法经营研究还需要学者们深入企业,走向基层,了解企业的客观现实需要,进而寻找兵法经营的突破点。正如赵靖所言:“理论来源于实践并为实践服务,实践的需要是理论发展的动力;实践的需要越迫切,它所给予理论发展的推动力也越强大。这种情况,对于像管理科学这样的应用科学而言,表现得尤为明显。实践最迫切地需要理论来帮助的地方,也就是理论研究的兴奋点。兴奋点找准了,也就找到了打开全局的钥匙,整个问题就可迎刃而解。这个兴奋点不是任意确定的,而是在研究现代管理实践的迫切需要和《孙子兵法》主要精髓的基础上精心选定的。”①

---

① 赵靖:《孙子兵法——经营管理教科书》,《北京大学学报》(哲学社会科学版)1990年第6期。

第三章 兵法经营学的理论研究

兵法经营作为一门专门的学问，其目的在于将《孙子兵法》在企业经营管理中的应用纳入系统化、专门化的轨道，揭示兵法经营发展的历史轨迹和演进规律，在总结中求发展、求创新。在这一过程中，学者们的理论研究无疑起到了指示、引领和纠偏的作用。缺乏这一环节，兵法经营的实践探索无法走向深入，兵法经营学的学科建设也无法真正趋于规范。那么，时至今日，兵法经营研究有哪些主要的理论问题，取得了哪些重要的理论成果呢？这需要我们立足学术史的视角，全面、客观、系统地作出梳理和总结，以便为后人更好地开展这一方面的研究提供启示与借鉴。

一、兵法与经营管理结合的必要性与可行性研究

在商业竞争领域，对于是否应该借鉴以《孙子兵法》为代表的兵学思想，大多数学者是持肯定和赞同态度的。陈炳富在《从孙子兵法说到中国管理史》一文中早已谈道："《孙子兵法》虽是一部兵书，但不仅有很高的军事价值和哲学价值，而且有很高的管理价值，特别是对策思想和决策思想。"[①]吴如嵩更明确指出："我始终认为把兵法应用于经营管理既是可行的也是十分必要的。今天的中国要发展，要腾飞，就一定要把兵法的竞争理念引进商业的经营管理。"[②]杨先举在《论孙子兵法的管理价值》一文中也认为："把《孙子兵法》的思想借用到企

① 陈炳富：《从孙子兵法说到中国管理史》，《瞭望周刊》1984 年第 35 期。

② 吴如嵩：《超越兵法》，《滨州学院学报》2008 年第 5 期。

业经营管理中来，理论上是可以成立的，实践中也是可行的。”①

关于兵法经营的必要性，学者们主要围绕《孙子兵法》蕴含的管理学价值展开论述。如樊松林的《孙子的非军事思想与现代经营管理》一文主要从科学的管理观、深刻的心理观、丰富的信息观三个方面，总结了《孙子兵法》的管理学价值。② 赵亮、宋香谒《从管理哲学视角看先秦兵家的治道模式》一文，则是立足于管理哲学的角度解读《孙子兵法》的管理学价值："令民与上同意"的"道胜"思想集中体现管理本质观，"不战而屈人之兵"的"全胜"思想集中体现管理目标观，"悬权而动"的灵活用兵思想集中体现管理行为观，"治众如治寡"的"分数"思想集中体现管理组织观，"文武相济"的治军思想集中体现管理控制观。③ 陈炳富和陈万华更是立足于管理过程的各个方面论说《孙子兵法》的管理学价值："从搜集信息，进行环境分析、竞争对手分析和组织内部条件分析，到预测、决策、制订计划，再到组织、指挥（如激励），以至于进行协调和控制，书中都有精彩论述，闪耀着管理思想的光辉。"④此外，还有众多学者将《孙子兵法》的管理学价值细化为具体的要点和原则进行论证。如虞祖尧在《企业经营与军事战略的异质同构》一文中强调，《孙子兵法》中的系统论、效益论、授权论和权变论都是值得企业经营管理者深刻体会和熟练掌握的纲领性要点。⑤ 杨先举的《孙子兵法的企业管理价值》一文在区分一般管理与特殊管理、军事管理与企业管理的基础上，总结出《孙子兵法》的悟道、得将、励士、造势、庙算、深攻、策胜等竞争管理原则。⑥ 程振清的《孙子兵法与商战》一文则更全面系统地总结出兵法用于经营指导的 12 个管理原则：比较原则、领导原则、同心原则、分治原则、伐谋原则、造势原则、审慎原则、主动原则、诡道原则、奇兵原则、权变原则、集中原则。⑦

总体而言，《孙子兵法》的管理学价值可以概括为三个方面：其一是《孙子兵法》中的战略思想可以帮助企业家们进一步提高战略意识和战略选择的能力；其二是《孙子兵法》中的战术思想可以帮助企业家们灵活运用谋略，进一步丰富竞争智慧；其三是《孙子兵法》中的将帅理论和治军思想可以提高领导者和管理者的基本素质和能力，强化团队的组织功能。如果结合《孙子兵法》的具体思想

① 杨先举：《论孙子兵法的管理价值》，于汝波主编：《〈孙子〉新论集粹》，北京：长征出版社 1992 年版，第 522 页。

② 参见樊松林：《孙子的非军事思想与现代经营管理》，《管理世界》1987 第 1 期。

③ 参见赵亮、宋香谒：《从管理哲学视角看先秦兵家的治道模式》，《辽宁科技大学学报》2009 年第 4 期。

④ 陈炳富、陈万华：《孙子兵法及其管理思想》，《中外管理导报》1991 年第 2 期。

⑤ 参见虞祖尧：《企业经营与军事战略的异质同构》，《滨州学院学报》2006 年第 5 期。

⑥ 参见杨先举：《孙子兵法的企业管理价值》，《滨州学院学报》2006 年第 5 期。

⑦ 参见程振清：《孙子兵法与商战》，《甘肃社会科学》1997 年第 6 期。

来表述就是:经营决策以“慎战”为指导的战略思想;市场营销以“善胜”为旨归的任势出奇思想;企业管理以“令文齐武”为总纲的管理思想。

《孙子兵法》为什么能够应用于企业经营管理?学者们主要从兵法与管理的相通性上展开论述。苏培鑫在《孙子兵法与商战之法》一文中将其概括为三个主要方面。第一,商业运营与军事斗争一样,始终需要解决竞争过程中的对抗性、风险性和复杂性等问题。第二,军事活动的策略选择与经济活动的策划经营在目标设定、管理流程等方面存在很多的共通性。第三,军事活动与商战经营在精神凝聚方面也具有相通之处。军事斗争与经济策划,表面上是谋事,本质上都是谋人,都是在一定物质条件基础上的人的主观能动性的竞赛。① 此外,还有许多学者从独特的视角对此问题进行了详细的论证分析。如洪兵在《孙子兵法与现代商战理性竞争》一文中指出,现代商战的激烈竞争及商业环境的动荡不安、混乱无序,更需要理性竞争,而以《孙子兵法》为核心的中国战略思想,最符合现代商战理性竞争的要求。比如,着眼大局和长远,强调预见性和计划性;注重全胜,不硬性对抗,强调潜在和间接使用力量;有限度和有条件地使用诡道,强调诚信的道德内涵等。② 宫玉振《从战争理论看企业竞争的本质属性及指导原则》一文,则从战争的本质属性出发,阐述了《孙子兵法》与企业竞争的相通性。文章认为,正如战争本质属性的研究是战争研究的起点一样,企业竞争的本质属性的研究,同样也是企业竞争研究的起点。企业竞争的对抗性要求企业必须运用谋略,采取有效的战略;企业竞争的不确定性要求企业提高驾驭这种不确定性的能力,并将其转化为竞争中的优势;企业竞争的政治从属性则要求企业超越直接的竞争,学会理性竞争。③ 郑杰文则从更广泛的社会领域对此问题展开论述。他认为,人的思维模式的相似性决定了社会事件发展规律具有相似性。《孙子兵法》以当时和前代的战争实例为观照系,加以抽象总结,其表述的规律已经是以战争实例为代表的社会事件的一般规律。因此,《孙子兵法》可用于指导经济决策等商业经营活动。④

兵法经营管理既需要关注兵战与商战的共通性,也需要关注二者的异质性。比如:兵战的目的在于消灭敌人,保存自己,这是一种零和博弈,而商战的目的在于赢得客户,赢得市场,可以达到双赢或共赢;兵战讲究“兵者诡道”,没有规则就是唯一的规则,而商业竞争既要注重谋略,又要注重诚信,恪守规则;

① 参见苏培鑫:《孙子兵法与商战之法》,《滨州学院学报》2006 年第 5 期。

② 参见洪兵:《孙子兵法与现代商战理性竞争》,《滨州学院学报》2005 年第 5 期。

③ 参见宫玉振:《从战争理论看企业竞争的本质属性及指导原则》,《滨州学院学报》2006 年第 5 期。

④ 参见郑杰文:《孙子兵法为何可用于商业经营等经济活动》,《管子学刊》2009 年第 3 期。

兵战是以暴力对抗的方式进行的，而商战是非暴力的、不流血的；兵战的过程是断续进行的，而商战的过程则是持续进行的。正因为兵战与商战存在着异质性，《孙子兵法》在商业领域的应用也受到不少人的质疑和反对。如廖祖义分析说："市场经济是信用经济，与'诡道'水火不容。不难想象，《孙子兵法》中的那套'诡道'一旦引入企业管理领域，市场竞争乃至整个社会经济生活就势必会被'诡道'的阴霾所笼罩，以诚实守信和公开、公平、公正为准则的市场经济也势必会蜕变成到处都是假冒伪劣、坑蒙拐骗的'诡道经济'。"①罗宇浩在《质疑兵法管理》一文中强调，中国的功利主义和实用主义传统，往往使企业在运用兵法权谋的过程中，过分推崇"术"的方面，将兵法中的机变和巧诈发挥到极致，从而使整个商业社会出现严重的信用危机和伦理危机。② 罗建法在《企业兵法管理的误区》一文中，全面概括了兵法经营管理的八大误区：推崇"术"、权谋文化、猴性管理、权力崇拜、蔑视规则、简单套用与形式化、非人本主义、商战混同于战争。③

上述学者对兵法经营管理误区的分析有一定道理，这种分析是兵法经营学理性回归的集中表现。然而，我们却不能据此否定兵法经营的合理性和可行性。要知道，孙子虽然提出了"兵以诈立""兵者诡道"的大胆论断，强调你死我活的战争暴力行为不应当受一般社会道德规则的束缚，但他从来没有否定道德、仁义、诚信的作用。《孙子兵法 · 计篇》明确指出："道者，令民与上同意也。"即战争必须顺乎百姓利益和愿望的诉求，注重保护广大民众集体性的生存权利。孙子主张将领应当具备"进不求名，退不避罪"的道德素养，对士兵要"视卒如爱子"，对百姓要"唯民是保"，就连对敌方，也要尽量做到"全国、全军、全旅、全卒、全伍"。这表明，孙子的谋略与"诡道"是建立在大仁为本的基础之上的，它不是唯目的至上、不择手段的"三十六计"，更不是滥施权谋诡计、蓄意害人的"厚黑学"。如果我们过分强调其"诡诈"思想带来的消极性的一面，闭口不提它对仁义、诚信的提倡，就难以全面理解《孙子兵法》普适性的价值和意义，进而影响其在当代社会的传播与推广。

二、兵法经营学内容体系构建研究

战争与竞争的同质性决定了兵法理论与经营理论可互为借鉴。然而，企业

---

① 廖祖义：《孙子兵法应用于现代企业管理值得商榷》，《攀登》2005 年第 2 期。

② 参见罗宇浩：《质疑兵法管理》，《经理人》2004 年第 7 期。

③ 参见罗建法：《企业兵法管理的误区》，《投资与营销》2004 年第 12 期。

家们在经营管理实践中往往以兵法中的只言片语参悟企业经营，难免断章取义，不得要领，因此，有关兵法经营学理论体系的构建问题是兵法经营学建设的主要难题之一。周三多先生曾有这样的评述："世界各国研究《孙子兵法》的学者对《孙子兵法》的战略思想应用于企业竞争，已经做过大量工作，取得了丰硕的成果。但大多数学者都着重于解释《孙子兵法》的内容及应用，缺少对孙子战略思想体系的探讨。因此使企业经理们往往只得到有关《孙子兵法》零碎的语录式概念，缺乏对孙子战略思想的系统的完整的理解和把握。从而限制了《孙子兵法》战略思想在企业竞争中更高层次和更广泛有效的应用。"①

针对上述问题，许多学者在自己的著述中都力求将孙子思想的主要内容与现代管理思想有机结合，进而形成一个完整的理论体系。如李世俊等著《孙子兵法与企业管理》一书，将《孙子兵法》在企业管理中运用的基本内容分成"运筹定计""组织治众""行销谋略"和"五德为将"四个方面。② 陈炳富和邱昭良在《孙子兵法战略管理模式探索》一文中，依据《孙子兵法》各篇的内容和顺序，将《孙子兵法》的战略管理思想体系分为三个基本层次：拟定战略框架（包括《计篇》《作战篇》《谋攻篇》）；战略形成（包括《形篇》《势篇》《虚实篇》）；战略实施（包括《军争篇》《九变篇》《行军篇》《地形篇》《九地篇》《火攻篇》《用间篇》）。③ 周三多在《孙子兵法与经营战略》一书中，论证了《孙子兵法》的战略管理思想体系由八个部分组成：慎战和敢胜相结合的竞争观、以人为本的竞争因素分析、选择有限战略目标、制定以"诡道"为基础的战略方案、实行以"利"为核心的决策标准、以"五胜"战法为主体的战略实施、以"择人"为关键的战略控制、信息和情报。④ 陈昆福在《孙子兵法与现代商战论》一书中，则把《孙子兵法》13 篇视为一个大系统，而各篇又具有相对的独立性和主导性，其中任何一篇作为主体时，另外的 12 篇可作为其辅助。同时，作者运用《孙子兵法》的核心理论和哲学思想，研究并阐述了现代商战思想及战略制定的三原则，描述了现代商战战役战术构建的基本过程，最终形成了一个完整的现代商战理论体系。⑤ 宁建新在《基于〈孙子兵法〉的中国式企业战略管理理论体系之构想》一文中，重点讨论了《孙子兵法》中关于战略管理的系统安排、层次过程与架构，指出孙子兵学思想中内含着企业战略管理的 4 个基本战略模块和 6 大战略规划步骤，并在此基础上构建了基于

① 周三多等：《孙子兵法与经营战略》，上海：复旦大学出版社 1995 年版，第 3 页。

② 李世俊、杨先举、贾家瑞：《孙子兵法与企业管理 · 导论》，南宁：广西人民出版社 1984 年版。

③ 参见陈炳富、邱昭良：《孙子兵法战略管理模式探索》，《国际经贸研究》1997 年第 1 期。

④ 参见周三多等：《孙子兵法与经营战略》，第 3～13 页。

⑤ 参见陈昆福：《孙子兵法与现代商战论 · 序言》，杭州：浙江人民出版社 2007 年版。

《孙子兵法》的中国式企业战略管理基础理论体系。[①]

值得强调的是，上述成果都是以西方战略理论或管理理论为参照来论证《孙子兵法》的管理理论体系的，如此势必肢解孙子思想本身的整体性，造成兵法经营的诸多误区和缺陷。苏东指出，中国学者"容易奉西方管理理论为经典，在近于直觉而不是实证分析的基础上将《孙子兵法》断章取义、对号入座，更有甚者削足适履、牵强附会，本意是想弘扬《孙子兵法》，抬高其地位，实际上却使原本'独上高楼'的《孙子兵法》变成西方管理理论的影子，充其量只是零星涉及到一些管理条文"[②]。有鉴于此，许多学者试图从孙子兵学的特色范畴出发构建兵法经营的理论框架。如李雪峰详细论证了《孙子兵法》中的"形"与"势"、"虚"与"实"、"刚"与"柔"、"奇"与"正"、"攻"与"守"五对矛盾范畴的内涵及相互关系，在此基础上构建了《孙子兵法》战略思想在企业经营管理中应用的内容体系。[③] 洪兵先生提出了一个由"胜""力""利""道""形""势""柔""知""专""度""奇""变""致"13 个范畴组成的中国战略体系框架。[④] 这一框架的提出，有利于更好地展示中国兵学智慧的内涵与神韵，对于从整体上把握《孙子兵法》的管理学思想和价值富有启发意义。宫玉振则从《孙子兵法》的基本理论出发，构建了一个全新的企业竞争理论体系。他认为，《孙子兵法》制胜理论体系是由"全胜""知胜""先胜""战胜"四个方面构成的，而从企业竞争的角度来说，这四个方面同样构成了一个完整的以动态竞争为特色的企业竞争理论体系，它从竞争的宗旨与竞争样式选择、竞争信息与情报分析、竞争的关键要素、竞争行动的基本原则等方面，揭示了竞争取胜的基本原理。[⑤]

综上所述，兵法经营学不能仅仅满足于兵法学和经营学两门学科的简单对接，而应该融合兵法学、经营学、经济学、管理学、心理学等多门学科的知识，进而将《孙子兵法》深奥的军事思想体系成功运用于企业经营管理的实践之中。进一步讲，其学科体系应该以《孙子兵法》军事思想体系中的战争观、战略观和战术指导策略为基础进行构建，其主要内容包括：慎战、速胜、先胜、易胜、称胜、全胜的战略思想，知彼知己、避实击虚、出奇制胜、因形造势、我专敌分的战术思想，五德兼备的领导素养理论，令文齐武的管理治军原则，等等。如此一来，兵

① 参见宁建新：《基于〈孙子兵法〉的中国式企业战略管理理论体系之构想》，《滨州学院学报》2009 年第 5 期。

② 苏东：《〈孙子兵法〉与西方管理理论比较研究之我见》，《科学管理研究》1997 年第 5 期。

③ 参见李雪峰：《孙子兵法的矛盾范畴及其在战略管理中的应用》，《北方工业大学学报》2001 年第 2 期。

④ 参见洪兵：《中国战略原理解析》，北京：军事科学出版社 2002 年版。

⑤ 参见宫玉振：《取胜之道——孙子兵法与竞争原理·序言》，北京：北京大学出版社 2010 年版。

法经营学就有可能将不同层次、不同水平和不同内容的思想理论统一到一个完善的学科体系中，而不同的学习者群体也完全可以按照各自的实际要求各取所需，灵活应用，不断创新。

三、兵法经营学与中西方管理文化融合研究

兵法经营学的研究，从某种角度讲就是古代兵法管理思想与现代管理理论结合的研究，而现代管理理论是在西方国家工业革命的实践过程中催生和发展的，因此，研究兵法与经营的结合必然涉及中西方管理文化融合的问题。

对此，学者们首先从《孙子兵法》管理思想与西方管理思想的差异和相近之处进行分析和研究。如鄢德春认为："《孙子兵法》与其说是战略理论，不如说是一种战略哲学；《孙子兵法》与西方战略规划学派和环境适应学派的相容性很好，但与产业组织学派和资源基础论学派的相关性不强。"①宁建新也谈道："西方战略管理所包含的战略层次、战略过程、环境分析、战略制定和实施等体系主要表现为纵向的逻辑化、过程化和步骤化；而《孙子兵法》则主要表现为横向的立体性、跳跃性和感悟性。然而，中西战略思想虽然具有不同的表达方式，但却具有相似的本质属性，二者的关系为貌离神合、异同皆存、形体不一、殊途同归。"②

将孙子兵学思想与西方管理理论进行比较研究，不仅要揭示它与西方现代管理学有哪些相通之处，更要探讨它提供了哪些西方现代管理学所没有的东西，进而发现《孙子兵法》管理思想的独特价值与特殊贡献。张德玉先生认为："《孙子兵法》从哲学的意义上看，其真正价值在于抓住了主客体关系这个基本问题，突出了主体在实践中的中心地位和能动作用。这种思想应用到管理上来，就是要强调人的因素处于企业竞争中的关键地位。"③陈炳富、杨兆力则指出："西方战略理论更注重战略决策程序和战略过程控制，而没有充分认识到战略的整体功效与哲学内涵。"④他们还强调，"战略"一词的本义就是指"将道"，战略决策不同于一般技术性决策就是因为其具有很强的价值判断的意义，因此，

---

① 鄢德春：《〈孙子兵法〉与西方战略管理思想》，《集团经济研究》2005 年第 2 期。

② 宁建新：《孙子兵法战略管理体系新探——中国古典兵法的现代西方式阐释》，《中国市场》2008 年第 39 期。

③ 张德玉：《孙子兵法与现代管理应用的几个待认识的问题》，《北京科技大学学报》（哲学社会科学版）1997 年第 5 期。

④ 陈炳富、杨兆力：《孙子兵法与战略管理》，《南开经济研究》1993 年第 1 期。

孙子战略思想的卓越之处就在于其明确了"道"与"将"在战略体系中的核心地位。苏东女士认为,西方管理理论源于西方企业管理实践,其经过几百年的发展,业已形成庞大的知识体系,对其成功之处显然要充分肯定。然而,西方各种管理理论,标新立异,层出不穷,形成相互交叠、涵盖、游离的态势,最终难以完全摆脱经验主义的挑战。而中国以《孙子兵法》为首的古典学术名著,不仅言辞简约、蕴意丰富,而且其内在的系统性、柔性及人本主义倾向,更能适应当代社会复杂多变的商业环境。①张再林更是从孙子兵学思想的道德本位、实用理性、权变机智、辩证法则四个基本特征出发,为人们揭示了《孙子兵法》军事管理理论中的体用不二、经权兼统的哲学思想。他认为作为对西方现代管理思想理论的超越,《孙子兵法》实际上向我们预示了一种"后现代主义的管理学"的理论模型。它既可能使我们克服管理学中的伦理与管理的分离,又有可能使我们消解管理学中的哲学与科学的对立。②

理论研究和比较研究的目的在于实践应用,故如何在中西方管理文化对比的基础上,提出《孙子兵法》思想与西方管理理论融合创新的基本思路和方法,是学者们研究的另一个重点。周海炜的《战略管理中的企业谋略及运作机制研究》一文是这一方面的代表作。该文从中国传统的谋略资源的角度论证了兵法思想在企业管理中的应用价值及实践操作模式。论文认为,中国传统的谋略资源非常丰富,是中国传统文化的重要组成部分,但是谋略不同于战略。谋略以对人的管理为核心,以求取实用功利价值为导向,在管理中呈现复杂多变的形态,具有自己独特的知识存在方式,体现了中国传统文化思维的基本特征,这些与西方的战略知识和理论形成很大的差异。为此,作者对企业谋略研究所需要的企业谋略管理、管理行动逻辑、谐协管理、推延性思维和取譬、关系网络等本土性概念进行了认真细致的辨析,最后概括出了以兵法为核心的谋略知识的基本特征,并对未来中国企业战略管理的发展提出若干建议。③ 此后,周海炜还与其导师张阳合作发表了《论企业经营管理活动中的谋略问题》(《山东社会科学》2005 年第 4 期)、《传统政治谋略与对企业经营管理的影响分析》(《求索》2006 年第 12 期)、《中国传统军事谋略与管理文化探析》(《理论学刊》2007 年第 2 期)、《战略与谋略:管理文化视角的辨析》(《科学经济社会》2007 年第 3 期)等论文,对相关问题进行了进一步的探讨和研究。上述成果的重要价值在于将兵法谋略与西方战略置于不同的管理文化背景下进行分析,探讨其各自的知识特

① 参见苏东:《孙子兵法与西方管理理论比较研究之我见》,《科学管理研究》1997 年第 5 期。

② 参见张再林:《孙子兵法与现代管理》,《西北大学学报》(哲学社会科学版)1997 年第 3 期。

③ 参见周海炜:《战略管理中的企业谋略及运作机制研究》,河海大学博士学位论文,2004 年。

征，进而提出中国传统兵学谋略的现代转型问题，这实际是为中西方管理文化的融合提出一种具有操作性的思路与途径，同时也为兵法经营学体系的构建提供了理论支撑。此外，钟尉的《兵家思想对现代经营管理的启示——基于战略管理视角》一文，也以兵家经典著作《孙子兵法》《吴子》等为依据，从战略管理的视角出发，分析兵家思想和现代企业经营管理理论融合的基础，提出了跨文化的战略管理概念，并在分析西方战略管理模式的基础上提出了一个基于兵家思想的企业战略管理模式。① 钱为强的《孙子兵法与中国现代企业管理者的素质——兼论中西管理理念的差异》一文，则主要从《孙子兵法》的"五德"模型入手，结合对中国现代企业管理者素质的分析，对比中国与西方发达国家现代企业管理者素质的异同，提出了如何提升中国现代企业管理者素质的对策。②

值得关注的是，长期致力于企业经营管理实践，热心《孙子兵法》研究的张军利先生，曾创办"全胜经营管理工作室"，并在总结多年实践经验的基础上，最终提出了融合中西管理文化的"全胜经营学"的崭新思路。所谓"全胜经营学"，就是将"全胜"理念贯穿于经营管理全过程，并以争取"全胜"为根本目的的经营学。它以老子的"道"为哲学基础，以孙子的"全"为基本理念，以《孙子兵法》的兵学思想体系为基本内容，融合当代西方管理思想和理论，以求能够适应现代商业社会的需要。在张军利先生看来，"全胜经营学"和西方管理学的本质区别在于基本理念、哲学基础、思维模式三个方面。在基本理念方面，"全胜经营学"把经营管理看成是一个历史的、发展的实践活动，因此从矛盾运动和实践的观点去实践和探索经营管理；西方管理学将经营管理看成是一个科学的、静止的知识体系，因此从理论和模型构造的观点去研究和解析经营管理。在哲学基础方面，"全胜经营学"以"道家哲学"为哲学基础，关注"事物本质"和"内在规律"（即道）的运动变化；西方管理学以西方的"唯理论"和"经验论"为哲学基础，关注"事物本身"和"运作模型"（即逻辑关系）。在思维方式方面，"全胜经营学"以"辩证思维"为根本思维方式，融合西方逻辑思维，既注重宏观大势，又不失细节；而西方管理学以"逻辑思维"为根本思维方式，过分关注事物细节，陷入复杂、烦琐的模型、流程、方法中。因此说，"全胜经营学"是和西方管理学完全不同的经营哲学和管理学理论体系。③

综上所述，在中西比较中理解和把握《孙子兵法》管理思想的文化特征，对于构建中国式的管理理论大厦，理解中国本土的管理智慧的内涵，从而更好地

---

① 参见钟尉：《兵家思想对现代经营管理的启示——基于战略管理视角》，《滨州学院学报》2009 年第 5 期。

② 参见钱为强：《孙子兵法与中国现代企业管理者的素质——兼论中西管理理念的差异》，《滨州学院学报》2008 年第 5 期。

③ 参见张军利：《全胜经营学概论》，《滨州学院学报》2009 年第 5 期。

指导中国的管理实践，都有重要的意义。正如周述实所言："作为一种与中国传统文化的精华密切联系，有机结合，并且属于高层次文化形态的管理思想、管理理论和管理方法，兵法经营论在国内外企业的经营管理实践中已经和正在取得成功，从而也证明，它是社会主义市场经济条件下，具有中国特色的企业管理的理论和方法的重要组成部分。"①苏东女士也谈道：《孙子兵法》虽有许多优秀之处，但它毕竟是前科学的，必须经受现代科学的洗礼，而现代管理科学的发展则迫切需要全新思想的启迪。为此，在管理领域中研究《孙子兵法》必须首先明确《孙子兵法》和当代西方管理理论的不同文化背景，然后从不同的层面进行系统的比较分析。这样不但能帮助我们深入理解东西方文化，更好地认识和学习现代管理理论，还能促进东西方管理思想的融合，为有中国特色的管理理论的创新和发展提供契机，同时又是避免生搬硬套、牵强附会的可行之路。②

四、兵法经营学史回顾与文献整理研究

关于兵法经营学史及文献的研究，是兵法经营学学科建设的基础性内容，但学者们的著述和论文在涉及这一课题时多是一些粗略的事实介绍，较为全面而又有深度的成果仅见以下几篇论文。

2005 年 10 月，宫玉振发表《孙子兵法在经济领域应用的历史性跨越》一文，对中国历史上两个兵法经营发展的高峰期及产生原因作了详细的论证分析。文章认为，战国时期是《孙子兵法》在经济领域中应用的第一个黄金时期，这与战国时期商品经济的发达有着直接的关系；改革开放以后是《孙子兵法》在经济领域应用的第二个黄金时期，这其中的深层原因在于市场经济成为中国的主导性经济形式。文章强调，从理论发展的线索来说，当前《孙子兵法》在经济领域中应用热潮的出现，既是对战国商家运用兵法原理建立经营理论的努力的接续，同时也受到西方管理学界成功运用军事战略理论建构企业战略管理理论的启发，而从根本上来说，则是当代中国建构有自己特色的成熟的经营管理理论的需要。此外，作者在该文中还对西方兵法经营的早期历史和主要特点作出了概括介绍，强调西方人谈到战争与商业之间的关系时，不像中国的白圭那样把军事理论引入商业领域，而是将商业理论引入军事领域。这是因为，古代西方的军事理论还相当不成熟，缺乏像中国的《孙子兵法》这样的经典性理论著作。

① 周述实：《具有中国特色的现代企业管理的探索》，《甘肃社会科学》1995 年第 5 期。

② 参见苏东：《孙子兵法与西方管理理论比较研究之我见》，《科学管理研究》1997 年第 5 期。

在拿破仑战争之后，随着《战争论》《战争艺术概论》等军事名著的问世及西方近代军事理论体系的出现，军事理论反过来影响企业经营理论的时代也就开始了。而这种开始是以军事战略向商业领域的移植为主要特点的，其最早、最典型的代表人物当首推第一次世界大战时美军军需部长，后为美国西尔斯公司董事长的罗伯特·E·伍德将军。①

2006年10月，《滨州学院学报》又推出了铃木拓史著、董凤武译的《日本兵法经营史》一文，该文主要对日本的兵法经营史进行了简要的介绍和分析。文章认为，世界上最早实施兵法经营的国家是中国，最早具体推行兵法经营的国家是日本；中国兵法经营的鼻祖是白圭，日本兵法经营的鼻祖是北条氏长。而在二战后提出将兵法用于经营的设想并在日本普及且确立其体系的则是大桥武夫。文章强调，日本古代兵法经营的高峰时期是江户时代。因为战国时代北条氏长讲的是商人也可以掌握兵法，而不是讲如何在商务中运用兵法。直到江户时代，日本才出现了在商务中运用兵法的先驱——三井高利。同时，作者还指出，在江户时代，代表这一时期商家思想的杰出代表“石门心学”也引用《孙子兵法》解说商务活动，并有人对兵法经营提出批评。最后，作者还总结了江户时代日本产生兵法经营的三个原因，即身份制度和缓、教育水平高及多神观念的民族性。②

2009年10月，宫玉振在《滨州学院学报》发表《孙子兵法与企业经营管理研究30年巡礼》一文，首次对中国三十年来兵法经营的历史与现状进行了系统的回顾与总结。文章首先概括分析了三十年来兵法经营相关领域研究中的成绩和存在的问题，继而对如何推动相关领域的研究提出了自己的见解。文章指出，当代中国兵法经营研究的队伍大致由军事学者、管理学者和企业家几部分力量构成；当代兵法经营研究的主要理论问题包括《孙子兵法》的管理学价值、《孙子兵法》的管理体系、《孙子兵法》与中西战略管理文化的比较研究三个层次；当代兵法经营研究的主要缺陷和问题则表现为研究方法的束缚与局限、研究成果的低层次重复、研究队伍与研究风气的混乱三个方面。③

同年，苏桂亮在《滨州学院学报》发表《兵法经营学文献综览》一文，首次对有关兵法经营管理方面的文献进行了全面的梳理与总结。该文既有对中国、日本、韩国、马来西亚、新加坡等东方国家兵法经营文献的详细分析，也有对美国、英国、法国、德国等西方国家兵法经营的概括介绍，另外还遴选了一批杰出的著

① 参见宫玉振：《孙子兵法在经济领域应用的历史性跨越》，《滨州学院学报》2005年第5期。

② 参见[日]铃木拓史著，董凤武译：《日本兵法经营史》，《滨州学院学报》2006年第5期。

③ 参见宫玉振：《孙子兵法与企业经营管理研究30年巡礼》，《滨州学院学报》2009年第5期。

述和论文作出简要评论和分析。文章总结指出，中国是将《孙子兵法》用于商业经营最早的国家，但后续研究相对落后；日本是域外《孙子兵法》非军事研究应用最早的国家，成果也最为丰富；韩国兵法经营研究起步较晚，但出现了一批高质量的硕博论文；西方国家如法、英、德对非军事领域的研究起步较晚，但近年相关著作也逐渐增多，大有后来居上之势，特别是美国走在了前列，相继推出了既有理论深度又影响较大的著作。作者最后还强调，建构兵法经营学是历史的必然，中国作为《孙子兵法》的故乡，应正视差距，以谦虚的态度对待国外的研究成果，利用本土优势，在兵法经营学构建中做出应有的贡献。①

值得一提的是，美国哈佛大学教授阿拉斯泰尔·约翰斯顿多年来潜心研究《孙子兵法》。他在《孙子研究在美国》一文里扼要地介绍了美国学界、商业教育与培训、军界等领域孙子研究及其具体应用的情况，指出越来越多的美国人开始认识《孙子兵法》及其价值。

以上内容对兵法经营学的研究状况和研究成果进行了梳理与总结，在肯定成绩的同时，我们也不能不正视目前兵法经营研究面临的困难和不足。纪洪波指出："目前的这些著作还大多局限于兵法原则加案例分析的层面，部分涉及兵学原理在经营管理中的某一局部或层面（如市场营销、人才管理等）的应用，离兵法经营学理论的真正创立依然相去甚远。"②就国外研究而言，兵法经营的研究及其实施成效更令人担忧。"虽有国外学者把《孙子兵法》看作是中国的战略管理，但其毕竟始撰于2500多年前，其中对战争性质认识的不足，有些观点存在一定的局限性和片面性、语言文风、时代局限和军事领域的特殊性等均难以完全符合当代企业实践，特别是古代话语的现代失形等则严重影响到古代经典文化的现代传播和接受。"③

---

① 参见苏桂亮：《兵法经营学文献综览》，《滨州学院学报》2009年第5期。

② 转引自纪洪波：《从兵法经营到兵法经营学（代序）》，《滨州学院学报》2008年第5期。

③ 宁建新：《基于〈孙子兵法〉的中国式企业战略管理理论体系之构想》，《滨州学院学报》2009年第5期。

第四章 中外兵法经营学发展的不同特点

到目前为止，尽管世界上很多国家都已出现兵法经营的思想传播和实践案例，但仍然以中国、日本、韩国、美国等国家的兵法经营最典型，也最有成就。值得强调的是，由于各国开展兵法经营的主客观条件不同，其在兵法经营研究的基本思路上表现出不同的特点，这种特点又集中体现了各国管理文化的差异。故本章写作的主要目的，是从学科史的角度，对中外兵法经营发展和研究的历史作出比较分析，总结各国兵法经营研究的基本思路、经验和问题，探讨各国兵法经营发展的不同特点。在此基础上，一并论及了中国传统管理思想与西方现代管理理论的融合问题。

一、中国兵法经营的特点

《孙子兵法》反映了管理学的普遍原理，因而中外兵法经营在本质上具有相似、相通之处。然而，在中国特色的文化背景与政治、经济环境之下，《孙子兵法》在应用于企业经营管理实践的具体过程中，又必然表现出自身独有的特点。

第一，起源最早，影响范围最广，发展历程也最为曲折反复。

如前所述，早在战国时期，商人白圭就谈道："吾治生产，犹伊尹、吕尚之谋，孙吴用兵，商鞅行法是也。"[①]这可谓兵法经营的最早萌芽。兵法经营发轫于这一时期，有其特定的社会背景。一是春秋战国时期商品经济相对发达，为兵法在商业中的运用提供了客观经济条件。二是这一时期战争频繁，军事谋略发

① 《史记·货殖列传》。

达，兵学著作甚多，为兵法在非军事领域的应用提供了理论基础。三是“百家争鸣”所带来的哲学、政治思想的繁荣，为军事思想与管理思想的交流、碰撞提供了浓厚的文化氛围。然而，随着汉朝以后“重农抑商”政策的推行和思想界“独尊儒术”局面的出现，兵学经营的萌芽很快夭折，整个中国封建社会的漫长历史中罕见兵法应用于商业的实例和记载。

20 世纪 80 年代中期，中国兵法经营一度达到高潮，其影响范围也扩展到全国。这其中的主要原因在于，改革开放之初，中国市场经济的发展及经营管理实践迫切需要竞争理论和管理理论的指导。当然，在这一时期，人们对古代兵法思想的研究还不深入，对兵法经营的本质认识还不到位，故而兵法经营的理论研究和实践探索都未能取得突破性进展。

20 世纪 90 年代中期以后，兵法经营虽然总体上有退潮的趋势，但又出现新的发展趋向。其突出的表现是学者们开始注重《孙子兵法》与现代西方管理科学的结合问题。如周三多等著《孙子兵法与经营战略》一书，将孙子战略思想与现代经营战略理论相结合，把古今中外的管理理论融为一体，不仅深具兵学、经济学底蕴，而且达到了哲学层次的认识水平。此外，陈炳富与陈万华的《孙子兵法及其管理思想》(《管理评论》1991 第 2 期)、张再林的《孙子兵法与现代管理思想》(《西北大学学报》1997 年第 3 期)、苏东的《孙子兵法与西方管理理论比较研究之我见》(《科学管理研究》1997 年第 5 期)等文章，都力求在中西比较中理解和把握《孙子兵法》管理思想的文化特征，以便更好地指导中国的管理实践。

21 世纪以后，中国的兵法经营仍然在持续发展，人们对兵法经营的研究和认识越来越趋于理性化。许多学者的著述和论文注重从“道”的层面，以孙子战略思想为核心，阐释其在商业竞争中的应用价值，从而有效抵制了《孙子兵法》应用低俗化、权术化的错误倾向，而近年来有关兵法经营学构建的专题研究，更是推动了《孙子兵法》商业应用的深入发展。如纪洪波《兵法经营学体系之构想》(《滨州学院学报》2008 年第 5 期)、《兵法经营学研究范式之构想》(《滨州学院学报》2009 年第 5 期)，吴宗祥《兵法经营学之学科性质、体系及推广刍议》(《滨州学院学报》2009 年第 5 期)等文章都堪称这方面的代表作。

第二，理论为先导，引领兵法经营实践逐步走向深入。

中国孙子文化研究成果的丰硕为兵法经营实践奠定了坚实的理论基础，学者们的指导和引领在兵法经营实践中起到了至关重要的作用。如吴如嵩先生多次呼吁构建中国的兵学经营学体系，呼吁将《孙子兵法》的理论研究与应用研究结合起来，并为山东与江苏苏州等地的《孙子兵法》应用研究的开展做了大量的指导工作。洪兵先生以“孙子兵法与统御之道”为主线，初步构建了一个《孙子兵法》战略理论在企业经营管理中应用的基本体系，为从战略的层面打通军事与管理的界限作出了可贵的探索。刘庆、黄朴民、任力、薛国安等先生也从不同的角度对《孙子兵法》在企业经营管理中的应用研究发表了重要的见解，产生了良好的社会影响。

当然，学者们的理论研究及其对实践的引领也有一个逐步深入的过程。比如，在20世纪80年代末兴起的“兵法经营”热潮中，兵法经营研究者主要是想以传统文化中的类推性思维为基本逻辑，建立起企业对兵法谋略利用的合理性基础。这种由直接类推而来的兵法谋略，毕竟是前现代的思想，难以脱离传统思想的范畴。许多兵法谋略思想中所蕴含着的知识虽然具有某些可以超越现代西方管理理论的特质，但这些特质毕竟是潜在的特质，与成为现代企业组织可以依托的管理知识还有相当的距离。[①] 20世纪90年代中期以后，随着西方经营管理理论的引进，又有人试图将新引进的西方管理理论与兵法思想相结合。其基本的研究思路是，对传统军事谋略进行现代化阐释，形成现代管理理论可以接受的术语、概念、原则，并以此来获得知识引用的合理基础。但客观地讲，这种研究思路和方式也是存在问题的，它肢解了古兵法的整体思想体系，使兵法战略思想成为一个个孤立的原则，且兵法本身蕴含的哲理和思维方法也难以得到深入挖掘。

此外，还有很多学者呼吁，兵法经营的理论研究要真正深入社会竞争实践中，加强实证的研究。如周述实认为，兵法经营的成败得失，必须由实践作出最后裁决。兵法经营的目的是解决现代企业管理中存在的问题，全面提高管理水平。如果在兵法经营中搞形式主义、教条主义，结果完全达不到这一目的，那么不论声势搞得多大，也只能视为失败。[②]

第三，成绩与问题同在，肯定与质疑并存。

中国兵法经营在理论研究和实践探索方面具有得天独厚的优势，也因此取得了较高的成就。经过三十多年的发展，《孙子兵法》与企业经营管理领域已经形成了雄厚的研究队伍，相关成果在社会上得到了广泛的应用，产生了良好的社会效益。但另一方面，由于中国的《孙子兵法》应用涵盖范围较广，势必出现鱼龙混杂的局面。一部分企业家在运用《孙子兵法》时只学其“形”而不求其“神”，具体表现为简单的对号入座，蜻蜓点水式的浮浅照搬，乱点鸳鸯式的胡乱联系，强拉硬拽式的歪曲混淆和无原则的神化、泛化孙子。这一现象与中国孙子学界长期以来形成的重学术、轻应用的弊端有关。更重要的原因则在于，少数所谓的孙子文化“专家”滥竽充数，出版了一些粗制滥造的作品或推出有名无

① 参见周海炜：《战略管理中的企业谋略及运作机制研究》，河海大学博士学位论文，2004年。

② 参见周述实：《兵法经营概论》，第39页。

实的《孙子兵法》培训课程，使《孙子兵法》商业应用走向种种误区。目前，中国孙子兵法研究会已成立《孙子兵法》发展应用委员会，恐怕正是为了纠正此种弊端。

在学术界，很多学者也对兵法经营理论研究的主要问题和缺陷作出探讨。如宫玉振认为："孙子兵法在企业管理中的应用研究，应该属于管理学的研究范围，然而孙子兵法研究目前的成果大部分都是描述性的，这与当今主流的管理学研究范式即定量与实证的研究显然有相当的距离，因此尽管孙子兵法已经进入中国主要商学院的课堂，但要想在学术上被主流管理学界所认可，还有一定的困难。"他还指出："孙子兵法与经营管理的研究涌现出了大量的学术成果，其中不乏具有深刻而独创见解的作品，但是还有相当比例的所谓专著和论文其实是在简单地重复前人的劳动，几年前已经有人做过的题目直到现在还有人在不断地做，而且思路、内容、观点乃至语言都没有多少新意。"①这些见解都是比较客观和理性的。实事求是地讲，目前的兵法经营仍处于生长发展期，近期内很难出现大的突破或质的飞跃，构建兵法经营学的条件还不太成熟。虽然中国的兵法经营研究已经有较长的历史，相应的理论成果也比较多，但真正具有标志性的代表人物和成果还没有出现。更重要的是，兵法经营最大的问题，即理论与实践有机结合的目标一直未能实现，兵法经营搞了这么多年，很少见到在中国有比较成功的兵法经营企业家，兵法经营研究缺乏大量的成功案例作为实践支撑。这其中的原因，要从兵法经营的主客观条件是否具备来进行合理分析。

二、美国等西方国家兵法经营的特点

"西方国家如法、英、德对非军事领域的研究起步较晚，但近年相关著作也逐渐增多，大有后来居上之势，特别是美国走在了前列，相继推出了既有理论深度又影响较大的著作。"②概括起来，美国等西方国家兵法经营大致有如下几个特点。

第一，美国等西方国家兵法经营的产生与战略密切相关，其兵法经营研究的内容也大多以战略为主。据企业经营管理史专家钱德勒考证，最早把"战略"应用于企业经营管理的成功者当首推第一次世界大战时的美军军需部长，后为美国西尔斯公司董事长的罗伯特·E·伍德将军。这位精通军事理论的美国将

① 宫玉振：《孙子兵法与企业经营管理研究30年巡礼》，《滨州学院学报》2009年第5期。

② 苏桂亮：《兵法经营学文献综览》，《滨州学院学报》2009年第5期。

军，根据其多年从事经营管理的经验深有感触地说："从某种意义上来说，企业经营就好像战争一样，如果公司的主要战略正确，那么即使有战术性失误也同样能获得成功。"[①]此后，军事战略思想对企业战略的影响一直持续不断，它始终在给予战略管理理论以创新的启示和丰富的资源。例如，具有军事理论背景、熟悉军事战略思想的安索夫写出《公司战略》一书，成为企业战略理论的主要创立者；早期战略规划的做法明显是借鉴了二战中战争计划的经验；著名战略学家奎因在其著作中专门论述了军事战略与公司战略在目标、创造性、规模灵活性、领导的协调性等方面的相似性；迈克尔·波特在其名著《竞争战略》中也主张，企业战略的定位分析与战争的战略分析可以直接相比较。总之，"西方战略管理理论从产生到发展，都明显在借鉴军事战略理论的既有成果。从概念到分析框架到基本原则，战略管理学家都从克劳塞维茨、若米尼那里得到了无数的启迪"[②]。

在借鉴中国兵法进行经营管理的过程中，西方国家很多学者的研究也是以战略内容为主。如美国退役军人、著名战略学家马克·麦克内利（Mark Mc-neilly）所著《孙子兵法与商业艺术》（牛津大学出版社 1996 年版）一书，就是将《孙子兵法》的主要内容和思想整合成了企业管理的六项战略原则，并用生动的案例对这些战略原则进行了分析说明，而且案例内容所涉及的都是 IBM、微软、沃尔玛、可口可乐、通用电器、惠普等数十家著名大公司的战略的成败得失。再如，美国作家潘威廉所著《企业兵法教程——战略分析、设计与实施》（林丽芳译，北京大学出版社 2001 年版）一书，其主要内容也是探讨《孙子兵法》与企业战略管理的关系。全书以《孙子兵法》"知胜思想"为主线，从战略的分析、规划、制定和实施四个方面，详细阐述了企业战略的全过程，并以一个外国人的独特视角，对孙子谋略思想如何应用于中国企业战略管理进行了深刻的解读。

第二，美国等西方国家对兵法经营的探索注重实证研究，其实用成效也较为显著。西方国家大凡较有影响的兵法经营论著，其作者大都是精通经营管理的企业高层主管，他们拥有丰富的实践管理经验，而且都能够投入很大的精力和时间进行案例查询和实证分析，在此基础上对兵法经营进行研究。如布鲁斯·F·韦伯斯特所著《从〈孙子兵法〉学习风险企业战略》（美国 MIS 出版社 1995 年版）一书中，作者结合自己从事软件开发二十余年的创业经历，将企业由小到大的实践过程与《孙子兵法》的思想原则相结合，最终提出一种富有兵法特色的经营理念。再如，杰拉尔德·A·麦克尔森所著《孙子兵法与现代商战谋

① 转引自宫玉振：《孙子兵法在经济领域中运用的历史性跨越》，《滨州学院学报》2005 年第5 期。

② 宫玉振：《孙子兵法在经济领域中运用的历史性跨越》，《滨州学院学报》2005 年第 5 期。

略》(郑颖译,汉语大词典出版社 2003 年版)一书,也是作者在自己担任美国多家机构和企业高管的经历以及在 5 大洲开办讲座教学经验的基础上,依据《孙子兵法》十三篇内容体系,逐篇讨论其在经营管理中的运用价值。另外,杰拉德·A·迈克尔森和斯蒂芬·W·迈克尔森所著《孙子兵法的销售智慧》(贾良定、唐翌译,高等教育出版社 2005 年版)一书,更是直接将孙子的谋略思想和智慧转化成了一种集销售经验、销售教训、销售建议、销售方案于一体的营销理论体系。南京大学商学院周三多院长认为,此书作者"深度挖掘了孙子的永恒智慧,并将自己多年的营销经验融入其中……对拓展管理者的视野,提升战略思维能力,开展营销与销售工作定将大有裨益"①。

西方除美国以外的其他一些国家,在兵法经营研究方面也突出了实用、实效的特点。比如:2003 年,俄罗斯出版了由英文转译的美国人戈瑞·加利亚尔迪(Gary Gagliardi)的《孙子兵法与营销策略》,译者在书的封面写道,"为取得推销业绩,请运用中国古代智慧!"由此开启了俄罗斯研究应用《孙子兵法》之风。2000 年,法国的让·弗朗索瓦·费黎宗博士写出《思维的战争游戏——从〈孙子兵法〉到〈三十六计〉》一书,该书出版后很快成为抢手货,并被翻译成多国文字在世界发行。2004 年,德国著名的畅销书作家维尔纳·施万费尔德(Schwanfelder. W.)出版了他的《无敌兵法:孙子管理学》,该书一经推出即成为畅销书有中文版在我国发行。

第三,美国等西方国家兵法经营的研究思路主要是建立在知识专门化的基础之上。大致说来,它主要存在两种情形:

其一是前边提到的企业战略管理对西方军事战略思想的运用。这种运用建立在知识专门化的基础上。"战略管理从其概念形成开始就明确地形成了一个专门化领域,对军事战略的引用只是学科之间的交叉。军事战略给予战略管理创新的资源,在两者之间的交流属于知识的交叉,这种交叉的基础在于利用已有的程式对知识资源进行渗透、重组、融合。"②但这种运用又分为两种情形:如果军事思想通过程式的引用而成为企业的战略知识,那么实践作为科学实践而被接受;如果只是对军事思想的个人引用,那么只能视为管理实践艺术。

其二是西方人对中国传统兵法谋略的运用。他们也试图遵循知识专门化基础上中国兵法与西方战略管理理论交叉应用的思路。最典型的例子是美国出版界出版发行的新书——《经理人的六项战略修炼:孙子兵法与竞争的学

① [美]杰拉德·A·迈克尔森、斯蒂芬·W·迈克尔森著,贾良定、唐翌译:《孙子兵法的销售智慧》,北京:高等教育出版社 2005 年版,第 2 页。

② 周海炜:《战略管理中的企业谋略及运作机制研究》,河海大学博士学位论文,2004 年。

问》。该书是一位名叫麦克内利的美国人写的。他是美国 IBM 公司的战略顾问,曾为美国陆军军官。书中对《孙子兵法》中的概念和思想进行了概括、提炼和整合,并结合数十家世界知名跨国公司的战略的成败得失,提出了管理者应该把握的六项战略原则,它同时也提出了应用这些原则对企业战略管理进行指导的程序和步骤。

然而,缘于东西方管理文化背景的差异,孙子战略思想能否按照西方企业战略管理的程序和步骤发挥作用,实在是一个未解的难题。中国人对“战略”的表述,只要求对深层含义的理解,并不要求概念特别精确。在中国古人看来,战略与“道”相通,是一种悟道的学问。“道”是无形的,需要用人们的抽象思维,在天人合一、物我同一中把握和体验。这种战略思维形式及背后的文化价值观念与西方的战略思维是根本不同的:中国兵法战略是一种以利害关系推导为基础的价值推导性思维,而西方战略是一种以逻辑实证为基础的认知性思维;中国兵法战略以追求实用理性为核心,而西方战略强调以技术经济预测理性为核心;中国兵法战略强调主客不分、主客相通,而西方战略则强调主客相分、理性认知;中国兵法战略强调应势而变而又相互贯通,而西方战略则强调规范性与稳定性。正因如此,西方管理学者在研究《孙子兵法》时,如果用自己分析、抽象和形式逻辑见长的思维方式将《孙子兵法》肢解,嫁接到自身的理论体系当中,必然使《孙子兵法》支离破碎、面目全非。

三、日本兵法经营的特点

将《孙子兵法》应用于商战,最成功的国家应该是日本。笔者曾专门发表《日本企业成功运用孙子兵法的原因与启示》一文探讨这一问题。客观地讲,日本的兵法经营确实有自己的成功之处和条件优势,这表现为以下几个方面:

第一,日本开展兵法经营研究的历史较早。据日本学者铃木拓史《日本兵法经营思想史研究》一文的研究,世界上最初实施兵法经营的人是中国的白圭,而最早具体推行兵法经营的国家则是日本。铃木拓史认为,日本兵法经营的鼻祖是江户时代的北条氏长。北条氏长在《士鉴用法》(1642 年)中曾说:“……兵法乃维护国家之法、天下之大道也。有人云兵法仅为战争之事……实乃谬矣。”又说:“所谓有备,并非专指贼起之日,战场之上列阵布兵……其实指运作战争之理也。士农工商四民皆同理也。”然而,北条氏长毕竟是军事家而不是商人,真正实践其兵法经营理念的是至今还赫赫有名的三井财团的创始人三井高利,他运用兵法经商的思想散见于《町人考见录》及遗训、商法中。另外,江户时代商家思想的代表“石门心学”引用《孙子兵法》解说商务活动。同时，兵法经营也受到一些批评。作者最后指出，兵法经营产生于日本的主要原因在于，日本的身份制度是比较和缓的，武士和平民之间可以自由流动，所以此时产生通晓兵法的商人是可能的。① 当然，铃木拓史的观点只是一家之言。学界比较公认的是，大桥武夫开启了二战后日本的兵法经营。大桥武夫战后出任东洋精密工业公司总经理、董事长，他把《孙子兵法》中的许多战略、战术理论嫁接到经营管理中，取得了巨大的成功。在他的影响之下，日本企业界出现了“兵法经营管理学派”，并掀起《孙子兵法》应用的热潮。

第二，日本兵法经营的理论成果极为丰富。据苏桂亮《兵法经营学文献综览》一文介绍，早在1913年，原田佑三就推出了自己的《商业孙子》一书，这是日本首部兵法经营专著，似乎也可认为是全世界首部兵法经营的专著。进入20世纪30年代，日本兵法经营类著述逐渐增多，出现了谷孙六的《孙子夜话》(1931年出版)、三轮善兵卫的《孙子与商战》(1939年，丸见屋商店出版)等著作。二战以后的20世纪60年代，兵法经营在日本出现高潮，有关这方面的书籍更为丰富，先后有60多部论述兵法经营的著作问世。如大桥武夫的《用兵法经营》(1962年，日本事务能率协会出版)、仓本长治的《孙子与商法》(1962年，东京商业界杂志排印本)、安藤亮的《孙子兵法——商业战略、商战中取胜的企业竞争》(1962年，日本文艺社出版)、山崎正夫的《经营孙子——不败的兵法哲学》(1962年，日本事务能率协会出版)、饭田谦二的《商家兵法——向成功者与孙子学习》(1963年，大和书房出版)等。20世纪80年代以后，日本兵法经营类的著作依然不断推出，如武冈淳彦的《兵家经商》(1982年，PHP研究所出版)、横山丰的《经营学〈孙子〉》(2007年，新生出版)、现代经营兵法研究会推出的《原来如此！孙子兵法启蒙读本》(2008年，东京斯巴鲁舍出版)等。截至2008年年底，日本共出版兵法经营类的书籍300多种，同时报纸、杂志还刊载了大量的专门文章。② 这些成果无疑为《孙子兵法》在日本商业领域的实际应用奠定了良好的基础。

第三，日本较早地实现了兵法经营成果的应用普及和体系化。大桥武夫在运用兵法经营的实践过程中就已经开始推广普及兵法经营，同时也非常注重理论研究。从1959年开始，他陆续编写了多达50余册的《兵法经营全书》，由此奠定了他在兵法经营理论界的“大家”地位。与大桥武夫合办兵法经营塾的副塾长武冈淳彦，在大桥武夫逝世后，继续从事兵法经营理论研究和普及活动。

---

① 参见[日]铃木拓史著，董凤武译：《日本兵法经营思想史研究》，《滨州学院学报》2006年第5期。

② 参见苏桂亮：《兵法经营学文献综览》，《滨州学院学报》2009年第5期。

他先后撰写了《兵法与战略的全貌》《领导者孙子》《孙子经营学》等兵法经营专著。在武冈淳彦的影响下，其学生佐野寿龙有鉴于当时学习、理解孙子“断章取义横行”的现象，开始有体系地举办《孙子兵法》讲座，并对《孙子兵法》的科学体系和现实应用进行专项研究，写出了《不战而胜——孙子兵法的科学体系与思想精义》一书。这些成果与中国20世纪八九十年代的兵法经营成果相比，质量是比较高的，其理论体系化的特点也比较突出。时至今日，日本经济学界对《孙子兵法》的研究和应用非常普遍。据统计：“日本研究《孙子兵法》的书籍有二百多种，《孙子兵法》的专业研究人士有数千人，业余爱好者多达十万余人。孙子思想研究深入到各个方面，运用到各个角落。”①

第四，日本有大量的成功案例作为兵法经营研究的实践支撑。日本索尼电器公司承认，他们之所以能在45年之内获得巨大的发展，就在于他们运用了孙子的“以正合，以奇胜”的“奇正之术”，不断推出质优价廉的新产品。松下电器创始人松下幸之助成功运用孙子的“择人任势”思想，任人唯贤，驾驭市场，由1918年的100日元起家，发展成为当今拥有130多家工厂、横跨五大洲的“松下王国”。还有资料显示：日本丰田、日产、本田汽车制造企业集团在与欧美同行的竞争中，运用孙子的“集中兵力”“后发制人”“致人而不致于人”“因敌变化”“出其不意”“知彼知己”等战略战术思想，取得竞争的胜利。

日本兵法经营的成功有其独特的客观条件和理论基础。

首先，日本的兵法经营能够在东西方文化融合的基础上进行。日本人长期以来对中国传统文化有着浓厚的兴趣，对中国的古代典籍能够进行深入的研究，这使得他们能较好地把握中国传统兵法的思想内涵。另一方面，自明治维新以来，日本人又全盘引进和移植西方的管理科学和文化，这使其具备了现代管理最基本的理论知识基础。如此一来，他们可以将兵法谋略与现代管理知识体系有机地结合起来，创建出自己的兵法经营管理模式。对此，日本学者村山孚说得很明确：“日本的经济腾飞，靠的是美国的现代企业管理理论和以《孙子》、《三国演义》为代表的中国典籍这两个轮子。”②

其次，日本成熟的竞争文化和制度环境，抑制了兵法经营的负面影响。他们对兵法的运用大都能够在遵循市场基本规则的前提下进行，能够最大限度地消解兵法经营的负面作用。在对兵法思想的选择上，他们能够很巧妙地将中国兵法的“道”与“术”有机结合起来，并在侧重“道”的基础上合理地运用兵法谋

① 江新凤：《孙子兵法与日本战略文化》，姚有志、阎启英主编：《孙子兵法与战略文化——第六届孙子兵法国际研讨会论文集》，北京：军事科学出版社2005年版，第160页。

② 转引自邱复兴主编：《孙子兵学大典》第7册，第25页。

略。最重要的是,日本已经建立起与市场经济相适应的现代管理制度,这使其具备了兵法经营活动开展所必须依赖的制度基础。

最后,日本的兵法经营比较注重实用和创新。已故《孙子兵法》研究专家于汝波先生认为:“国外研究《孙子兵法》着眼于解决实际问题,不是坐而论道。他们思路开阔,善于联想,受框子的束缚少,应用范围广泛,善于抓住《孙子兵法》中的精华,密切联系实际,常能提出出人意外的重大决策或观点。”[①]这种分析是比较中肯的。日本不像西方那样过分注重逻辑推理和知识的专门化,同时也不像中国学者那样过分强调学术理论研究,这就使他们对兵法思想的运用表现出活学活用、求实创新的特点。比如上文提到的几个成功案例,经营者均能将兵法思想与个人经验及企业发展的实践有机结合起来。

总之,日本的兵法经营之所以比较成功,是因为其企业管理的基点建立在现代商业社会文明的基础上,是以现代化管理制度消解和融合中国传统兵学的管理思想,并在此基础上建立起独特的兵学管理模式。然而,从长远发展来看,日本的兵法经营又表现出很大的局限性。我们知道,日本的民族文化,一个很大的缺点就是缺乏深厚的哲学底蕴。日本的战略文化,“在哲学思维上,以神道信仰为思维根基,缺乏深厚的哲学土壤,表现为偏重实用,不善抽象思维,缺乏思辨能力”[②]。如此一来,对于中国兵法中的战略文化,他们可以吸收、借鉴、灵活运用其中的一部分,但却很难学到根本,很难从整体上、宏观上进行整合运用,其实质则在于难以实现中国优秀传统文化与现代管理理论本质上的融合。正因如此,日本的兵法经营虽然能取得客观实际的成效,却很难产生原创性的支撑兵法经营长期发展的理论体系。

四、结论与启示

《孙子兵法》作为揭示竞争规律的顶尖之作,对人类社会生活的一切领域都有指导价值,但它更适用于人类社会一切典型的竞争领域。这是兵法经营能够扩展到世界很多国家的主要原因。另一方面,竞争的范围越广,竞争的程度越高,竞争的条件越成熟,则越能发挥《孙子兵法》的指导作用。所以,《孙子兵法》成功运用于现代企业经营必须要有发达的市场经济环境作为客观条件,同时要求企业经营管理者要有强烈而成熟的竞争理念作为主观条件。这是日本与美

① 于汝波:《孙子兵法研究史》,北京:军事科学出版社 2001 年版,第 16 页。

② 邱复兴主编:《孙子兵学大典》第 7 册,第 163 页。

国等国家兵法经营成就相对较高的根本原因。

《孙子兵法》在商业活动中的应用必须与现代化管理理论相结合。从各国兵法经营的历史来看，越是现代经营管理理论比较成熟的国家，兵法经营的成就越高。因此，我们必须清醒地认识到，《孙子兵法》不是专门的企业经营管理著作，它是一部兵书，它的许多思想和原则可以指导商业竞争，但有其自身的局限性，因为兵战与商战毕竟是有本质区别的。所以，在企业中运用《孙子兵法》必须与西方的现代经营管理思想相结合。从深层次角度讲，西方人的思维特征是重科学、重逻辑、重实际操作，东方人的思维特征是重宏观、重辩证、重感悟，二者的有机结合方能达到经营管理层面的最高境界。

要注意处理好孙子"兵者诡道"思想与公平竞争规则的关系。日本和美国等国家由于市场经济发展比较规范，公平竞争理念受到推崇，故可以大大减少兵法在经营管理中应用的负面影响。这说明，《孙子兵法》作为一部兵书，它对战争的指导自然要遵循战争本质规律，包括"兵者诡道""兵以诈立"等战争命题，但将其运用于市场竞争中却不能蔑视规则，不讲诚信，更不能肆意跨越道德底线。另一方面，我们又不能因为《孙子兵法》有"诡道"思想就否定其在企业经营中的指导作用。孙子也讲诚信，特别强调一种大仁、至仁与诡诈之术的统一，所以关键是一个如何选择的问题。有些领域可以用，如开拓市场、商务谈判等；有些领域则坚决不能用，如履行契约、对待顾客等。一定要控制好其在商战中应用的范围，处理好孙子"兵者诡道"思想与公平竞争规则的关系。

学习、运用《孙子兵法》要与企业家个人丰富的实践管理经验结合起来。美国的兵法经营成就，主要表现为企业家个人对兵法经营的一种感悟，或者说他们结合了自己的实践经验，将兵法经营上升为一种经营管理艺术。这说明，《孙子兵法》作为一部兵书指导企业经营管理并非是现成的药方。应用者需要有丰富的实践管理经验做基础，方能立足宏观，高屋建瓴，对《孙子兵法》的指导思想和价值生发深刻感悟，继而在实践中灵活运用。尤其是在战略管理中，运用孙子的战略思想作出决策更强调拥有一种战略意识，达到一种战略意境，要能够将孙子的思想进行创造性的发挥和应用。

不同的国家、不同的企业在运用《孙子兵法》的过程中要做到互补和借鉴。日本企业界在运用《孙子兵法》方面有值得中国学习和借鉴的地方，某些内容甚至有领先中国一步的趋势，而中国企业界在《孙子兵法》应用方面自然也有诸多的经验和优势非日本所能比。如张瑞敏先生对《孙子兵法》的应用就能达到既应用兵法而又超越兵法的较高境界。另一方面，《孙子兵法》的"根"在中国，研究《孙子兵法》造诣最深的学者在中国，代表《孙子兵法》研究最高水平的学术成果也在中国，这是任何国家的企业界和学者都无法超越的。

第五章 兵法经营学内容体系之探讨

兵法经营学内容体系的研究，是兵法经营学学科建设的核心内容。本章的写作，试图在兵法经营理论与实践长期积累的基础上，在中国传统文化和西方企业管理的双重语境下，从宏观和整体上对《孙子兵法》思想和现代管理思想进行融合创新，构建兵法经营学理论体系，从而为广大企业家提供可资借鉴的成熟的兵法经营理论，以更好地指导企业经营，提高企业竞争力。其主要内容包括：借鉴孙子的“慎战、全利”思想，企业经营目标要体现“求全逐利，王霸天下”的宗旨与愿景；借鉴孙子的“知胜”之道，企业战略决策要审时度势，校计索情，全面考虑影响决策的制约因素，充分获取相关信息，对信息进行有效分析；借鉴孙子的“治胜”之道，企业内部管理要“修道保法，积形蓄势”，加强企业文化建设与制度建设，最终构建企业的核心竞争力；借鉴孙子的“致胜”之道，企业市场竞争要“不战而胜”，超越竞争，“批亢捣虚，因利造势”，争取经营的全面胜利。

一、“求全逐利，王霸天下”的宗旨和愿景

《孙子兵法》以慎战为起点，以全利为追求，以实力为基础，以权谋为主线。赵海军认为：“战争的最终结果表现为胜负，但孙子研究战争的落脚点却不在于胜负，而在于利害。利害关系是考虑战争行动的最基本依据。在整个战争过程中都必须站在战略全局的高度，充分考虑利害得失，即孙子所谓的‘杂于利害’。既要在有利的形势下看到潜在的问题，以防患于未然；又要在不利的情况下看到有利的一面，创造条件，使利害关系向着有利于己的方向发展。以利害关系为尺度，形成了一条用兵作战的基本要求：用最小的代价换取最大的胜利。这

种情况发展到极致，便是孙子‘不战而屈人之兵’的全胜思想。”[①]

一个组织存在，需要为自己设定存在的理由，即组织的宗旨或使命。战争是关系国家的根本利益即国家生死存亡的大事，所谓“死生之地，存亡之道，不可不察也”(《计篇》)。因此，对于将领和军队来说，其宗旨和使命就是“安国全军”，即维护民众之生命、国家之安危。在孙子看来，将领只有善于根据国家的根本利益去思考战争，才能真正使军队的活动符合自己的宗旨和使命，“故知兵之将，生民之司命，国家安危之主也”(《作战篇》)。从这一根本目标出发，孙子推崇“不战而屈人之兵”的战略思想，将不战而胜视为“全”，具体表现在伐谋和伐交两个方面；而交战而胜则被视为“破”，可以细分为轻取而胜、巧战而胜、强攻而胜和久围而胜，主要表现在伐兵和攻城两个方面。“故善用兵者，屈人之兵而非战也，拔人之城而非攻也，毁人之国而非久也，必以全争于天下，故兵不顿而利可全，此谋攻之法也。”(《谋攻篇》)吴如嵩认为：“《孙子兵法》中的‘全’，如同孔子哲学的核心‘仁’，老子哲学的核心‘道’，是我们研究孙武军事思想的一条基本线索”；“不经过直接交战而使敌人屈服的‘全胜’战略思想，是孙武对战争所希图达到的最高理想境界”。[②] 由此出发，一方面，孙子认为“主不可以怒而兴师，将不可以愠而致战”(《火攻篇》)，反对轻率用兵，抵制穷兵黩武。对于战争，“明主”必须“虑之、慎之”，“良将”必须“修之、警之”。另一方面，孙子不惧怕战争，他为吴国设想的愿景就是成为“王霸之兵”，只有这样才能真正实现“全”的宗旨。因为“王霸之兵”既可以在军事上占据绝对的实力和优势，也可以在外交和政治上拥有绝对的主动权。

企业作为营利性经济组织，也有自己的宗旨和愿景。宗旨就是为顾客创造价值，为职工创造利益。愿景就是对企业前景和发展方向的一个高度概括的描述。正如管理学家彼得·德鲁克(Peter Drueker)所说：“企业存在的主要目的是创造顾客，只有顾客才能赋予企业生存的意义。”[③]换言之，企业的存在必须以人为本，探索人的需要并设法满足人的需要，这样才能真正有“利”的获得和实现。所以，企业经营应当从“服务职工”“服务顾客”的根本目标出发，“杂于利害”，综合考虑相关者利益，综合考虑风险与回报，综合考虑企业的效益和外部效应。从这个目标出发，以兵法的理念审视经营，着眼点在于利害，手段在于全破。“杂于利害”，以经济学的视角看就是在一定约束条件下，以最小的代价争取最大的收益，这种利害观应用的极致状态，就是“不战而屈人之兵”的“全胜”。

① 赵海军：《孙子学通论》，北京：国防大学出版社2000年版，第52页。

② 吴如嵩：《孙子兵法新说》，北京：解放军出版社2008年版，第56页。

③ 转引自刘宝常：《企业战略管理》，北京：科学出版社2010年版，第109页。

企业经营倘能处于垄断地位，则可专注于经营自己的天地，而无竞争之虞，这是代价最小、收益最大的情况。企业的资源和能力，或多或少都是有限度的，只有“有所不为”，才能“有所为”。因此，企业“王霸天下”愿景的实现，需要综合考虑各产业领域的潜力和前景，尤其是由顾客需求变化引发的市场容量和行业组织结构的变化，以及在有关领域中成功经营所需要的条件和关键要素、与企业自身拥有的资源和实力状况的匹配程度等方面的因素，把企业做大做强，形成一定的垄断势力。这样的企业，领导和领先于业内，拥有更多的市场主导权、更大的抗风险能力、更好的信誉，从而能够获得更高的利润。

二、“知彼知己，审时度势”的战略决策

孙子在《计篇》中有言：“夫未战而庙算胜者，得算多也；未战而庙算不胜者，得算少也。多算胜，少算不胜，而况于无算乎！吾以此观之，胜负见矣。”对此，张预解释说：“古者兴师命将，必致斋聆庙，授以成算，然后遣之，故为之庙算。”[①] 杜牧注曰：“庙算者，计算于庙堂之上也。”[②]后世汉高祖刘邦评价张良说：“运筹帷幄之中，决胜于千里之外。”[③]《六韬》亦有言：“凡谋之道，周密为宝。”[④]由此可以看出“算”在古代战争中的重要地位。

对于现代企业，“算”就是战略预测，就是战略决策，就是企业决定生产目标、经营内容、发展方向的战略的选择过程，即决定做什么和如何去做的过程。企业存在的基础是它能满足人类的某种或某些需要，企业要满足顾客需要，就要弄清楚顾客需要什么。人类的需要是多种多样的，也是不断变化的。因此，企业必须始终关注顾客，随时了解顾客的需要。了解顾客需要之后，企业还必须搞清楚自己擅长做什么。西方主流经济学的精髓，是每个经济主体在充分的竞争中，都能发挥自己的资源禀赋，做自己最擅长的事情，从而使整体经济效益达到最高。当今的中国企业已进入环境复杂多变的竞争时代，战略决策是中国企业面临的现实问题。对影响决策的制约因素的全面考虑，对相关信息的充分获取，对信息的有效分析，是企业战略决策正确性的必要保证。

---

① （春秋）孙武撰，（三国）曹操等注，杨丙安校理：《十一家注孙子校理·计篇》张预注，《新编诸子集成》本，北京：中华书局 1999 年版。

② 《十一家注孙子校理·计篇》杜牧注。

③ 《史记·高祖本纪》。

④ 《六韬·武韬·三疑第十七》，中州古籍出版社 2008 年版。

(一)五事七计,校计索情:决策的主要影响因素与预测方法

《孙子兵法》之《计篇》指出:“校之以计而索其情,曰:主孰有道?将孰有能?天地孰得?法令孰行?兵众孰强?士卒孰练?赏罚孰明?吾以此知胜负矣。”《谋攻篇》又说:“知彼知己,百战不殆;不知彼而知己,一胜一负;不知彼,不知己,每战必殆。”战争,是国家的大事,关系到国家的生死存亡。企业的决策,也是企业的大事,关系到企业的生死存亡、荣辱兴衰,同样要认真对待。战争的胜利需要前瞻性、全局性的运筹。对此,孙子提出了了解自己实力和分析敌情的重要性,也即指明了决定战争胜败的基本因素,包括对自身资源的评估与对外部环境的了解。

现代企业经营管理理论也主张从内外部环境出发分析并提出企业经营战略。西方管理理论在发展过程中形成了许多学派,例如以安德鲁斯为代表的战略规划学派强调企业要利用自身资源争取市场机会,而产业组织学派则充分重视行业环境对企业绩效的影响,两者从不同的层面和角度对决策的制约因素进行了研究分析,各有侧重。以孙子“知彼知己”的理论综合统筹考虑,两者的糅合互补才是提供决策基础的良好途径。企业要作出正确的谋划决策,就要对内外环境进行全面透彻的扫描与分析。如用 PEST 方法进行外部宏观环境分析,包括政治法律环境、社会文化环境、经济环境、技术环境。用波特的“五力模型”从财务状况、产品线及竞争地位、设备状况、市场营销能力、研究开发能力、人员的数量和质量、组织结构等方面对企业的内部环境进行分析,从而确定企业自身的优势(strengths)、劣势(weaknesses),面临的机会(opportunities)、威胁(threats)。通过内外部环境的扫描与分析,确定企业“要成为谁”之后,就要确定企业具体目标和实现方法。

这个过程本质上是一个顾客价值的创造过程,就是研发产品、生产产品、销售产品以满足人类某种需要的过程。这个过程涉及资金和人力等生产要素的管理,是一个内涵丰富的管理过程。而且,企业为顾客创造价值并不是在真空中完成的。企业是一个开放的系统,它的每个举动都与周围环境密切相关,而这个环境是一个复杂动态的环境,是一个充满竞争的环境。一个有利可图的行业或产品,会吸引很多企业进入,企业不可避免地要面对很多竞争。企业必须了解竞争对手,主动应对竞争。决策方案的制订还要应用系统工程的理论与方法,要有整体思想,统筹兼顾,全面安排;要以整体目标的最优化为准绳,强调系统中各部分、各层次、各项目之间的关系,达到系统完整、平衡,构成最大的综合能力;还要根据实力,审时度势,扬长避短,趋利避害,抢占先机,争取主动。

需要指出的是,庙算本意是指战争发起前静态的、长程的战略思考,知彼知己、料敌定势显然不应完全局限于这一范畴。姚有志认为,战争是一个变动不

居的复杂过程，随着战争的进行，敌方的情况、己方的情况绝非固守不变，战略态势转换的情况可能随时都会发生。进行战略预见，必须要审时度势地进行，跟进战争中的变化，为战略制定、战役指挥的调整提供决策依据。在这一点上，战略指挥者应当在时空上超越狭义的庙算，审时度势地进行预见和筹划，与"先胜"准备和灵活主动的作战指导进行密切的联动。[①] 同样，在复杂多变的环境中，为了对环境变化作出快速的反应，企业也必须将分析竞争环境和制定竞争备选方案及其评价与控制连续、并列地进行，从而使战略的形成、实施、评价与控制融为一个相互作用和相互依赖的整体。环境扫描和机会识别是战略转换的导航机制，为战略转换决策提供信息。战略转换起着纽带作用，它把新战略的形成、实施、评价与控制等环节连成一个有机的整体，使企业为了动态地适应外部环境和内部条件的变化或者潜在的机会而从原有战略转变到现有战略，从而不断创造新的竞争优势。

（二）先知尽知，相敌用间：决策信息获取的要求与方式

孙子在《地形篇》中说："知彼知己，胜乃不殆；知天知地，胜乃可全。"在《用间篇》中，孙子又强调对敌方的了解："不知敌之情者，不仁之至也，非人之将也，非主之佐也，非胜之主也。故明君贤将，所以动而胜人，成功出于众者，先知也。"在《孙子兵法》中，"知"字用了 79 次，涉及客观态势、作战指挥、军队管理等方面。不言而喻，孙子十分强调"知"的重要性，把它看作战争胜利的基础。

为了实现"知"的目标，孙子给出了"相敌""用间""试探"和"料敌"等多种获得信息的方法。"相敌"就是通过观察敌方的外部表现判断敌情。《行军篇》提出了 32 条"相敌"之法。"用间"则是一种更直接的办法，就是靠间谍收集敌方情报。《用间篇》的"先知者，不可取于鬼神，不可象于事，不可验于度，必取于人，知敌之情者也"，就是说了解敌情不能通过迷信的方法，而要通过细作获得。"试探"则是通过诱敌示形察知敌情。《虚实篇》云："故策之而知得失之计，作之而知动静之理，形之而知死生之地，角之而知有余不足之处。"就是通过观察敌人行动的表象，分析敌人的真实情况，或是布置各种假象采用各种方法诱使敌人暴露军事部署。"料敌"就是通过预测判断敌情，这就有了信息加工的成分。《地形篇》强调"料敌"的重要性："将不能料敌，以少合众，以弱击强，兵无选锋，曰北。""料敌制胜，计险易、远近，上将之道也。知此而用战者必胜，不知此而用战者必败。"孙子从朴素唯物主义观点出发，指出将帅作战指挥应立足客观，利用"相敌""用间""试探""料敌"等方法，全面掌握信息，并视之为科学决策的基础和前提。可见，"知"乃将领之要，决策所依。"知"的范围要广，既要了解自然

① 参见姚有志：《孙子兵法蕴涵的基本科学精神》，《滨州学院学报》2005 年第 5 期。

环境也要了解社会环境，既要知己又要知彼；“知”的程度要高，必须全面、准确、深入、快捷，为决策提供可靠的信息保障。

企业决策需要的各类信息，完全可以用《孙子兵法》中的“知彼知己”“知天知地”加以概括。这里的“彼”，不仅包括企业的竞争对手，也包括潜在竞争对手、替代品生产厂商、顾客、供应商等；这里的“天”，包括了企业所处的宏观环境的诸方面；这里的“地”，则包括了企业所处的行业环境和市场结构。企业作出正确决策，需要大量及时的、准确的信息的支持，以了解顾客、了解自己、了解宏观环境、了解竞争对手等。比尔·盖茨在其著作《未来时速》一书中说：“我有一个简单而又强烈的信念。将您的公司和您的竞争对手区别开来的最有意义的方法，使您的公司领先于众多公司的最好方法，就是利用信息来干最好的工作。您怎样收集、管理和使用信息将决定您的输赢。”[①]这就要求企业有高效的获取信息的来源，以保证企业能及时、准确、完整地获得信息；有一个功能强大的信息服务系统，运用先进的信息技术，如使用客户关系管理(CRM)或营销资源管理(MRM)等工具以提升效率和效果；有一套科学的信息分析、预测方法，能从海量信息中挖掘出有价值的情报。企业应当具备比竞争对手更快的反应速度，而这就需要具备对紧急情况和机遇作出快速反应的能力，为公司内部需要信息的人快速提供有价值信息的能力等，这依赖于企业信息化的实现、深入的调查研究和科学的处理方法。

(三)杂于利害，上兵伐谋：决策的选择原则

“上兵伐谋，其次伐交，其次伐兵，其下攻城。”(《谋攻篇》)这是孙子对战略方案选择作出的明确论述。企业可能会制定出达成战略目标的多种战略方案，因此需要对每种方案进行鉴别和评价，以选择出适合企业自身的行动方案。对于能够达到战略目标的多种方案，一定要选择成本耗费最小的方案，运用市场领先、战略联盟、合作开发等各种策略来争取市场份额，尽量避免恶性的价格战，以免两败俱伤；如果成本最小的方案实施不通，再依次考虑其他的成本较大的方案，而不应不分方案的优劣盲目采取行动。只有在其他方案不能付诸实施时，才考虑最后的方案。企业在方案制订与选择中要有“全胜”“双赢”的思维和合作的理念，与其他企业保持一种良性竞争、合作互利的关系，而不是你死我活的恶性竞争。只有这样，企业才会顺利达到战略目的。

---

① 转引自张俊英：《微软创始人比尔·盖茨生意经》，北京：中国画报出版社2010年版，第57页。

三、“修道保法，积形蓄势”的内部管理

赵海军认为，孙子研究战争问题的基础是战争实力，实力表述为静态的“形”和动态的“势”。围绕着“形”的分析和判断，形成了以“庙算”为核心的战略运筹理论和慎重决策思想；围绕着“形”的建设和巩固，形成了“令文齐武”的治军思想、“五德”兼备的将帅论和“因粮于敌”“取用于国”的后勤理论。“势”整合了内外因素，表现为虚实。围绕虚实的运动变化，构成了孙子的作战理论。[①]《势篇》说：“强弱，形也。”《形篇》说：“胜兵先胜而后求战。”“形”的内涵是实力强弱问题。实力是生存与发展的根本、决策的基础、实施的保障。形成强“形”之兵，即所谓“胜兵”，就取得了战争优势。这可以说是孙子战争实力论的核心内容，其宗旨就是要建设处于“以镒称铢”这样优势地位的“胜兵”，使它就像“决积水于千仞之谿者”，总是“战胜不忒”，能够“自保而全胜”。

所谓企业内部管理，是指实现企业内部各管理职能的履行及相互配合和资源的合理配置，最大限度地发挥人的主观能动性和资产的实用价值，从而增强自身实力，更好地实现企业的目标。《孙子兵法》系统论述了“修道”“保法”的重要性及对“形”“势”的创造与利用，这些思想完全可以被借鉴应用于对企业的内部管理。对企业来说，最终决定竞争成败的还是企业的实力建设，而在制定了正确的战略决策后，企业的实力建设要通过高效的内部管理最后达成。内部管理主要包括企业文化建设、制度保障、资源开发利用、核心竞争力建设等内容。汤姆森在《战略管理：概念与案例》(段盛华、王智慧译，北京大学出版社 2010 年版)一书中曾指出，贯彻已选定的战略所必需的活动包括八个基础：资源与能力支持、营造组织、建立预算、政策与程序、最佳实践、业绩与奖励、领导与改善、创建文化。这与孙子思想惊人地相似。

(一)修道：企业文化建设

《计篇》中说：“道者，令民与上同意也。故可与之死，可与之生，而不诡也。”《形篇》中说：“善用兵者，修道而保法，故能为胜败正。”“道”在我国古代文化中占有重要位置，它的含义深刻而广泛。《孙子兵法》讲的“道”是要让百姓与国君有统一的意愿与理想，同心同德，做到为了实现共同的理想可以同生死、共患难，而不违背。企业一般不涉及生死问题，但是能不能让全体职工很好地理解与贯彻企业的奋斗目标和发展方向，从而为之贡献出自己的聪明才智与力量，

---

① 参见赵海军：《孙子学通论》，第 52 页。

形成具有凝聚力的核心文化，同样也决定着企业兴衰成败的命运。

国内外成功企业的经验表明，在企业里，信息共享是调动职工积极性的重要措施之一。企业应当有一个共享的价值观体系和基于这个价值观体系的组织的软硬件。曾在麦肯锡工作的彼得斯(Peters)和沃特曼(Waterman)于1980年提出了著名的"7－S模型"，指出影响企业成功的7个要素中，共享的价值观(Shared values)处于中心位置。在构成核心竞争力的众多能力中，文化是第一位的，企业应当着力建设一种有利于经营目标实现的企业文化。一个优秀的企业不仅生产有竞争力的产品，而且经营一种组织、文化和精神状态，这样的企业才会吸引有助于企业发展的人才，才可以取得长远的成功。企业的核心文化是指企业为获得长期竞争优势构建的一整套始终遵循的基本信念和所追求的目标。它是企业对自身存在和发展的意义、对企业经营的目的、对企业员工和顾客的态度等问题的基本观点以及评判企业和员工行为的标准。

目前，越来越多的企业家认识到，现代企业的竞争已经深入文化层面，文化的竞争是更高层次的竞争，21世纪谁拥有文化优势，谁就拥有竞争优势。因为文化是有个性的，是很难模仿的，文化个性一旦转变成产品竞争力，就形成了独特的核心竞争力。企业文化所形成的经营理念和价值观是一个"内化"的过程，"内化"成熟即产生一种强大的规范力，成为人们自觉遵守的行为准则，继而产生一种持久的推动力，促使人们积极地去实现既定目标。企业文化建设必须把目标紧紧锁定在提高企业核心竞争力这一根本问题上，围绕提高核心竞争力提炼企业精神、确立企业目标、塑造企业形象、强化企业管理、加强思想政治工作，以此增强企业的核心竞争能力。企业形成核心文化，可使企业特质与所从事的行业特性顺向一致，使企业的事业高度自觉、持续发展，从而形成竞争优势。文化核心竞争力对于企业的经营业绩有着至关重要的影响，它给企业带来有形的和无形的、经济的和社会的双重效益，成为提高企业经营业绩的有效手段和精神动力。①

(二)保法:企业制度建设与执行

孙子说："法者，曲制、官道、主用也。"(《计篇》)"法"即指组织得以正常运行的各项制度。制度是协调企业各种关系的重要管理手段，如股份有限公司的两权分离、设立董事会和监事会等的制度安排，对经理人员的股票期权报酬方式等，都是协调目标函数不同的各种角色之间关系的有效机制。实际上，君主和将军之间也构成了一种"委托—代理"关系，所谓"凡用兵之法，将受命于君"(《军争篇》)。要避免将帅产生道德风险和逆向选择，根本上要从制度层面上解

① 参见纪洪波:《从孙子兵法看构建企业文化核心竞争力》,《滨州学院学报》2006年第4期。

决问题。因此，建立完善的法制，保证军纪如一，是保持军队战斗力的基础。

没有规矩，不成方圆。对于一个企业也一样，建立行之有效的管理制度，是取得成功的基础。制度的产生是企业管理的需要。企业要建立科学、合理、完善的制度，制定制度时，要深入基层调研，本着尊重员工、理解员工、相信员工的原则制定，从而增强制度的可操作性，促使制度运行上下畅通。制度要行之有效还需统一协调部门间的管理制度，提高管理制度的协调性和指导性。企业领导要重视制度化建设工作，经常组织召开管理工作总结和提升研讨会，及时对管理制度进行修正，使其为企业发展更好地保驾护航；要向员工加大宣传和导向力度，在条件许可的情况下，组织全员学习，加强企业宣传报道工作，营造良好的宣传氛围。

作为制度建设的重要方面，组织的分工与协作是决定制度有效性的主要内容。孙子在《势篇》中说："凡治众如治寡，分数是也；斗众如斗寡，形名是也。"就是要求根据经营管理的需要灵活设置部门结构，通过建立良好的信息传输渠道和执行制度，使企业的各项决定得到切实的贯彻。这样，即使遇到危机，也能控制全局，处之泰然。组织的设计应当从经营管理的需要出发，既分工明确又能进行有效的沟通协调。同时，还要做到"善用兵者，譬如率然"；"善用兵者，携手若使一人"（《九地篇》）。即组织的设计应当具备相当的柔性，使组织能够根据环境及时进行相应的调整。

在组织调整方面，企业管理理论主张遵循亚当·斯密的劳动分工的思想来建立和管理企业，从实现组织目标出发，把工作分解为最简单和最基本的步骤，进而完成组织结构设计，形成组织结构图和职位说明书。但是，过度分工导致协调成本上升，组织反应能力下降。1993 年，哈默（Michael Hammer）和钱皮（James Champy）在《公司重组——企业革命宣言》一书中提出了业务流程重组（Business Process Reengineering，BPR）的思想，指出应把工作任务重新组合到首尾一贯的工作流程中去。他们给 BPR 下的定义是："为了飞跃性地改善成本、质量、服务、速度等现代企业的主要运营基础，必须对企业的业务流程作根本性的重新思考和彻底重建。"①

对人力资源的培养与训练，孙子以简要的语言给出了基本的原则。《行军篇》曰："令之以文，齐之以武，是谓必取。"孙子强调"令文齐武"，"文""武"两手包含恩威并用、信赏明罚、爱卒善俘、严格要求等以法治军之义。

在现代企业管理实践中，许多激励手段和孙子的"赏罚"思想有异曲同工之妙。但是，赏罚和现代管理中的奖惩相似，只是激励手段之一，而不是激励的全

① 转引自林中燕：《电子商务 智慧社会》，上海：上海大学出版社 2011 年版，第 305 页。

部。赏罚只是手段，而不是目的。企业管理就是对人的管理，因此，只有使参与企业活动的人始终保持旺盛的士气、高昂的热情，企业经营才能实现较好的业绩。美国管理学家 Berelon 和 Steiner 认为："一切内心要争取的条件、希望、愿望、动力等都构成了对人的激励——它是人类活动的一种内心状态。"[①]心理学家一般认为，人的一切活动都是由某种动机引起的。动机是人类的一种精神状态，它对人的行为起到激发、推动和加强的作用。如何肯定、加强与企业目标一致的动机，调整与企业目标相悖的动机，是奖惩的最终目的。"奖惩激励"是奖励激励和惩罚激励的合称。奖励是对人的某种行为给予肯定和表扬，使人保持这种行为；使用得当，能进一步调动人们的积极性。而惩罚是对人的某种行为予以否定和批评，使人消除这种行为。奖、惩都是强化手段，奖励是对人行为的肯定，是正强化，属于直接激励；而惩罚是对人的行为的否定，是负强化，属于间接激励。

（三）积形：企业资源集聚

《作战篇》曰："凡用兵之法，驰车千驷，革车千乘，带甲十万，千里馈粮。则内外之费，宾客之用，胶漆之材，车甲之奉，日费千金，然后十万之师举矣。"因此，资源的获取是一个大问题。又说："善用兵者，役不再籍，粮不三载。取用于国，因粮于敌，故军食可足也。"意思是善于用兵打仗的人，要善于从敌人那里取得补给。《兵经》中也有过类似的论述："己所难措，假手于人，不必亲行，坐享其利；甚至以敌借敌，借敌之借，使敌不知而终为借，使敌既知而不得不为我借，则借法巧也。"[②]通常情况下，自己的资源在对抗过程中是会被大量消耗的。但是，可以通过借力让自己的力量在对抗过程中越变越强，即"积形"，而使敌方资源不断减少，从而"胜敌而益强"。

企业资源是指可用于向客户提供产品或服务的运营资产（有别于会计学上所定义的"资产"），可分为人力资源、财力资源、物质资源和组织资源。信息也是一种资源，只不过这种资源必须和其他资源有效地结合才能产生经济效益。企业资源中满足价值性、稀缺性、不可模仿和不可替代性标准的才构成企业的竞争优势。企业经营中资源获取的途径，主要包括自有和外求两种。其中，外求中的"借"是一个获取资源的重要方式。企业管理中的"借"，必定是在自己资源不够充足的地方，因为企业的竞争优势产生于自己最具有资源禀赋的部分。所以，企业应尽量剥离掉自己不擅长的业务，而将能力聚焦于自己的专长。随着技术的进步和生产力的提高，分工必定不断深化，企业可以通过"外包"（out-

① 转引自李智朋：《一看就懂的管理学全图解》，北京：北京理工大学出版社 2012 年版，第 208 页。

② 转引自刘庭华：《谋略通鉴》，北京：红旗出版社 1996 年版，第 281 页。

sourcing)、建立虚拟组织等形式,保留自己有比较优势的部分。科斯(Coase)在其经典论文《企业的性质》中提出,企业边界的存在是为了节省交易成本,否则只有把这项业务还给市场。在国外设厂,就要就地取材,就地融资,就地融智,绕过税收、技术贸易壁垒,以降低企业的运营成本,争取做到“成本领先”。

在所有资源的获取与利用中,人力资源是一切资源中最宝贵的,它主要包括决策层的领导资源与执行层的员工资源。领导是组织资源的主要支配者,一个优秀的领导对事业的成功至关重要。现代企业要增强自身实力,应对高度不确定的环境和激烈的竞争,必须重视领导者的选拔。孙子在《计篇》中提出了对领导者的要求:“将者,智、信、仁、勇、严也。”在《作战篇》中提出了作为领导者的地位和作用:“故知兵之将,生民之司命,国家安危之主也。”他把了解士兵并懂得用兵的将帅,提到主宰人民命运与影响国家安危的高度来认识。同样,在企业里,一个与广大职工同呼吸、共命运,善于调动职工积极性、创造性的领导人,也能成为团结全体职工的核心力量、领导企业走向兴盛的重要因素。

一个企业的成功不单单取决于领导者的素质,没有相应的具有一定素质的员工,领导的意图与策略就不可能得到完满的贯彻。而且,现代的管理理论充分认识到人的主观能动性。企业员工并不是只起着被动执行的作用,他们的创造力、理解力、执行力都是决定企业成败的关键。因此,人才的吸收和员工的培训是提高人力资源能力的重要环节。“士卒孰练”是考察战斗能力的重要因素,对于企业而言,员工技能也是提高工作效率的关键因素。当今经济环境的日趋复杂、社会价值观的改变、资讯的爆炸以及科技的日新月异,都挑战着工作者的专业能力,唯有不断充实与学习,才能保持领先,才能为企业做出更大的贡献。

美国学者沃纳菲尔特(Wernerfelt)于1984年在《战略管理杂志》上发表的经典论文《企业的资源观》奠定了资源基础理论(Resource-based Theory,RBT)的基本框架。[①] 该理论认为企业的收益来源于企业稀缺的、有价值的、难以模仿的和不可替代的独特资源。这样的资源可阻止新竞争者的侵入,可降低企业的资源使用成本以降低产品成本,可对资源进行有效配置,加快产品和工艺的创新并提高创新质量,从而提高企业适应环境变化的能力。RBT主张通过提高企业资源的拥有量及资源的使用效率来使企业获得竞争优势。面对复杂多变的市场环境和日益明显的个性化消费趋势,企业很难仅仅依靠物质形态的资源满足众多消费者的不同偏好。此外,科技的迅速发展使物质形态的资源越来越容易被替代。因此,通过物质形态的资源获得竞争优势变得越来越不可靠。由于无形资源的重要性要远远高于其他物质资源的重要性,以知识为代表的无形资

① 参见刘力钢:《战略管理:可持续发展观点》,沈阳:辽宁人民出版社2010年版,第44页。

源日益成为企业竞争优势的唯一真正的来源，因此，在基于资源理论的基础上形成了基于知识的观点。

（四）蓄势：企业核心竞争力建设

《势篇》曰："故善战者，求之于势，不责于人，故能择人而任势。任势者，其战人也，如转木石。木石之性，安则静，危则动，方则止，圆则行。故善战人之势，如转圆石于千仞之山者，势也。"洪兵认为，"势"是反映力量与它的外部要素相联系的一个范畴。如果说"形"是指力量存在和调动时的状态，那么"势"是指力量在特定时空范围内综合借助外在条件发生最佳作用时的一种外在形态。[①]"势"，也就是通过发挥主观能动性把力量放在特定的时空内灵活巧妙地组合起来，形成与最佳外在条件紧密联系的一种蓄发形态。"势险"，就是要使力量借助于速度而形成一种最有利和最有效的蓄发状态，千钧一发，泰山压顶。"节短"，就是能够在最短的时间内释放出最大的力量，疾风骤雨，电闪雷鸣。在企业管理中，就要形成"以快制慢""快速出击"，迅速占领市场并赢得市场的能力。

对于企业经营来讲，要形成取胜的态势，就要培育企业的核心竞争力。核心竞争力是在企业知识和技能的基础上形成的与企业组织结构和外部环境相适应的一种竞争合力，它不是简单的某个分散的技能或知识，而是企业在其生产经营的价值链活动中形成的一种适应于市场变化而不易被对手模仿的能力。[②] 目前，培育核心竞争力已成为企业战略管理的新趋势。

1990 年，普拉哈拉德和哈默首次从技术和创新角度提出"核心竞争力（core competence）"的概念，他们是基于技术和技术创新的核心竞争力观点的代表。他们认为，能给企业和用户带来特别利益的一些独创技能和技术就是企业的核心竞争力，它是企业自我经验和知识的累积，是协调不同的生产技能和有机结合多种技术流派的能力；并认为企业核心能力的积累过程伴随在企业的核心产品或核心技术的发展过程中，因而企业的持续发展是与核心能力紧密联系的，企业必须不断提高其核心能力。[③] 20 世纪 90 年代后期发展起来的动态能力的战略观主张企业在面对变化的市场环境时，必须能够迅速整合、建立和重构其内外部资源和技能。这种敏捷、快速变革和对市场变化的警觉对其他企业来说模仿成本很高，因此成为企业获得长期持续竞争优势的根本动力源泉。从孙子的角度看，核心能力其实就是造势能力。

---

① 参见洪兵：《孙子兵法与经理人统帅之道》，第 80 页。

② 参见赵国浩：《企业核心竞争力理论与实务》，北京：机械工业出版社 2004 年版，第 6 页。

③ 参见桂昭明、孙细明、朱永华等：《企业竞争力研究新论》，武汉：华中科技大学出版社 2008 年版，第 8 页。

参考以上理论，结合当前实际，企业核心竞争力的培育和提升措施主要有：一是政府要努力营造良好的社会经济环境。面对国际竞争，我国企业的发展还受到诸多制度环境的约束，政府必须通过加快制度创新和机制改革，进一步激发企业活力。二是企业要重视文化核心竞争力的构建。文化是企业核心竞争力的主要组成部分，企业要获得持久的竞争优势，就应当特别重视文化核心竞争力的建设。三是企业要不断革新和完善包括组织制度、责任制度、治理结构等在内的各项制度，进行规范的公司治理。四是促进企业向创新精神主导的学习型组织转变，并使企业成为一个新的竞争领域的领跑者。五是政府要加快整个社会企业家精神和经理人队伍的培养。要让整个社会形成尊重企业家、认同企业家、扶持企业家的氛围，同时必须尽快提高企业家队伍的专业化水平，造就一大批高素质的职业经理人。六是企业要努力发展属于自己的核心技术。七是企业要制定生产、行销、物料管理、研发、人力资源等战略以提高公司的生产效率、产品质量、创新能力和顾客回应能力。

四、“全胜易胜，因利任势”的市场竞争

吴如嵩认为，通观《孙子兵法》，在很大程度上可以说，它主要讲了两个字（词）：一个是“全”，一个是“破”。“全”是不战而胜，“破”是交战而胜。“全胜”为上，“破胜”次之。实现“全胜”的方法是“上兵伐谋”“其次伐交”；实现“破胜”的方法是“其次伐兵”“其下攻城”。[①] 孙子关于用兵打仗最根本的指导思想是追求一个“善”字。“全胜”是追求“善之善”，“破胜”是追求“战之善”。

（一）“伐谋、伐交，不战而胜”的超越竞争

“不战而屈人之兵”是战争的最高境界，也是企业竞争的最高境界。“百战百胜，非善之善者也；不战而屈人之兵，善之善者也。”（《谋攻篇》）企业要生存必须竞争，而企业要发展必须超越竞争，追求“全胜”竞争。

什么是企业界的“全胜”竞争呢？“就是着眼未来竞争格局变化并通过某些特殊的非价格竞争手段，在保全自己以及最低的代价条件下使竞争对手不受损害地（资产及实力）变为自己的力量，追求合理的经济规模，从而使自己扩充了实力，增加了市场占有率，在市场上占据了有利的地位。同时又能同所有对手协作对付本产品市场的潜在竞争对手，使之望而却步，不战自退。”[②]

---

① 参见吴如嵩：《孙子兵法的军事思想及现代价值》，2007 年 3 月 22 日《光明日报》。

② 芮明杰：《“全胜”竞争》，《上海企业》1993 年第 9 期。

企业竞争的手段通常分为价格竞争手段和非价格竞争手段。所谓价格竞争手段即通过降价手段，吸引消费者购买其产品，减少对方的市场销售量，最终迫使对方生产经营困难，甚至退出整个市场。价格竞争如同战争中的实力拼杀，双方有时会打得头破血流，两败俱伤。所谓非价格竞争则是运用除价格以外的其他一些手段，如生产合作、联合兼并、开发新产品、提高产品服务质量等进行竞争。这些手段的最终目的虽然也是打败现实的竞争对手，扼杀潜在的竞争对手，但没有价格竞争那样残酷。而且诸如开发新产品、提高服务质量等措施对社会、对消费者都有好处。所以现代经济学提倡企业开展非价格竞争而尽量避免价格竞争。为此，我们可以得到两种思路和启示：

一是运用孙子"伐交"思想，实现合作竞争。企业可以在不同的领域和层面与供应商、顾客甚至与昔日的竞争对手采取合作，组成战略联盟、网络组织、企业生态群，发挥边界模糊、关系松散、机动灵活和运作高效的作用，降低交易费用，分散研发风险，避免过度竞争，形成资源互补，共同做大"蛋糕"，最终实现双赢或多赢。企业间的合作是必然的，因为企业是为节省交易成本而存在的。分工和专业化水平的提高，也伴随着交易费用的提高，各要素之间的依赖性增强，各种战略联盟和虚拟企业的出现就是从对抗性竞争转为合作竞争的另一种形式。从博弈论来分析，在无限次的"重复博弈"中，各博弈参与人会考虑到以后的长远利益，若以后的利益对现在来说影响足够大的话，参与人就会为了长远利益而作出"合作"的选择，从而达到一种更高效的均衡。重复接触和长远利益的存在正是合作的必要基础。

二是运用孙子"伐谋"思想，实现超越竞争。具体方法有：通过价值创新，创造一定时期内的价值垄断，获取垄断利润；强调前瞻能力的提升，追求未变知变，不断寻求新的突破口；追求动态的创新机制，以自身为对手，不断超越自我，通过创新来解决快变环境下保持企业长期竞争优势的问题；通过研究替代性行业、行业内的不同战略类型、客户链、互补产品和服务、客户诉求、未来趋势等方法，提升原有产品的客户价值，占领更广阔的市场。创新是一种以客户为目的的思考战略战术的能力，企业进行创新的基本路径，在于能够准确地鉴别自身与竞争对手之间的差别，并能够充分利用这种差别创造出竞争优势，以实现竞争胜利的目的。

（二）"批亢捣虚，因利造势"的竞争战略

以小的代价换取大的胜利是孙子对交战而胜的追求。孙子"善战"思想的实质仍然是"全胜"思想在作战过程中的延续。他说："善战者之胜也，无智名，无勇功。"(《形篇》)在孙子看来，真正的善战者所打的胜仗是"胜于易胜"，打的是好打易打之敌；"胜已败者"，打的是已经处于失败地位之敌。

"形势""虚实""奇正"三个范畴构成了孙子战术思想的三大支柱。"形势"是讲军事力量的积聚，可以通过人的主观努力能动地促进其转化。而"奇正"是讲军事力量的使用，"虚实"是讲军事力量选择的打击目标。

1."避实击虚"的方向选择

唐太宗说："朕观诸兵书，无出孙武；孙武十三篇，无出虚实。夫用兵识虚实之势，则无不胜焉。"[①]这句话准确地阐释了虚实理论在孙子兵学思想体系中的地位和作用。"避实击虚"是战争中的进攻方向选择问题，其最终目的是形成局部的"以实击虚"，造成一种如"转圆石于千仞之山"的险峻有力的作战态势。有了这种态势，就能居高临下，势如破竹，遇之者毁，遏之者折。要实现避实击虚，必须充分掌握敌方的虚实情况，于是便形成了"用间"理论和种种"相敌"之术；作战中敌人的虚实会不断发生变化，需要制定出相应的应变措施，于是便产生了"因敌制胜"的作战原则；要争取作战主动权，就要示形动敌，改变敌我双方的虚实对比，由此便产生了"诡道"原则和"致人而不致于人"的原则；击敌不意之虚，便是"出奇制胜"的原则。

对企业而言，要避免与对手正面对抗打价格战，否则会无谓消耗实力，陷入"费留"，两败俱伤，使渔翁得利；要攻击对手的心理弱点、价值链上的缺点和市场上的空白点，特别是要发挥主观能动性，攻下能带动全局的制高点，如制定行业标准等。

2."因利制权"的力量转化

《虚实篇》曰："水因地而制流，兵因敌而制胜。"战争或经营要取胜，不但要认识虚实，更要重视积极地转化虚实。

一是要因情应变。战争是活力对抗，交战双方的军力所呈现的虚实状况总是在不断地运动变化。正如孙子所说的那样："兵无常势，水无常形，能因敌变化而取胜者，谓之神。"(《虚实篇》)战场态势，瞬息万变。敌情变化，我方采取的措施也必须相应变化，即所谓"践墨随敌，以决战事"(《九地篇》)。在作战中，敌我双方都力图造成关键战场上的我实敌虚，并为此绞尽脑汁，斗智斗巧。战场指挥的灵活性，充分表现在因情应变这一作战原则中。奎因(Quinn)和明茨伯格(Mintzberg H.)等学者在对战略规划学派进行批判的基础上，于20世纪70年代形成了环境适应学派，他们将环境的不确定性作为战略管理研究的重要内容。环境适应学派强调组织的适应能力，他们认为由于受外界不可测与不可知因素的影响，人们的理性决策过程受到约束，因此战略决策是一个适应的过程。环境适应学派还借鉴了达尔文进化论的思想，认为战略就是开发动态的、路径

---

① 《唐太宗李卫公问对》卷上，《丛书集成初编》本，北京：中华书局1991年版。

依赖模型,允许可能的随机偏差和企业内或企业间的选择。西安交通大学的汪应洛教授提出了柔性战略(Flexible Strategy)。柔性战略是指企业为更有效地实现企业目标,在动态的环境下,主动适应变化、利用变化、制造变化以提高自身竞争能力而制定的一组可选择的行动规则及相应方案。柔性战略以预测竞争对手和根据竞争对手的反应行动、顾客需求变化以及其他商业环境变化而进行战略调整为主要思路,强调实现企业所具有的资源、能力与环境的有机统一,依靠快速反应来驾驭复杂的不稳定的环境。①

在战略的实施过程中,需要对战略实施进行控制,以及时发现隐患,并加以纠正。孙子从几个方面建立起一套指标体系,对战略管理过程进行评价和控制:"故君之所以患于军者三:不知军之不可以进而谓之进……""故知胜有五:知可以战与不可以战者胜;识众寡之用者胜;上下同欲者胜;以虞待不虞者胜;将能而君不御者胜。此五者,知胜之道也。"(《谋攻篇》)"故将有五危:必死,可杀也;必生,可虏也;忿速,可侮也;廉洁,可辱也;爱民,可烦也。"(《九变篇》)"三患""五胜""五危"正是孙子建立的对整个战争局势的监控指标。对企业而言,也需建立企业战略管理的预警系统和绩效监控系统。

二是要因利制权。孙子在《虚实篇》中说:"善战者,致人而不致于人。"掌握战略主导权的方法主要是"出其所必趋",即摸准对方的所思与所求,触动那些维系对方"利"或"害"的最关键、最敏感的地方,迫使对方不得不为我所动。正如孙子在《虚实篇》中所言:"进而不可御者,冲其虚也;退而不可追者,速而不可及也。故我欲战,敌虽高垒深沟,不得不与我战者,攻其所必救也;我不欲战,画地而守之,敌不得与我战者,乖其所之也。"孙子在《行军篇》又讲道:"故用兵之法,无恃其不来,恃吾有以待也;无恃其不攻,恃吾有所不可攻也。"这里强调的是在战争或竞争中要有备无患,避免被敌人反制,陷入被动。《九地篇》还谈道:"是故散地则无战,轻地则无止,争地则无攻,交地则无绝,衢地则合交,重地则掠,圮地则行,围地则谋,死地则战。"这要求企业在具体的营销策略应用上,特别是产品促销上,需根据战略进攻进行相应的地理划分,因利任势。

在企业战略管理领域,动态竞争的研究从20世纪80年代初开始兴起。动态竞争主张从竞争行动的视角来探讨竞争战略,认为企业竞争行动的数量和质量是企业获取竞争优势的工具。国外学者在对动态竞争的研究中渗透了《孙子兵法》的思想,并认为孙子是研究动态竞争的鼻祖。面对动荡的竞争环境,企业不应消极等待,而应积极地进行环境扫描和预测,及时感知环境变化带来的压

---

① 参见张守凤等:《基于超竞争环境的企业战略选择——柔性战略》,《科学与管理》2005年第3期。

力，根据自身存在的优势与劣势，适时调整，重新选择企业内外关系，以我为主，将变化视为机会，更新企业系统，去能动地适应环境的变化；同时，主动变革，利用变化和制造变化，使变化朝有利于企业的方向发展，从而形成新的竞争优势。

3.“后发先至”的商机把握

孙子在《军争篇》中指出：“军争之难者，以迂为直，以患为利。故迂其途而诱之以利，后人发，先人至。”在战争中，由于双方力量强弱的不同，实行的策略也必然有所不同。比如说，战略进攻的一方一般主张先发制人，而战略防御的一方则一般主张后发制人。如果用刚柔来区分，那么前者的主张可以称为“以刚克柔”，后者的主张可以称为“以柔克刚”。

企业战略的主要目标和特点就是试图制定一组可以选择的行动准则和方案，以使企业在动态的环境下，不仅主动适应变化，而且主动创造和利用变化，从而形成一种以我为主的战略态势，确立自己的竞争优势。先行者优势（First Mover Advantage）来源于先行者可以通过有意或无意建立起来的进入壁垒来阻止后进者参与竞争。环境的变化经常给企业带来成为先行者的机会。实际上，环境变化带来的有利可图的机会是行业进入行为的必要条件。但是，机会的获得必须要有企业实力（资源和能力）的支持。有很多企业就是因为清醒地认识到要获得先行者优势，自己还有很长的路要走，所以选择做后入者，而非前入者。后入者的优势主要在于较低的模仿成本、范围经济、较低的研发费用、可以从先行者的错误中总结经验和教训等。因为先行者往往要获得相关法律上的认可、诱导现在的顾客、培养相应的供应商等，这些会导致较高的成本，而后入者则无须承担这些成本。按照博弈论的理论，企业可以通过策略活动发出信号误导对方，营造对自己有利的局面，也可以通过承诺活动达成双赢。我国著名经济学家林毅夫长期致力于研究发展中国家的经济追赶战略。他认为，发展中国家收入水平、技术发展水平、产业结构水平与发达国家有差距，可以利用这些差距，通过引进技术的方式来加速技术变迁，从而使经济发展得更快。这就是国家层面的后发优势了。[①]

4.“正合奇胜”的竞争战略

孙子在《势篇》中说：“三军之众，可使必受敌而无败者，奇正是也。”又说：“凡战者，以正合，以奇胜。”关于“奇正”，《孙膑兵法》也有论述。其曰：“形以应形，正也；无形而制形，奇也。奇正无军，分也。”[②]战争贵在用谋，谋贵出奇，出奇

① 参见林毅夫：《后发国家究竟是有优势还是劣势？》，《经济前沿》2002 年第 10 期。

② （战国）孙膑撰，张震泽校注：《孙膑兵法校理・奇正》，《新编诸子集成》本，北京：中华书局 1984 年版。

方能制胜。从字面上看，是用正兵当敌，用奇兵取胜。其实它还有一层意思，就是用常法布局，用奇法胜敌。用常法排兵布阵，这是一般规律。然而，“运用之妙，存乎一心”，如果没有这一条，打仗就成了机器人对垒。正因为有这一条，才有人的因素，人的因素是战争胜负的决定因素。孙子的奇正思想应用于企业竞争可表现为以下两点：

其一是成本领先战略(Overall Cost Leadership)。它实际就是“以正合”的竞争战略，其本质是直面竞争，以正合实，通过降低成本，获得高于行业平均水平的收益。成本优势意味着当别的公司在竞争过程中已丧失利润时，这个公司仍然可以获取利润。

其二是差异化战略(Differentiation Strategy)。它实际就是“以奇胜”的竞争战略，是企业提供的产品和服务标新立异，形成全产业范围内独特的东西。差异化战略就是以奇制胜，使其他公司在没有准备时我方公司就赢得超常收益，而且避开了与竞争对手的正面冲突。

五、结语

本章试图构建古今中外、兵法与经营共通的话语体系来观照经营过程，篇首即以“宗旨与愿景”作为涵盖全篇结构与内容的引领环节；为叙述方便，不得已将经营过程分为“战略决策”“内部管理”“市场竞争”三部分。这四者并非组成经营过程的所有细节，但大致涵盖了经营的主要内容；四者之间也并非线性的因果关系，在论述过程中提到的许多理论与原则其实可以并用于经营全程的许多具体细节，只是为避免重复才有所侧重。而经营过程的每一环节又互相影响，更多地表现为知行合一、内外互动、刚柔相济的特点，很难用简单的线性关系和结构关系来叙述和分析。《孙子兵法》的恒远魅力不在于其某一行文、某一条块体现的思想内容，而在于其理性和智慧之光，在于其系统与辩证的思考。准确把握《孙子兵法》真理认知的方法和科学创新的价值，对于启迪思维和指导经营有着深刻的现实意义和构建意义。

同时，我们也应该清醒地认识到，在运用兵法经营时必须认清它的适用范围。例如兵法对具体经营环境下的战略和战术并没有直接提供具体的方法，而不同企业组织、不同市场环境、不同社会文化中的战略有许多差异，将方法和策略从背景中抽象出来作为相同的对象进行研究，有着不可避免的遗漏。经营的计划、组织、指挥、控制等部分在不同的条件下表现出不同的特点，不存在普适的“灵丹妙药”。在应用兵法经营学指导企业经营实践的过程中，要针对中国企业的薄弱环节，注重知识体系的支撑和科学方法的整体提升，加强中间层面的体制机制建设，强化职能战略层面的规范和创新。

最后需要说明的是，本章提出的兵法经营学内容体系，是一个初步的理论框架。我们知道，兵法经营学体系的构建是一个长期而复杂的系统工程，绝非一篇文章或一本著作所能完成的。作为一个开放的系统，兵法经营学不仅需要不断地接受实践的检验，而且需要及时地汲取兵学研究、经营理论的新成果和横断学科特别是复杂科学的新方法，通过这样的“负熵流”来达到自身系统的有序和完善。我们有理由相信，兵法经营学不但在理论上具有广阔的前景，在实践中也有着极其深远的意义！

第六章 兵法经营学研究范式之构想

兵法经营学研究具有跨学科、跨领域、跨时空的特点。因而，研究范式、研究方式和研究路径是兵法经营学学科建构的基础和前提。本章的主要写作目的正在于探讨这一问题。其主要内容包括三个方面：首先，分析了兵法经营研究的现状与问题，以此作为本章立论的基础。其次，介绍了人文社会科学的“哲学—思辨”“科学—实证”“人文—理解”三种范式及其在兵法经营研究中的指导作用；归纳了人文社会科学的定性研究、量化研究、质性研究、间接研究四种研究方式及其在兵法经营研究中的规范作用。再次，立足兵法经营研究尚处于前学科阶段的现状，探讨不同的研究范式和研究方式在兵法经营研究领域的兼容与整合，设计出“诠释（interpretation）—构念（theoretical construction）—实征（emprical research）—互动（action research）”的兵法经营学理论体系建构路径。

一、兵法经营研究方法的薄弱现状

兵法经营自古有之，而真正成为一门学问应该说是在第二次世界大战以后。日本的大桥武夫首开现代兵法经营研究之先河，并初步形成一些理论成果。美国等西方国家开展兵法经营略晚一些，其研究特点侧重于兵法与现代企业经营战略的结合。中国作为兵法经营的发源地，在 20 世纪 80 年代兴起兵法经营的热潮，并随着计划经济向市场经济的转轨，逐步形成对兵法经营的理性化认识。如今，兵法经营热在全球兴起，兵法经营研究方面的论文和著作越来越多，相关的成果越来越丰富，这些都为兵法经营学的建构奠定了最基本的理论基础。

然而，我们又不得不承认，当前的兵法经营与兵法经营学课题在研究思路和研究方法方面仍极其薄弱。“在西方，‘学科’(discipline)主要是指基于经验方法和诉诸客观性的系统化知识体系。称一个研究领域为一个学科，就是强调该领域知识具有严格的传承性，同时其理论的组织和生产具有普遍接受的规范方法。从科学哲学和方法论角度看，学科的发展实际上就是这一知识和理论体系是如何被组织、生产和系统化的。”①就此而言，目前的兵法经营研究尚处于前学科阶段，它既缺乏系统的理论知识体系，又缺乏对有关方法论问题作出专门探讨的研究人员。可以说，兵法经营研究的范式、方式和研究方法问题已成为兵法经营研究的一个薄弱环节，成为兵法经营学建构的一个瓶颈。

从研究范式的角度讲，整个兵法经营研究领域对核心问题和核心概念缺乏明确的界定，没有形成内在统一的范畴体系。当前的兵法经营研究主要以哲学思辨为主，大多数的研究成果是通过思辨或归纳的方法得来的。就部分顶尖学者而言，他们主要采用思辨的方法，凭借对兵法经营的深刻认识，依赖个人的主观想象和思维能力进行抽象的推理，进而总结出具有原创性的成果。就一般学者而言，则主要采用归纳的方法，简单地说，就是文献归纳。即依据一定的二手资料，对他人的研究成果进行分析、归纳、总结，再加上个人观点，形成研究结论。但无论是前者还是后者，都基本上是一个主观推理演绎的过程，缺乏必要的科学实证和量化分析，未强调研究的客观性、严密性及普遍性。同时，基于人文主义的质性研究也十分薄弱，未能从解释学和批判理论的角度，注重研究的参与性、情景化、定性化及不可重复性。

从研究方式角度看，当前的兵法经营研究主要是以传统文化中的类推性思维作为基本逻辑，建立起企业对军事谋略利用的合理性基础。所谓“商场如战场”，就是承认兵战与商战在许多属性上有着必然的联系，这些必然的联系使我们能够很方便地从一个研究领域过渡到另一个研究领域，从而获得新的启迪。然而，这种由直接类推而来的兵法谋略，毕竟是前现代的思想，它不符合基本的形式逻辑要求，无法与现代管理或管理语言体系衔接。周海炜在论证这一问题时谈道：“人们在类推引用时更主要是关心兵法谋略的技巧层面和实用理性，而缺乏对背后机制、原则、条件等的理论性探讨，缺乏对其在现代企业运用时合理性的追索，这将导致企业无法寻找管理的现代知识的合理性，从而难以支撑一个不断成长的现代企业。”②另一方面，过分偏重于类推逻辑而忽略实证研究，必

---

① 王益民：《基于跨学科特质的战略研究方法论演化及其本土意义》，《浙江社会科学》2009年第2期。

② 周海炜：《战略管理中的企业谋略及运作机制研究》，河海大学博士学位论文，2004年。

然造成兵法经营研究理论与实践的脱节。就目前来看，绝大部分学者并不能动态地跟踪企业管理的实践，真正立足于现行的企业管理体制来验证和完善已有的理论成果，从而使得兵法经营缺乏必要的实践成果积累；准确地说，缺乏大量的兵法经营实践成功案例的支撑。兵法经营搞了这么多年，真正成功的案例有几个？有几位专家真正深入企业经营管理的实践中去做过数据统计和实证分析？大家所举的应用案例无非就是个别企业家的感悟之言或是企业成功之后的兵法阐释。企业经营成功了就是兵法运用得好，企业经营失败了就是兵法没有运用好。对于用好或是没用好的评判标准是什么，谁也不能提供一个理想的答案。这种情况对于兵法经营研究的长期发展是十分不利的。

从具体的研究方法及运用来看，兵法经营研究一直缺乏系统的研究方法和思路。比如说，在《孙子兵法》战略思想与西方管理思想的结合方面，部分管理学家已经作出专门研究，在某些方面已经达到相当高的水平，但学者们各自的成果却没有彼此融合，形成体系，更未能从学科建设的基本范式与形态层面对有关成果加以规范和提升。再比如说，大多数的兵法经营研究类文章，文献回顾都比较缺乏，很多人没有写文献回顾的习惯，而是直入主题。

上述研究范式、研究方式和研究方法的问题直接影响了兵法经营研究成果的积累和推广，造成了很多弊端：

其一，对一些基本的概念和假定没有达成共识，这就使得不同理论之间难以交流，在论点发生争执和分歧时难以判断对错。其二，缺乏标志性的成果和人物。客观地讲，目前的兵法经营著作和论述虽多，但除少数顶尖学者的部分作品有创新见解以外，大部分缺乏较高的学术价值，很多文章是东拼西凑，人云亦云，在同一层面上重复。其三，使兵法经营研究的力量难以集中。兵法经营研究是一门跨学科、跨领域的学问，需要包括兵学专家、企业家、企业管理研究者各方面人士的共同努力才能完成。但就目前来看，不同学者、不同角度、不同层次的研究成果杂而散乱，难以进行广泛的交流和推广。其四，研究成果难以与国际接轨。目前，我国兵法经营方面的研究成果很多，但大都难以在国际学术期刊上发表，其根本原因就在于研究方法缺乏规范性和科学性。牟岱先生曾谈道："与国际化标准相比，我们的研究方法和手段还不够科学，不符合国际化和标准化，因此学术成果的产出方式也就不科学。所以，我国的社会科学研究成果很容易被谨慎对待，甚至被认为是不科学的。这是阻碍我国社会科学研究成果走向世界的关键所在。"[①]其五，研究成果缺乏真理性和实效性，这大大影响了研究成果的普及应用价值。在国外，"判断文章质量的标准是看论文对知识

① 牟岱：《哲学社会科学研究方法国际标准化及其意义》，《改革与发展》2006 年第 4 期。

积累有什么贡献，贡献分为三种：一是理论上的贡献，比如从逻辑上解决理论上的争论；二是实证上的贡献，比如找到与当前理论不同的历史案例；三是对现实的贡献，比如解决现实问题”[①]。这三个方面在兵法经营研究学界不能说都没有体现，但就大多数文章来看，确实达不到这样的标准。

二、用人文社会科学的研究范式指导兵法经营学研究

按照库恩的定义，“‘范式’是一个科学共同体成员所共有的东西，是由共有的信念、价值、技术等构成的整体。换言之，一个科学共同体由共有一个范式的人组成。他们受过近似的教育和专业训练，钻研过同样的技术文献，并从中获取许多同样的教益。科学家团体中交流相当充分，专业判断也相当一致”[②]。

当今，人文社会科学领域主要存在三种研究范式：一是“哲学—思辨”范式，二是“科学—实证”范式，三是“人文—理解范式”。这三种范式及相关理论运用到兵法经营研究中可以形成不同的研究思路和方法。唯有认识其各自的优势和局限，推动兵法经营各领域知识的整合，才能最终创生出兵法经营学特有的理论知识体系。

(一)“哲学—思辨”范式与兵法经营研究

如前所述，“哲学—思辨”的研究范式在兵法经营研究领域一直占据主导地位。在研究过程中，人们或者进行类推和演绎；或者进行分析和综合；或者依前人所思发己所想，进行既有继承又有创新的“扬弃”；或者利用悟性进行创造性的思维“跳跃”。正是通过这些思辨的或归纳的思维活动，人们才获得了关于兵法经营活动规律的认识和看法，取得了丰硕的研究成果。

“哲学—思辨”方法大量运用于兵法经营研究有其内在的原因。谋略以对人的管理为核心，以求取实用功利价值为导向，在管理中呈现复杂多变的形态，具有自己独特的知识存在方式，体现中国传统文化思维的基本特征。对谋略的认识不仅难以脱离具体的管理者和具体的管理活动，而且存在价值评判的困难。正因如此，在兵法经营研究领域，尤其在兵法经营研究的前期阶段，为了发现研究问题和深化研究思路，在面临诸如人性问题、谋略运用、企业管理等难以进行定量研究而只能进行定性研究的问题的情况下，人们不能不使用思辨和归

---

① 漆海霞：《研究方法与中国视角学术讨论会综述》，《世界经济与政治》2005 年第 12 期。

② 转引自陈向明：《从“范式”的视角看质的研究之定位》，《教育研究》2008 年第 5 期。

纳的方法。

当然,我们必须清醒地认识到,"哲学—思辨"的研究范式与下文将要介绍的实证主义范式(positivism)是相对而言的,二者都是人类认识世界、探究未知、发现真理、解决问题的思维方法。"在从未知走向已知的过程中,如果人类是基于头脑中的主观想象认识事物的本质,就是思辨的(reasonable);相反,如果人类是基于现存的客观事实认识事物的本质,则是实证的(positive)。实证主义特别强调人类可感知的客观事实在认识世界中的重要作用。它认为一切来源于客观事实又可还原于客观事实,单纯通过思辨进行抽象的推理是不能得到任何结论的。"[①]据此分析,如果我们在兵法经营研究中仍然单纯地沿袭传统的哲学思辨思路,那么研究方法就是不规范的。其研究成果虽然丰富,却难以在实践中广泛应用。

另外,对于"哲学—思辨"的研究范式如何在兵法经营研究中运用,我们还需要注重中西方之间的文化背景差异。西方的哲学思辨是以主客相分的二元对立的思维方式为基础的。从本体论角度讲,主体和客体相分而结成认识关系;在认识论上,它追求理念哲学,崇尚自然主义;在方法论上,它追求终极价值,强调运用类推、演绎等方法构建宏大叙事的概念体系。而中国的哲学思辨是以主客相通的非对立的思维方式为基础的。从本体论角度讲,它强调"天人合一"、主客相通;在认识论上,它注重主观的人对于内外世界的感悟与体验;在方法论上,它追求实用理性,强调圆融与变通,忽视用类推、演绎等方法致力于概念与理论体系的构建。这两种注重哲学思辨的方法论与方法对兵法经营研究而言,应该说各有优势和不足。两者应取长补短,实现融合,以切实指导兵法经营理论的总结和升华。

(二)"科学—实证主义"范式与兵法经营研究

"科学—实证主义"的研究范式以事实、现象的真实性为基础,注重对事实、现象的科学分析,关注逻辑推理与证明的可靠性。在本体论上,"科学—实证主义"范式主张有一个不变的客观世界存在,其规律性不受主观价值因素的影响;在认识论上,它强调实证主义、实在主义、行为主义等。这样的思想渗透到经营管理领域,极大地影响了管理学者们的方法论取向,即强调通过理性化的方式观察、分析、演绎推理(或归纳),进而寻找管理现象中的一般性因果关系,发现管理现象中的基本规则和规律。如在战略管理研究中,20 世纪五六十年代兴起的设计学派的"SWOT 分析"模型要求客观地分析组织的优势、劣势,环境提供的机会和带来的威胁。计划学派强调在分析过程中采用数学和决策科学的方

① 张旭明、王亚玲:《管理科学研究方法的研究》,《吉林工商学院学报》2008 年第 1 期。

法，在大量公式、图表和数字的基础上形成战略。定位学派的“五种力量”模型要求理性地分析行业内竞争者、潜在进入者、购买者、供应商议价能力、替代产品的威胁，根据竞争结构来决定企业战略。

就兵法经营研究而言，目前的成果主要以“哲学—思辨”的研究范式为主，而“科学—实证主义”的研究范式是非常缺乏的，这是兵法经营研究的一个薄弱环节。“科学研究方法把实证分析建立在理论基础上，并从系统的数据中定量检验理论假设和估计参数的数值，这就可以减少经验性分析中的表面化和偶然性，可以得出精确的定量结论，并分别确定它在统计和管理意义上的显著程度。”①我们只有注重用科学叙事方式来表达感受体验，用逻辑方式表达意义，向国际通行的研究规范和准则靠拢，得出的研究成果才是真正有创造性的，有普及价值的。同时，它也有利于推动兵法经营理论体系朝着系统化、严密化、科学化的方向发展。

当然，我们在兵法经营领域强调科学实证的同时，又要立足于兵法经营学的学科特性，充分认识其在兵法经营研究中的局限性。“战略研究者倾向于在研究过程中采用相对静态的观点，认为事物的变化是有序的，可以进行精确预测，在考察企业战略体系时倾向于假定企业内部因素之间，以及它们与外部环境之间的关系是线性的、确定的、可解析表达的，通常只考虑稳定的、平衡的、周期的简单行为，其理论及逻辑分析是建立在相对封闭和相对静止的基础上的。”②“科学—实证主义”范式的根本缺陷就在于忽略人的存在，难以适应动态性、复杂性的环境，这最终导致其方法论和方法在应用于社会管理领域时，不断地遭遇困境。企业组织本身是一个由相互联系的部门、个人、各种有形和无形的因素组成的复杂系统。同时，任何一个组织不可能作为个体在封闭中生存，它必须与外界进行能量、物质、信息的沟通，故组织系统是开放的，是一个复杂的不断演化的巨系统。更为重要的是，由于引入“人”的因素，管理问题面临两个难点，即管理者的形象思维和管理的意境。管理系统的输入、处理、输出和反馈都与主客体背景融为一体，系统本体和情景不可分，不研究情景难以探明管理系统的真谛。这就是说，由于管理问题同时涉及时间(过程)、主体维度以及管理主体与环境的互动关系，管理问题必然同时涉及主体(组织)行为复杂性、环境复杂性以及互动关系复杂性等多个方面。而且，正是上述复杂性的存在，导致了管理理论与管理实践之间的复杂关系。管理研究者不仅要关注管理主

---

① 转引自刘芳、吴欢伟、刘卓:《对管理研究方法的理性解读》,《科技与管理》2006 年第 6 期。

② 胡玲:《两种战略观:实在主义与建构主义的研究方法论》,《科学学与科学技术管理》2007 年第 7 期。

体理性选择的一面,而且还要关注非理性、非最优化、社会性行为的一面,这是管理研究复杂性最根本的内在来源。正是上述企业管理活动的复杂性,决定了"科学—实证主义"范式在兵法经营研究中的缺陷和不足,其循照自然科学的研究模式,确定因果关系,发现客观规律,进而探求普适、通用理论的探求只能是一种终极的理想状态。

(三)"人文—理解"范式与兵法经营研究

"人文—理解"研究范式主要继承了精神科学的传统。在本体论上,它强调社会世界不是客观的,而是人为建构的,人的所有的行为都是有意义、有价值取向的活动;在认识论上,它突出表现为现象学、诠释学、建构主义、批判理论等。

由胡塞尔创立的现象学是现代欧洲哲学史上的一次重大革命,它动摇了以往各种经验主义、逻辑主义认识论的基础,认为所谓的不以主观意志为转移、存在于自我意识之外的客观对象世界都是不真实的。胡塞尔之后,其弟子海德格尔提出了存在论,伽达默尔在存在论的基础上发展了哲学诠释学。

伽达默尔认为:"前理解是理解的基本条件,所谓前理解就是主体在某一理解行为前所具备的经验、知识结构、价值观、兴趣、思维方式等,没有前理解的人就不能理解,前理解影响了主体对文本的理解。一般来说,前理解越丰富,其视域就越广。理解就是理解者与文本以及不同的理解者的'视域融合'的过程。"[①]基于这样的观点,我们既要充分肯定兵法经营者在运用兵法谋略于企业经营管理活动中所体现的独特的思维优势,又要慎重对待兵法经营者因过分偏好谋略运用而导致的致命缺陷,防止他们在处理科学管理和兵法谋略的关系问题上出现本末倒置的倾向。另一方面,兵法经营研究者只有真正走向经营管理的前沿,立足经营管理的实践,才能最终提出兵法服务于现实的思路和对策,防止"闭门造车"式的空想和推断。

批判理论的代表人物是黑格尔、马克思、弗洛伊德和法兰克福学派。马克思在《关于费尔巴哈的提纲》中指出,"哲学家们只是用不同的方式解释世界,而问题在于改变世界"[②],可以说这明确表明了该流派的基本立场。批判理论认为:"实体是一种实现的过程,而不是事物的现实状态。社会现实与社会思想之间存在辩证关系:人同时是认知者和行动者,社会既是认知也是意志和行动的对象,社会现实本身就是人的行动及其后果造成的,命运的因果不同于自然的

---

① 转引自钟映竑、杨建梅:《系统方法论与战略研究方法论的哲学背景探究》,《科学学与科学技术管理》2003年第10期。

② 转引自张俊波、刘永忠主编:《马克思主义哲学经典命题探析》,西安:陕西旅游出版社1991年版,第16页。

因果。”[①]因此，在认识论上，批判理论提倡交往的、主观的认识论，其研究结果受到价值观念的过滤；在方法论上，批判理论提倡平等对话，批判反思，解脱潜意识所造成的情绪困扰。

批判主义理论对实现兵法谋略思想的现代性转换具有明显的指导意义。一方面，兵法谋略作为中国传统管理文化的一部分，毕竟是中国人前现代的体悟，不足以支撑经过现代化发展又逐渐超越现代的企业管理实践。我们将兵法谋略运用于经营管理，不能停留在对兵法谋略文化的简单解释上，而是要以“历史的现实主义”态度进行整理、转化，在知识创新的过程中实现其现代性改造，使其最终能够融入中国企业的管理知识库。另一方面，我们还要立足企业管理实践和现有兵法研究成果，建立关注兵法经营学的兵学家、管理学家、企业家之间的互动机制，不断达成新共识，推出新成果。在这方面，中国孙子兵法研究会可以协调组织专业委员会、研究机构和大专院校举办专题研讨会，实行多方互动，切磋、碰撞、融合，推动兵法经营学研究不断前进，并逐步形成研究共同体和研究范式。

综上所述，在兵法经营研究中，仅靠传统的哲学思辨是难以达成建构兵法经营学体系的最终目标的，我们必须既吸收科学主义、实证主义的方法论思想精华，又注重采纳适合复杂性问题和有利于发挥人的主观作用的哲学诠释学方法论以及主客体互动的批判理论，并在此基础上，选择好兵法经营的一般研究方式和研究路径，以更好地指导兵法经营研究的科学、理性发展。“和而不同”是兵法经营学跨学科研究精神境界的体现，也是兵法经营学跨学科研究方法论的最高境界。

三、用人文社会科学的研究方式规范兵法经营学研究

兵法经营学作为经营管理科学领域的一个分支，具有人文社会科学发展的一般特征，这决定了社会科学领域的许多研究方法可以被合理地借鉴和运用到兵法经营研究中去。当然，这些方法的运用不能盲目随意，必须用人文社会科学的基本研究方式去归类使用，使其互补共融，发挥不同的效果和作用，并以此规范兵法经营研究的整个过程，最终建构较为完善的兵法经营学理论体系。

---

① 陈向明：《从“范式”的视角看质的研究之定位》，《教育研究》2008年第5期。

(一)定性研究

定性研究属于哲学思辨的研究范式。它主要是采用归纳、类推、演绎的方式对研究现象进行解释,不要求研究者进入实地开展实证研究并提供第一手资料。兵法经营学建构的关键在于如何实现古代兵法思想与现代管理思想的对接与融合,进而建构科学的理论体系。这首先需要运用归纳的方法,在准确把握古代兵家管理思想的特质的基础上,总结出兵家用于战争或竞争的战略逻辑体系。然后,再用类推演绎的方法将这一逻辑体系具体运用到兵法经营管理的实践中去,形成兵法经营思想的主体框架。当然,在类推演绎的过程中,还要能从哲学高度,运用哲学中的一些概念和方法,对兵法经营有关问题进行全方位的探索。这主要包括以下几个方面:一是理解,即以概括性的眼光对兵法经营现象作全面的、系统的思考;二是展望,即从综合的、相互联系的角度考虑兵法经营的每一个问题;三是洞察,即超越偶然认可的惯例或信念去深刻认识兵法经营有关推论的前提;四是想象,即超越时空,预测兵法经营未来发展的前景和目标。

由于定性研究只具有"思辨"和"解释"的要求,没有"实证"的要求,因此可以说,它是前科学的,即发生于科学主义兴起之前,不具有"科学"研究的基本特征。

(二)量化研究

量的研究属于实证主义的范式。量化研究方法是通过对事物可以量化的部分进行测量和分析,以检验研究者关于该事物的某些理论假设的一种研究方法。它强调人世间的事物之间存在相关关系(特别是因果关系),通过数据分析能够相对精确地揭示这些关系,并能预测未来的发展趋势。"量化研究在具体的行进过程中强调操作化、概括化及客观性,注重运用调查、实验、测量、统计等量化的手段来收集和分析资料。"①

在兵法经营研究中,兵法经营谋略所包含的许多文化因素也可以通过良好的定量调查设计和分析揭示出来。例如,通过抽样方法获得兵法经营的个案样本,通过问卷设计完成兵法经营中的资料数据收集,通过一些设计方法如描述性统计、推断设计技术进行兵法经营效果分析等。当然,在具体操作过程中需要注意一些容易出现的问题。如周海炜谈道:首先,运用量化方法收集资料时对研究对象的假设会出现问题,即使采取一些技巧,也无法避免研究对象对问卷的情景化处理的现象,而且这种处理并不涉及个人诚实的问题,其中蕴含着

---

① 梁丽萍:《量化研究与质化研究——社会科学研究方法的歧义与整合》,《山西高等学校社会科学学报》2004 年第 1 期。

中国传统管理文化的特殊性。如果研究者天真地认为可以完全对研究对象进行预测控制，那么其分析结果本身就会被形式化。其次，量化研究方法在变量设计上依赖于概念化，而在兵法谋略运用过程之中，许多现象的概念化非常困难。因为在中国文化之中，人们并不完全按照西方式的概念界定去抽象出质的内容，这必然会使研究遇到难以操作的困难。[①]

（三）质性研究

质性研究属于“解释主义”的范式。质的研究与定性研究有共同之处，即都强调对研究现象进行意义解释。但质的研究与定性研究又有很大的不同，它不完全是思辨的，还要求研究者进行实地调查和实证研究，在对研究现象进行解释时提供第一手资料。质的研究同量的研究也不同，虽然二者都要求研究者深入实地开展实证研究，都很注重研究方案的设计，并有一套规范的研究程序和操作技术，但前者走的是实证主义的路线，运用实验方法，注重数据、控制和逻辑，强调规范性和精确性，而后者主要遵循解释主义的路线，具有自然主义的探究传统。“质的研究是通过研究者和被研究者之间互动对事物进行深入、细致、长期的体验，然后对事物的‘质’得到一个比较全面的解释性理解。”[②]质的研究须在自然情况下进行，如果要了解个人和社会组织，必须把他们放到丰富、复杂、流动的自然情境中考察。这种与情景结合的方法注重社会现象的整体性和相差性，在个别与整体之间形成不断深入的解释循环。

在兵法经营管理中，质性研究无疑具有重要的地位。一方面，它可以弥补当前兵法研究成果缺乏实证研究的缺陷，并以其真实的访谈调查和严密的方法步骤促成研究的规范性；另一方面，它可以更好地适应兵法经营活动的复杂性、变化性和多元性，通过研究者的主观参与，使意义的解释具有地方性和情景性。如比较适合兵法经营研究的案例研究法，实质上就是一种质的研究方法。研究中，其基本的程序步骤可分为确定企业特质和兵法经营研究的有关问题、理论抽样、收集资料、分析资料、研究结果比较、得出结论等方面。相对于通常的调查研究方法，案例研究方法的长处在于其深度，其可以在对兵法经营案例进行长期跟踪和描述的基础上，最大限度地揭示兵法谋略融入经营管理活动之后的本质效果。同时，“相对于那些完全自明的理论构建方法，使用案例研究方法产生的理论或结论源于实践，实证的有效性可能更大一些”[③]。

---

① 参见周海炜：《战略管理中的企业谋略及运作机制研究》，河海大学博士学位论文，2004 年。

② 陈向明：《质的研究方法与社会科学研究》，北京：教育科学出版社 2000 年版，第 9～10 页。

③ 项保华、张建东：《案例研究方法和战略管理研究》，《自然辩证法通讯》2005 年第 5 期。

(四)间接研究

兵法经营研究除了运用定性研究和类推演绎进行理论建构、运用量化研究和质性研究进行实证分析、运用行动研究推进主客观互动以外,还可以运用一些间接研究的基本方法,如文献研究法、历史研究法、比较研究法等。

1. 文献研究法

文献研究法注重对相关的重要论著和评论等文献资料进行综述、分析、比较和综合。目前,关于兵法经营思想的研究成果虽然比较多,但大都比较散乱,层次不一,学者们从不同的角度出发往往有不同的看法,仅仅从一个侧面很难窥见问题的本质,这就需要我们对纷繁复杂,观点、角度各异的文献资料加以分析,进行比较,找出问题,总结出共性和个性,以最终准确把握兵法经营研究的本质,建构兵法经营学的基本理论体系。其基本思路是:全面搜集有关兵法经营研究的代表性成果,进行分类整理,总结其成就和不足。其基本类别可分为:关于兵法思想与企业经营管理思想相通性的成果评述;关于兵法战略思想运用于经营管理方面的成果评述;关于战术思想运用于经营管理方面的成果评述;关于兵法将帅理论对提高企业家素质的启示方面的成果评述;关于兵法经营误区方面的成果评述,等等。

2. 历史研究法

历史研究法是进行社会科学研究的重要方法。任何一门学科要想成为真正的科学,就必须运用历史研究法来认识它的过去形态,研究它的现在状况,并预测它的未来发展趋势。兵法经营必然要以古代兵法思想为基础,这就需要用历史研究法考察兵法思想,其中最重要的是要把兵法内容放在一定的历史条件中,特别是要放在当时的经济关系、政治制度和文化形态中进行研究,而且还要注意兵法内容在社会发展不同时期的发展情况,考察这种思想产生的历史条件、理论基础及其发展阶段。正是通过纵向的历史进程的考察,我们对兵法思想从过去到现在的发展轨迹有了一个比较清楚的认识。

3. 比较研究法

比较研究法在管理学方面的运用是从 20 世纪 50 年代开始的,其宗旨是通过不同经济制度、不同社会文化背景、不同政治法律环境等对管理模式和管理效果的影响,进行跨国度、跨文化的研究,以探讨先进的管理理论与实践的可转移性。兵法经营学研究最终是要建立一种中国特色的管理理论,它既要借鉴中国古代兵家的管理思想、竞争思想,又要吸收西方主导的现代经营管理思想,这必然要把中国传统的兵家思想管理特质和西方科学的经营管理思想进行比较,这种比较主要涉及不同的文化背景、哲学基础、思维方式等方面。在当前的兵法经营推广普及中,日本、美国两个国家在某些方面比中国具有优势,使得兵法经营推广呈现“墙内开花墙外香”的局面，这是一个很值得我们思考的现象。鉴于此，我们将重点对国内兵法经营的理论和实践成果与日本、美国两个国家的兵法经营成果作比较分析，探讨三个国家在兵法经营方面各自的优势、成就、不足及内在原因，最终找出中国传统管理文化与西方科学管理思想实现有机融合的基本途径。

四、兵法经营学建构的路径构想

兵法经营研究除了考虑研究范式和一般的研究方法以外，还要有其具体的研究思路和研究方法，而这同样涉及跨学科领域研究方法的整合问题。学者成中英曾提出“找寻焦点，建立融合，挖掘共源，扩大境界，灵活运用”[①]的科际整合研究方法论总纲，这对于兵法经营研究方法的运用与创新具有重要的启示意义。所谓“寻找焦点，建立融合”，就是要以兵法经营研究问题为核心，了解和把握兵法经营所涉及学科之间的交叉点，在互通有无的基础上探讨运用相关学科的理论、概念和陈述方式。所谓“挖掘共源”，就是以问题情境汇聚社会、政治、经济、历史、文化、宗教、哲学等多学科知识，形成推动兵法经营学学科建设的“多重合力”。所谓“扩大境界”，就是使涉及兵法经营研究领域的不同学科的知识领域连成一片，使不同的理论流派之间兼容并包，最终达成“和而不同”的研究境界。所谓“灵活运用”，就是不把某一理论和方法视为“绝对化”的真理，而是通过实践应用，创造出属于兵法经营学体系自身的有生命力和再生力的知识。正是在这一思想指导之下，我们科学设计了兵法经营学建构的具体方法和路径，即“诠释（interpretation）—构念（theoretical construction）—实征（emprical research）—互动（action research）”，简称“ICEA”。

（一）诠释

此即运用创新的诠释学方法，正确把握兵法管理思想的基本内涵。诠释学方法可以从广义上理解为对文本思想与意义的诠释向度、原则、方法以及目标的总和。“长期以来，中国学术界研究传统思想，一直采用的是哲学诠释的研究方法。虽然作为理解和说明艺术的现代诠释学体系，在中国古代尚未确立，但是中国古代有经久不衰的注释学以及我注六经、六经注我的诠释传统，这为我

---

① 转引自刘仲林：《科际整合的哲学与方法——评成中英、傅伟勋的跨学科观》，《哲学研究》1999年第1期。

们的研究提供了重要的方法论借鉴。”[①]创新的诠释学方法是任中杰在其论文《诠释学与中国传统伦理思想研究》[②]中提出的，它实际是在对西方诠释学与中国传统伦理思想研究方法进行了消化、吸收与整合的基础上，形成的一种对中国传统伦理思想进行诠释的新方法。我们认为，这种方法对研究传统兵法思想的现代转换也是有积极意义的。古代兵家典籍微言大义，具有丰富的管理思想内涵，特别是诸如“形势”“虚实”“奇正”“迂直”“利害”等概念具有模糊性，要正确把握这些范畴的本质思想，就不仅要用到诠释学方法，而且还要在实现“批判地继承”与“创造地发展”双向目标的基础上实现兵法管理思想的融合创新，而创新的诠释学方法正是开拓了这样的研究方法和思路。研究中，我们将结合中国古代哲学理论，同时借鉴西方诠释学作为实践哲学的特点，从具体、义理、真实各个层次上运用句法、语义、关联性、历史性、统一性等手段诠释古代兵家典籍中的一些重要思想、概念和哲学范畴，以达到正确把握古代兵家管理思想特质的目的。我们对中国传统兵法管理思想的诠释主要从以下三个方面进行。

第一，兵法管理思想的“原意”考证。大多数学者认为，经典思想的“原意”是可求和可以接近的。以《孙子兵法》中的“势”为例，孙子在《计篇》中首次将“势”表述为：“势者，因利而制权也。”在《势篇》中，又分别表述为：“激水之疾，至于漂石者，势也”；“勇怯，势也”；“故善战人之势，如转圆石于千仞之山者，势也”。据此，我们可以确定“势”的基本含义为：在战争过程中，指挥者在自身实力基础上，结合外部条件，发挥主观能动作用而形成的一种最大限度打击或制约对方的力量、态势或格局。

第二，兵法管理思想的“深意”挖掘。找到“原意”只是一个起点，它们只是观念和文本表层的东西。我们必须通过对思想的综合比较与批判研究，而逐渐获知文本思想的深层义理。就孙子所论之“势”而言，“势”字由“执”和“力”两个字叠加而成，合起来即“运用力量”的意思。从构成要素讲，孙子所论之“势”是一个总体的态势，它离不开自身实力、外部条件（自然环境和敌情）和指挥员的主观能动作用。从形成过程而言，“势”具有动态变化性特点，孙子求变的思想实际上最终都归结为对“势”的追求。从战争效果追求的角度讲，“势”实际上是对抗一方通过借助有利条件所形成的主动对抗地位，是一种压迫对方、控制对方，使其不得不服从于我方意志的客观趋势和必然性。

第三，兵法管理思想“时代意蕴”的找寻。所谓思想的“时代意蕴”的找寻，就是我们必须使用时代的鲜活语言，在对文本思想深意进行考察的基础上，指

---

① 钟尉：《先秦兵家思想战略管理特质研究》，河海大学商学院博士学位论文，2007 年。

② 任中杰：《诠释学与中国传统伦理思想研究》，曲阜师范大学硕士学位论文，2004 年。

出该思想未曾说出，但必须在现时代说出的意义与内涵。例如，孙子所论之“势”在当代社会竞争和战略运筹中可以延伸出新的时代内涵：“势”已成为衡量战略运筹胜败的标志。战略统帅必须将自己的战略计划与“势”结合起来，因利而动，因势而变。高明的战略家，强调“谋势”，“谋大势”，而不是把眼光局限在具体的战术对抗行动或者一城一地的得失上。

在正确把握兵法管理思想内涵的基础上，我们已经找到兵法管理的基本知识内容，证明了兵法思想本质上也是一种兵法管理知识体系，这是兵法经营学建构的最基本的基础。

(二)构念

此即从管理文化分析的视角，重新解读古代兵法管理思想体系的要素和结构，在实现兵法经营管理知识现代转型的基础上，建构兵法经营学理论体系。

如前所述，兵法管理知识是不能直接运用到现代经营管理活动中去的；换言之，兵法管理知识与现代管理知识不能直接通过类推的方式来嫁接。这需要通过管理文化的视角来分析。

“管理文化主要讨论不同文化环境中管理整体差异和这些差异带来的影响，尤其在全球化时代，企业管理之中由多元文化引起的管理思想的交流、冲突和融合无法用单纯的西方文化预设来研究，因此提出管理文化这个认识框架，可以更好地适应这一发展背景。”[①]就兵法经营而言，管理文化的研究可以更好地促进现代管理思想与传统兵法谋略的结合，推动兵法管理思想的现代性转型，进而为企业经营管理提供现实指导。

那么，如何完成兵法管理知识的现代性转化呢？这需要有三个步骤。

第一，立足管理文化视角，在中西方管理文化比较的基础上，概括中国兵法管理思想的主要特质，并将其解析为三个层面：第一个层面是兵法管理哲学，如整体思维、辩证思维、知行合一、注重变通等；第二个层面是兵法管理的基本理论，如知胜思想、先胜思想、势胜思想、全胜思想以及虚实思想、奇正思想、迂直思想等；第三个层面是兵法管理的方法、手段和技巧，如诡道十二法、用兵八法等。

第二，运用管理文化的分析方法，对不同层面的兵法管理知识进行相应的改造，为其注入现代理性，比如以实力竞争代替关系竞争、以科学理性代替实用理性、以人本管理代替企业家专断管理、以诚信理念代替诡诈谋略、以规范流程代替无原则的人为操作等等。很明显，这种改造既要保留古代兵法管理思想的精华，又要实现与西方现代管理知识的融合创新。这种改造和创新在不同的层

① 周海炜：《战略管理中的企业谋略及运作机制研究》，河海大学博士学位论文，2004 年。

面需要有不同的处理方式：在哲学层面，需要以兵法管理哲学为主，或者说是以中国传统的管理文化为主，否则就谈不上建构中国特色的兵法经营管理理论；在基本理论层面，则要以西方的管理科学和管理规范为主，否则兵法经营学就会失去理论和制度的根基；在方法、手段和技巧层面，则要兼而用之、互为补充，因为具体的东西虽然形式不一，但在本质上都是相通的，我们既要用西方一些先进的统计手段和测量方法保证兵法经营的科学性，又要用兵法谋略的实用技巧保证兵法经营的灵活性和变通性。

第三，在完成兵法管理知识的现代转型以后，我们还需要找到一种理论架构，将已经被解析和改造了的兵法管理知识融为一体。笔者曾从战略管理的视角提出兵法经营学的框架构想。① 其基本内容为：(1)“求全逐利，王霸天下”的宗旨和愿景；(2)“知彼知己，审时度势”的战略决策（包括五事七计、校计索情——决策的主要影响因素及预测方法；先知尽知、相敌用间——决策信息获取的要求与方式；杂于利害、上兵伐谋——决策的选择原则等）；(3)“修道保法，积形蓄势”的内部管理（包括修道与企业文化建设、保法与企业制度建设和执行、积形与企业资源积聚、蓄势与企业核心竞争力建设等）；(4)“全胜易胜，因利任势”的市场竞争战略（包括“伐谋伐交，不战而胜”的超越竞争战略和“批亢捣虚，因利造势”的现实竞争战略等）。这种思路可以通俗地理解为以现代管理科学“融”兵法，以兵法的语言“说”管理，进而试图达到二者的会通融合、谐协创新。

（三）实征

此即运用量化研究方法和质性研究方法验证提出的兵法经营理论体系框架。

实征研究是与纯理论研究相对的一种社会学研究方法，它不同于以下两种取向：其一，透过抽象概念探讨建立一套概念体系的研究；其二，只透过抽象理论分析解释某种社会现象，未经实地验证。因此，在社会科学中，实征研究取向不仅在于是搜集第一手资料的研究，更在于是透过实地的经验来证实或检验的研究。在此，实征研究（empirical research）主要作为实证研究（positive research）的对照。它既包括了量化研究方法，也包括质性研究方法，更强调的是一种研究路径和实地分析，这对于当前的兵法经营研究而言具有非常重要的意义。

如前所述，对于兵法经营研究的理论成果，很少有人真正深入企业实践中，通过详细的调查分析，验证其实际效果和作用，这很大程度上造成了兵法经营理论与实践的脱节，并大大影响了兵法经营成果的解释力和指导力。正因如

① 参见纪洪波：《兵法经营学体系之构想》，《滨州学院学报》2008年第5期。

此，我们强调通过选择典型企业作为兵学案例教学基地，与企业建立长期的合作关系，定期到企业举办兵法培训，参与企业战略规划和商业竞争行为，并及时对企业运营情况和效益变化作跟踪调查，以取得兵法经营的第一手资料。在获取数据资料和实地经验的基础上，将量化研究和质化研究结合起来分析，可以使我们深刻认识到兵法经营管理中存在的复杂性。此外，在进行这些研究时也需要建立一套程式，其过程的规范性同样是保证兵法经营成果实效性的关键因素。另外，笔者还强调，要对研究过程的各个环节进行批判性评价与解释，将定量研究、定性研究过程本身纳入研究内容，并结合定量、定性的分析结果来研究兵法经营谋略的实际运用状况。

(四)互动

此即运用"行动研究"和"共同演化"方法，在实践中补充、完善已有的兵法经营理论体系。

陈向明教授认为："'行动研究'是一种由实践者自己实施的、在实践中进行的、旨在改进实践的研究取径。其目的是为了求'善'，而不只是求'真'。实践者在研究中行动，在行动中研究，研究目的是发现问题，实施对策，提高反思能力，并改进工作和生存环境。与学术研究的标准不同，行动研究检验研究效果的标准是：行动者的意识和能力是否提高，问题是否解决，生存环境是否有改善。"①基于上述思想，为更好地使兵法经营研究取径于行动研究，我们借鉴了王益民教授在其博士学位论文《战略演变的制度基础观——制度转型期企业战略的生成、收敛与分化》中对特定产业背景下的企业战略行为及其变化进行研究的思路。即采用共同演化的分析方法，将企业外部环境、组织场域、企业经营管理主体及兵法谋略思想的运用等置于同一框架下，通过研究其反馈互动的关系，把握其行为特征、战略路径及其变化。通过共同演化的分析框架，兵法经营中的主体认知、组织能力的变异以及战略选择等和外部环境变迁、产业竞争动态变化以及选择机制等因素之间的内生变化、互动、反馈等复杂关系就可以得到比较充分的体现。通过这一理论框架，就能够比较深入地回答以下几个核心问题：第一，兵法谋略是如何在企业运营的过程中扮演(enact)和展现(unfold)出其特定属性的？第二，企业外部环境与贯彻了兵法谋略思想的企业组织及行为主体能动性的内生互动关系究竟如何？(二重性究竟如何具体体现出来？主体如何塑造环境，环境又如何影响主体？)第三，在共同演化的过程中影响企业战略演变的兵法谋略机制如何发挥作用？第四，为什么不同的企业在特定的制度环境中兵法谋略发挥作用的路径和方向不同？从根本上讲，这实际就是一种

---

① 陈向明：《从"范式"的视角看质的研究之定位》，《教育研究》2008 年第 5 期。

由实践者自己实施的、在实践中进行的、旨在改进实践的研究取径。其目的是发现问题，实施对策，提高反思能力，并改进工作和生存环境。具体到兵法经营研究领域，研究者本身可以通过一定的规划、参与、资料收集整理、反思乃至于体悟，来处理研究中遇到的种种实际问题。这时研究者已经主动作为一个行动者参与其中，对这些过程进行批判性反思，可以比较好地反映兵法谋略运作的真实状况，从而达到研究目的。

最后，关于兵法经营学的理论性质定位，是上述研究思路的一个基点，必须予以高度重视。我们认为，兵法经营学建构的理论体系应该类似于著名社会学家默顿所讲的“中层理论”。“中层理论既非日常研究中大批涌现的微观而且必要的操作性假设，也不是一个包罗一切，用以解释所有我们可观察到的社会行为、社会组织和社会变迁的一致性的自成体系的统一理论，而是指介于两者之间的理论”；“社会学中的中层理论主要用于指导经验探索。系统的一般理论远离特定的社会行为、社会组织和社会变迁，已不能解释我们观察到的现象；而对于特定事件的详尽而系统的描述又缺乏整体的概括性，中层理论则介于两者之间”。[①]这样的理论建构思路是非常适合尚处于初步发展阶段且具有鲜明的实践指向性的兵法经营研究领域的。第一，它主要用于指导经验研究，且根据经验或实践可以加以验证。这可以最大限度弥补当前兵法经营研究实践成果不足的缺陷。第二，它可以融入更宏观的理论体系中，成为学科思想体系的有机组成部分。这既有利于兵法经营学的建构，也易于实现与现代经营管理科学的对接与融合。第三，它只涉及有限的现实现象，且没有认定自己可以对现实问题提出理论解决的终极办法，实际上只是在某种意义上指明了未知的或需进一步研究的方向，这也符合兵法经营学的基本学科特点。

五、结语

本章围绕兵法经营学建构的范式、方式与方法问题，在对兵法经营研究现状进行理性认识的基础上，分析了人文社会科学的三种基本范式在兵法经营中的指导作用，提出用人文社会科学的基本研究方式规范目前的兵法经营研究，并以此为基础设计出兵法经营学体系的建构路径。

兵法经营管理活动本身就是复杂多样的，对其进行研究既要考虑古代兵学管理文化的独特性，又要考虑其与西方科学管理思想的对接与融合，还要在二

---

① 转引自毛丹：《社会学研究中的中层理论关心》，《浙江社会科学》2006年第5期。

者兼容的基础上考虑如何具体落实于复杂的经营管理实践。对于这种跨学科研究，要对引入学科和接受学科的研究范式作全面的考察，分辨其不同流派之间的差异与它们各自提出的背景，还要清楚其局限性，只有这样才能实现科学性、规范性的使用。也正因如此，本章既肯定了量化研究的重要性，又充分强调了质性研究的重要作用。在路径设计上，也充分考虑到具体研究方法运用的程序性和相容性。创新的诠释学方法强调对兵学思想内涵的探索，为实现古代兵家管理思想的现代转换奠定基础；类推演绎方法、文献研究方法和管理文化分析方法强调对兵法思想要素、结构和内在逻辑的揭示，目的是建立独具特色的兵法经营理论体系；比较分析方法重点探讨兵学管理思想与西方科学管理思想的融合与创新，从横向角度完善理论体系；量化研究方法和质性研究方法侧重对理论成果的规范和验证；行动研究和共同演化方法则对兵法经营理论体系的诸要素作出整体性和动态化的揭示，以提高兵法经营理论的解释力和指导性。这些方法在具体研究时的侧重与综合恰可以多向度呈现兵法经营学内容的复杂性与丰富性，并为建构兵法经营学体系提供现实而合理的路径。

第七章
兵法经营学研究中的焦点问题

在兵法经营实践过程中，兵法谋略的融入与使用是必然的，而兵法谋略中所内含的欺诈成分在经营管理中存在也是必然的，如何正确认识兵法谋略在经营管理中的特殊地位和作用及由此带来的欺诈问题，不仅关乎兵法经营学的特色，而且直接关系到兵法经营活动的普遍开展和兵法经营学理论体系的构建。正因如此，本章写作的主要目的在于：其一，深刻阐明谋略是兵法的精华，谋略运用是兵法经营的最大特色；其二，提醒人们在兵法经营学构建过程中，如何认识和对待欺诈问题成为兵法经营研究的焦点；其三，提出具体的建议和对策，要求人们立足社会竞争现实，辩证认识和对待兵法经营中的欺诈问题，最终超越兵法经营的两难困境。

一、注重谋略运用是兵法经营的主要特色

竞争出谋略。可以说，凡是存在着竞争的场所，都开放出谋略的“花朵”。竞争对抗的普遍性，决定了谋略的全息性。

战争作为人类竞争活动的最高形式，自然也是谋略运用最精彩、最丰富的舞台。古今中外，“没有不用军事计谋的战争”[①]。尤其在中国，谋略更是传统兵法的精髓。重谋是中国传统兵学的基本特征。在中国战略家看来，战争行为不是力与力的机械碰撞，不是硬对硬的刀剑拼杀，而主要是将帅的一种智力较量。高明的将帅要在实际作战行动发生之前，通过谋略，将对方的力量削弱掉，使其

---

① 《列宁全集》第 8 卷，北京：人民出版社 1990 年版，第 493 页。

强的变弱，实的变虚，逸的变劳，聪明的变愚蠢，最后以很小的代价战胜对方。

正是由于谋略在战争或竞争中的这种典型作用，人们才会考虑到将兵法与经营结合起来，从而有了兵法经营的专门学问。

那么，兵法谋略在现代经营管理中到底有什么样的地位和作用呢？在笔者看来，这一问题主要表现为兵法谋略如何与现代经营管理体系构成相辅相成的关系。

现代化经营管理体系是企业对自身的生产、技术、营销等经济活动进行决策、规划、组织、指挥、协调、控制和奖惩的系统化职能。其组成部分主要包括决策体系、指挥体系、营销体系、监督（核算）体系和开发体系。这五个体系的有机结合，形成企业经营管理活动的基本脉络。

现代经营管理体系是建立在现代经营管理科学的基础之上的，它强调组织、规范、制度、流程，是现代化企业经营管理的根基。这种管理体系的优势在于专业化和科学化，条理分明，操作性强，但是刚性有余，柔性不足。在市场竞争日趋激烈的今天，现代企业赖以生存的主客观条件均发生了天翻地覆的变化，资源与环境、发展与竞争、市场与技术、经营与法制、效益与责任、管理与人性等一系列矛盾越来越突出。此时，管理者学习、借鉴到的兵法谋略起到不可或缺的调节作用。“从外部看，谋略为许多企业带来了市场竞争的优势；从内部看，谋略为企业内在的经营管理带来灵活性，通过一些看似小小的计谋就可以解决棘手的问题。”[①]就国内企业而言，中国企业面对复杂的市场体制及各种利益交织的人际关系、社会关系，使之必须经常性地利用谋略来解决那些没有或难以有明确规则，但又必须解决的问题，这就使兵法谋略有了更多的用武之地。

这样看来，兵法谋略与经营管理体系在经营管理中各自的地位和作用是显而易见的。

体系是根本、是基础，兵法谋略是调节、是辅助；体系更倾向于经营管理的规范化与稳定性，谋略更注重经营管理的感悟性与灵活性；体系追求管理过程的完美和有序，谋略追求行动策略的变化与实效。不重管理制度的企业家很难胜任企业规模增长的压力，而缺乏经营谋略的管理“爱好者”则往往因对过程完美的癖好而“僵化于管理执着”。容易达成共识的观点是：“管理规范”的组织要更加有效，就应该在其内部重用谋略型领导人才，以应对变化的环境和管理无法胜任时的多种挑战；而以“经营谋略见长”的企业要稳步扩张，就必须固化、发展一些基本流程和标准，避免随意性和经验主义主导了组织的常规过程。可见，兵法谋略与企业经营管理体系是相互促进、相辅相成的。

---

① 周海炜、张阳：《论企业经营管理活动中的谋略问题》，《山东社会科学》2005年第4期。

那么,接下来的问题是,兵法经营中的兵法谋略与企业家个人的一般管理谋略相比,有什么样的特色内容,在现代经营管理中又会发挥什么样的独特作用呢?这实际上是一个关乎兵法经营特色的问题。

(一)兵法谋略较之一般的管理谋略更能体现思想体系的完整性

兵法谋略是战争经验的总结、提炼与升华,是上升为理论的形而上之道;而且,由于战争本身是一个涉及政治、经济、文化、外交的复杂系统,服务于战争指导的谋略也必然是一个整体的体系。如我国的伟大军事家孙子就是在继承历史经验和理论创新的基础上,创建了一个完整的兵学理论体系。他将一系列独具特色的东方兵学概念范畴,按照阴阳对立的原则和道、法、术的不同层面进行整合,使战争涉及的各种要素完美协调地汇聚在一起,成为一个统一的有机整体。清人邓罗廷说得好:"《孙子》一书,自始计以讫用间,如同条,如共贯,原始要终,层次井井,十三篇如一篇也。至一篇之中,节有旨,句有义,亦靡不纲举目张,主宾互现。"①

兵法谋略的完整体系旨在追求一种整体的功效,这在现代经营管理中具有特别的意义。

一般人的通病往往是只见树木,不见森林,少有"朝大处想"的意识和心态,这在西方人的思维习惯中表现得更为明显。美国战略思想家勒特韦克曾指出:"作为一个民族,美国人是实际问题的解决者,而不是有系统或远见的思想家。我们的全部经验告诉我们,最好是把复杂的现象加以简化,把个别问题孤立起来,然后再来寻求解决办法。"②这种忽视总体的思想倾向也必然影响到西方的管理理论和思想体系。西方人在对管理中的某一要素进行科学的逻辑分析,总结出某一方面的规律之后,却往往把这局部的规律当作管理活动的普遍法则,产生以偏概全、易走极端的弊病。例如,"科学管理理论"有较强的唯理性论倾向,"行为科学理论"有较强的唯人性论倾向,"管理科学学派"则过分专注于管理的专业化、规范化、严密化和制度化。

与之相反,中国传统的兵法谋略是立足于宏观与整体来发挥作用的。它的整个体系内部各要素、各环节的联系是系统的、有机的,充分考虑到了谋略实施的主客观条件,考虑到了实力建设与实力分配和运用的有机结合,更从实施与控制的角度考虑到如何根据竞争对手和环境的实际情况而灵活加以变化。这种变化反映在《孙子兵法》的具体内容中,就是战略目标的追求要在胜败、奇正、虚实、迂直、利害等无穷变幻的实战中体现出来,其系统性、全息性犹如中国传

① 转引自赵海军:《孙子学通论》,第 48 页。

② 转引自钮先钟:《战略研究》,桂林:广西师范大学出版社 2003 年版,第 93 页。

统的阴阳五行思想。苏培鑫先生曾谈道:“《孙子兵法》的精髓决不在某一条文,而是在于其对竞争智慧从宏观到微观的系统性把握。”[①]可以毫不夸张地说,将传统兵法的这种系统化的谋略思维用于经营管理,更能应对现代市场环境的瞬息万变及管理者与组织行为复杂性的挑战。

(二)兵法谋略较之一般的管理谋略更富有实用理性精神

基于对战争破坏力的深刻体认,兵法谋略与一般的谋略相比,较少主观主义的推断和猜想,更多的是一种现实主义态度和理性精神。

李泽厚先生在《孙、老、韩合说》一文中,对兵家谋略的这种实用理性分析得极为深刻,他指出:“只有在战争中,只有在谋划战争、制定战略、判断战局、选择战机、采用战术中,才能把人的这种高度清醒、冷静的理知态度发挥到充分的程度,才能把它的巨大价值最鲜明地表现出来。”[②]

顺着李先生的分析思路,我们可以发现,兵法谋略的这种实用理性精神与现代企业经营管理理论有很多相通的地方,某些方面又有特别的启示。

第一,“一切以现实利害为依据,反对用任何情感上的喜怒哀憎和任何观念上的鬼神天意来替代或影响理知的判断和谋划”。这和西方人在经营管理科学理论中所强调的理性意识和功利意识具有相同的思路。所谓理性意识,即作为经济人首先对于可能的得失以及对方行动的几率作冷静的计算,然后再根据计算结果来选择一条对于自己可能最为有利的行动路线。所谓“功利意识”,即为一切战略战术思考不仅应趋利避害,而且要重视“功”的观念,成本应力求最低,而效益则力求最高。

第二,“必须非常具体地观察、了解和分析各种现实现象,重视经验”。此即兵法谋略中所强调的“知”的思想,不仅要知彼知己,而且要知天知地;不仅要知得先、知得全,而且要知得细、知得深入。此种“知胜”思想在信息化时代的经营管理中无疑具有特殊价值。

第三,“在这种对现实经验和具体情况的观察、分析、了解中,要迅速地从纷繁复杂的错综现象中发现和抓住与战争有关的本质和关键”。复杂多变的市场竞争也要求企业家不仅要进行认真细致的“察”,而且要用见微知著的战略眼光,透过现象抓住本质,透过偶然发现必然,尽量排除各种纷扰,割断无关的联系,使问题变得简单、明快。为此,兵法谋略提供了一种简洁、清晰的认知判断思路:“即要求用一种概括性的二分法,抓住矛盾的思维方式来明确、迅速、直截了当地去分别事物、把握整体,以便做出抉择。”

---

① 苏培鑫:《孙子兵法与商战之法》,《滨州学院学报》2006 年第 5 期。

② 李泽厚:《孙、老、韩合说》,《哲学研究》1984 年第 4 期。

从具体内容看，兵家这种以实用理性为核心的谋略内容是极为丰富的。以《孙子兵法》为例，“知彼知己，百战不殆”是人类竞争战略体系中的首要原则；“致人而不致于人”抓住了“争取主动权”这一竞争全局中的核心问题；“兵贵神速”普遍适用于人类竞争活动中一切对应的问题情景；“以正合，以奇胜”指导人们在竞争中不能完全拘泥于某种理论法则，而是要灵活应变，不断创新；“避实而击虚”是选择竞争时机的圭臬，成为人们在各个领域所津津乐道的制胜法宝；“我专而敌分”启迪人们只有抓住战略重点，确立斗争的主攻方向，才能确立竞争优势；“因势定谋，借势成事”是追求竞争实效的奇妙通则；通“九变之利”和“九变之术”则包含着深刻的求实思想和创新精神。

上述思想都堪称竞争对抗激流中的智慧浪花，其对企业经营管理活力的增加和效益的追求具有重要作用。因为，竞争是实力的较量，也是智慧的较量，我们说强胜弱败、优胜劣败是竞争的普遍规律，只是说强大的一方具备了胜利的可能性，但还不是现实性。如果强弱的对比是相对的，双方在致胜因素中各有所长和所短，弱小之人、劣势一方完全可以通过主观能动性的发挥，采取各种扬长避短的方法战胜强大的对手。这正是谋略在战争或竞争中的理论意义所在。

（三）兵法谋略较之一般的管理谋略更具有丰富的哲学内涵和哲理支撑

兵法里面有哲学，哲学里面有兵法，这一观点现已成为学者们的共识。李泽厚先生认为：“《老子》是由兵家的现实经验加上对历史的观察、领悟概括而为政治——哲学理论的。其后更直接衍化为政治统治的权谋策略（韩非）。这是中国古代思想中一条重要线索。”[①]

那么兵家谋略哲学的顶端是什么呢？这就是朴素唯物论基础上的辩证法。“把任何一种形势、情况和事物分成这样的对立项而突出地把握住它们，用以指导和谋划主体的活动（即决定作战方案，如或进或退、或攻或守等等）。这是一种非归纳非演绎所能替代的直观把握方式，是一种简化了的却非常有效的思维方式。”[②]这种思维方式自然地融于兵法体系之中，便使兵法谋略具有了丰富的哲理内涵和深厚的哲理支撑。

如此，兵法谋略用于处理企业的竞争利害关系，便有了整体的意识和全胜的境界。它在确定人与人的利益关系后，把视野向人与人关系的各方面扩展。为了利益的实现，要综合各方面的关系，系统思考。把协调与竞争对抗看作互融的，正因为有竞争对抗，才需要协调。要注意在竞争中协调，寻找双方利益的平衡点，以求共利、互利、共同发展。争利只是利益的重新分配，而互利、共同发

---

① 李泽厚：《孙、老、韩合说》，《哲学研究》1984 年第 4 期。

② 李泽厚：《孙、老、韩合说》，《哲学研究》1984 年第 4 期。

展则是追求利益的增值。

同时，用这种独特的谋略思维指导企业竞争，也使其力量的运用有了更多变化的玄妙。

它将一切战略规划和战术执行都建立在活力对抗的基础之上，不但重视对立双方矛盾的相互依存、渗透，而且更重视它们之间的消长转化和如何主动地利用它们。孙子讲道："乱生于治，怯生于勇，弱生于强"（《势篇》）；"故善攻者，敌不知其所守。善守者，敌不知其所攻"（《虚实篇》）；"战势不过奇正，奇正之变，不可胜穷也"（《势篇》）；"夫兵形象水，水之形，避高而趋下；兵之形，避实而击虚。水因地而制流，兵因敌而制胜。故兵无常势，水无常形；能因敌变化而取胜者，谓之神"（《虚实篇》）。这与当今所谓的动态竞争理论极为吻合。动态竞争包括两个基本层面的内涵：一是竞争本身是动态的，即一个反应就一定会造成另一个反击，因为公司的任何一个动作，从竞争对手的角度来讲，都有攻击性，并会对竞争对手造成一定的影响；二是竞争本身又是相对的，即我有优势，你也有优势，但我的优势是跟你的劣势相比较的，优势和劣势是相对的，而且任何竞争优势都是短暂的，因为对手也会有反应。

富含哲理的兵法谋略思想最终会把企业经营管理的艺术引入"道"的境界。什么是"道"？"道"就是依乎天理，因其固然。换言之，即趋向天人合一的境界。在中国古代思想家看来，掌握了"道"，就等于在竞争中掌握了运用力量最本质的奥秘，就能够清晰透彻地了解周围的一切，就能从容不迫、游刃有余地战胜自己的对手。这正如《周易·文言》所言："夫大人者，与天地合其德，与日月合其明，与四时合其序，与鬼神合其吉凶。"[①]意思是说，作为一个有德的圣人，他的思想和行为都与自然规律合拍。他的品德就像天地一样覆盖万物，他的圣明就像日月一样普照大地，他的行为就像四时变化那样有序，他示人吉凶就像鬼神那样奥妙莫测。这种境界，也正是中国古代竞争智慧的精华所在，是值得今天的竞争者们，尤其是经营管理领域的决策者们所体悟和借鉴的。

二、如何认识和对待欺诈问题成为兵法经营研究的焦点

谋略作为竞争智慧，作为对抗活动中的斗争方式和方法，必然含有一定的欺诈成分，这是不以人的意志为转移的。谋略的实质，就是在对抗决策中巧妙地发现和利用对方的决策缺陷，或有意识地制造、扩大对方的决策缺陷，胜利达

① (宋)朱熹撰，李一忻点校：《周易本义》，北京：九州出版社2004年版，第317页。

到己方决策目标的一种特殊的创造性智能行为。谋略不完全等同于欺诈，但必然包含欺诈成分。

尤其是在战争领域，兵法谋略与欺骗是紧密结合在一起的，施谋用诈是战争本质规律的反映。所以，孙子讲道："兵者，诡道也。故能而示之不能，用而示之不用，近而示之远，远而示之近。利而诱之，乱而取之，实而备之，强而避之，怒而挠之，卑而骄之，佚而劳之，亲而离之。攻其无备，出其不意。"(《计篇》)

说得直接一些，"诡道"实质就是"误敌"，就是制造各种假象欺骗和蒙蔽敌人。在《唐太宗李卫公问对》一书中记载了这样的一段对话。太宗曰："朕观千章万句，不出乎'多方以误之'一句而已。"李靖回答说："诚如圣语。大凡用兵若敌人不误，则我师安能克哉。"《兵经》一书也有类似的论述："克敌之要，非徒以力制，乃以术误之也。或用我误法以误之，或因其自误而误之。误其恃，误其利，误其拙，误其智，亦误其变。虚挑实取，彼悟而我使误，彼误而我能悟。故善用兵者，误人不为人误。"[①]

对孙子"兵者诡道""兵以诈立"的思想及其影响，自古以来就有激烈的争论。

一种意见认为，孙子"兵者诡道"思想是"盗术"，是欺骗，流传于社会，将造成"人心之不仁"，应予全盘否定。如高似孙说："兵流于毒，始于孙武乎？武称雄于言兵，往往舍正而凿奇，背信而依诈。凡其言议反覆，奇变无常，智术相高，气驱力奋，故《诗》、《书》所述，《韬》、《匮》所传，至此皆索然无余泽矣。"[②]苏轼也对孙子的"诡道"进行了激烈的抨击，认为此说得行，"则天下纷纷乎如鸟兽之相搏、婴儿之相击，强者伤，弱者废，而天下之乱何从而已乎？"[③]

另一种意见则认为，孙子"兵者诡道"思想的运用限定于战争领域，主要是针对敌人而言的，是在坚持战略目的之"仁"的前提下，强调力量具体对抗过程中的智慧较量，这种符合"仁义"目的的"欺骗"是善而不是恶，不应受到道义的谴责。如郑友贤说："古之人立大事，就大业，未尝不守正，正不获意，则未尝不假权以济道。夫事业至于用权，则何所不为哉？但处之有道，而卒反于正，则权无害于圣人之德也。"[④]黄震则指出，《孙子兵法》言兵"终始未尝言杀，而以久于兵为戒"，所谓"诡道""特自指其用兵变化而言，非俗情所事奸诈之比"，又说"诡即言诡，皆其真情，非后世实诈而反谬言诚者比也"。[⑤]

---

① 转引自洪兵：《中国战略原理解析》，第 248 页。

② (宋)高似孙：《子略》，《丛书集成初编》本，北京：中华书局 1985 年版，第 32 页。

③ 张春林编：《苏轼全集》(上)，北京：中国文史出版社 1999 年版，第 483 页。

④ 《十一家注孙子校理·十家注孙子遗说并序》。

⑤ (宋)黄震：《黄氏日抄·读诸子·孙子》，《浙江文献集成·黄震全集》，杭州：浙江大学出版社 2013 年版。

两种意见相比较，无疑后者是正确的，它真正把握住了战争的本质特点，将战争领域的道德问题与一般的社会道德问题区分开来，符合辩证唯物主义的认识论和分析方法。

但对于第一种意见，我们在认识到它的片面性的同时，又要注意分析其合理的成分。实事求是地讲，孙子"兵者诡道"思想在客观上也确实给社会道德带来一定的不良影响，尤其当人们不能从整体上把握孙子军事思想的精髓时，"兵者诡道"的具体内容和手段难免成为人们日常生活中投机钻营、危害社会的工具。

正因如此，目前《孙子兵法》在商业领域的应用虽得到大多数学者的赞同，但反对者的声音也不断出现。

廖祖义分析说："市场经济是信用经济，与'诡道'水火不容。不难想象，《孙子兵法》中的那套'诡道'一旦引入企业管理领域，市场竞争乃至整个社会经济生活就势必会被'诡道'的阴霾所笼罩，以诚实守信和公开、公平、公正为准则的市场经济也势必会蜕变成到处都是假冒伪劣、坑蒙拐骗的'诡道经济'。"[①]孙果达从更广泛的社会领域分析说："兵法中运用得最基本、最普遍、最频繁的也许可以用两个字来概括，那就是'诡'与'诈'。前者是变化多端，深藏不露，目的是掩护自己，争取出其不意。后者是欺骗引诱，制造错觉，目的是误导对方，争取事半功倍。如果社会漠视'无信不立'的规律，习惯以'诡'与'诈'作为常用手段来争取或维护自身利益，这个社会将成为什么样的社会，民族现代化素质又如何能够提高。可以断言，当今社会诚信的缺失，与我们长久以来崇尚兵法是不无关系的。试想，一个崇尚和擅长兵法的社会能够重视与建设社会的诚信吗？"[②]网上也有类似的评论说，中国的功利主义和实用主义传统，往往使企业在应用兵法权谋的过程中，对于兵法中一些有意义的"道"的方面弃之不顾，而将兵法权谋中的机变和巧诈发挥到极致。所谓"兵者，诡道也"，国与国之间背信弃义，人与人之间尔虞我诈，最后就会出现推崇智巧，蔑视商业规则和商业伦理的现象，使整个商业社会出现严重的信用危机和伦理危机。

上述观点都是立足于"兵者诡道"的消极影响来提出兵法经营反对意见的，某些言论虽有过激或以偏概全之嫌，但其对兵法诡诈思想给社会带来的危害性的分析也并非完全没有道理。我们必须深刻认识到，中国数千年的权谋文化给中国社会带来的影响是广泛而又深刻的，其很多内容与市场经济、法律社会的基本理念是背道而驰的。如何解决"兵者诡道"思想与现代企业经营管理理念

---

① 廖祖义：《孙子兵法应用于现代企业管理值得商榷》，《攀登》2005年第2期。

② 孙果达：《让兵法远离社会——浅论孙子兵法在和平建设时期的影响》，《人民论坛》2005年第4期。

的矛盾是兵法经营的焦点问题，这需要我们立足于社会竞争的残酷现实，真正厘清二者的关系，澄清兵法经营的种种迷雾。

然而，就目前来看，学者们对这一问题的论证和分析，尚存在欠缺和薄弱之处。

首先，学者们对兵法谋略的“仁”与“诈”的辩证关系的认识，仍然多就军事政治领域而言，而对在商业领域如何化解二者的矛盾并没有作出有力的论证。

其次，对商业竞争中的谋略运用和欺诈问题，过于简单地下结论。以一句“兵法适用于商业竞争，而‘兵者诡道’思想则断不可用于竞争”来回答人们对兵法经营的疑惑，这是没有说服力的。

再次，为回避孙子“诡道”思想的欺诈成分，有人从新的角度解释“诡道”：“‘诡’即‘变’，‘诡道’即‘变道’，指变化的规律。”“兵者，诡道——根本的‘道’是发展、创新。”①这样的说法虽不为错，但却人为地削减了“兵者诡道”的欺诈内涵，未免让人感觉有避重就轻和巧弄词汇之嫌。战争的本质本来就是兵不厌诈，“诡道”不能完全等同于欺诈，但欺诈的性质应占主导地位。李零教授以“兵以诈立”作为自己读《孙子兵法》的主体感悟，黄朴民教授以“算得高明，骗得巧妙”作为对孙子《计篇》精华的诠释，由此亦可知，一味偏重于“变异”和“灵活”来概括孙子“兵者诡道”思想的本质是不可取的。

最后，有人另辟蹊径，认为“诡道”在国内市场竞争中虽不能使用，但在国际市场上却是可以使用的。殊不知在全球化背景下的国际贸易中，诚信更是现代企业发展壮大的无形资本，一味用“诡道”欺骗对方，无异于作茧自缚，自闭国门，将自己的贸易伙伴和大好的市场机遇拱手送与他人。

总而言之，刻意否定兵法谋略的欺诈成分，回避其在兵法经营中的消极影响是不客观的，也是不足取的，这样做只能在人们心目中留下更多的对兵法经营的疑虑，并进而影响到兵法经营的普及和推广。

三、辩证认识和对待兵法经营中的欺诈问题

既然兵法谋略运用中所存在的欺诈问题已成为兵法经营的焦点，我们必须立足于社会竞争现实，正确面对兵法经营中谋略运用的欺诈问题，并采取辩证唯物主义的分析方法，突破兵法经营的瓶颈，真正从理论指导层面为兵法经营的发展扫清障碍。

---

① 刘秀勇：《孙子“诡道”含义探析》，《内江师范学院学报》2005 年第 S1 期。

(一)承认兵法经营中谋略欺诈成分存在的客观合理性

如前所述,有竞争必然有谋略,有谋略必然有欺诈,谋略与欺诈成分是难以截然分开的。我们既然承认兵法谋略可用于商业经营,就应该承认欺诈成分在商业经营中存在的客观性与合理性;如果彻底否认欺诈内容的运用,与经营管理现实可能发生龃龉的部分是避免了,但兵法的精华也同时被关在门外了。事实上,在商业经营过程中,竞争双方为保证自己利益的实现,都会采取一些隐真饰假、虚实不定的策略和手段,隐藏自己的真实情况,窥探对手的情报信息,谁也不会为了取得诚信而公开将自己的战略目标和竞争计划暴露给对方,让对手抓住自己的弱点来攻击自己。商场中,恪守市场诚信原则是一个方面,运用谋略手段是另一个方面,二者不能截然分开,公开对立。《大染坊》中陈寿亭的经营之道就是一个很好的说明:他恪守诚信,疾恶如仇,体恤民众,关怀下属,这是"仁";但他在经商中鬼点子多,不仅用以对付日本商人,也用来对付中国商人,这是"诈"。可贵的是,他始终以国家和民族利益为重,以恪守最基本的社会道德为底线,在此基础上将经营中的"仁"与"诈"有机地结合在了一起,体现出一个优秀民族资本家的良好风范。

(二)区分不同性质、不同领域的谋略欺诈行为

我们承认欺诈成分在兵法经营中存在的合理性,并不等于包容一切欺诈行为在商业经营中大行其道,要区分不同性质和不同领域的谋略和诡诈。如果属于正当竞争中的策略行为,是可以允许的,它可以打破单纯以拼实力来定胜负的恶性竞争格局,为弱势一方创造胜利的机会,为强势一方提供更多的获利条件,从而大大增强企业竞争的活力,并有效化解过度竞争所引起的矛盾激化和复仇行为,最终实现企业竞争的双赢或多赢;反之,如果属于不正当竞争中的策略行为,则是要坚决拒绝的。如有人以贿赂手段窃取商业特权,以"无中生有"的言论破坏他人形象,以不正当方式窃取商业机密,或散布某些迷信言论在社会上出售货物、牟取暴利,这样的欺诈行为会危害社会,危害民众,破坏商业规则,践踏社会道德,甚至引起社会混乱,不仅应受到道德的谴责,还要接受相关法律的制裁。另外,要注意区分兵法谋略中的欺诈成分在不同竞争领域的使用。如在战略规划、市场经营、商务谈判、技术创新等领域,竞争的对抗性和残酷性要求经营者要合理运用诡诈等斗争策略;而在商业竞争中的某些领域,欺诈策略则是绝对不能使用的,如在联盟合作、对待顾客、履行契约、签订合同等方面,我们必须遵守市场竞争中最基本的商业规则和诚信理念,使自己的行为符合市场规范。

(三)提高企业家正确运用谋略、妥善解决欺诈问题的素质和能力

兵法谋略在经营管理中的应用受到诸多社会因素和主客观条件的限制。其中，最关键的是兵法经营者个人是否具备正确运用谋略和妥善解决欺诈问题的基本素质。西汉刘向在其《说苑》中谈道："夫权谋有正有邪，君子之权谋正，小人之权谋邪。夫正者其权谋公，故其为百姓尽心也诚；彼邪者好私尚利，故其为百姓也诈。"[①]大意是，具有良好道德的人运用谋略，他会造福人民，造福国家；不具备良好道德的人运用谋略，他会玩弄权术和骗术，祸国殃民。可见，谋略是一把双刃剑，既有正面影响，又有负面作用。有正面影响是因为其多彩的计谋内容为人们提供了丰富的竞争智慧，有负面影响则主要是因为操作者对欺诈成分的不合理运用会给社会带来严重危害。鉴于此，我们必须通过适当的方式和途径，对兵法经营者进行教育和培训，引导他们从整体上理解兵法谋略的精髓，找出兵法谋略中可以与市场竞争合理对接的成分(当然其中包括一定的欺诈成分)，取其精华，去其糟粕，使兵法谋略真正成为经营者、决策者预测未来、把握时机、统筹策划、趋利避害的制胜之道。

(四)关注各国兵法经营中谋略运用与处理欺诈问题的文化背景差异

兵法经营理论是世界管理者的共同学问。然而，不同国家和地区的文化背景差异，造成了各国兵法经营的不同状况，也形成了对兵法谋略和欺诈成分的不同认识和利用。如日本的企业管理是建立在现代商业社会文明基础之上的，以西方发达国家的先进企业管理理论为指导，以现代化经营管理体系为根基，可以较好地发挥兵法谋略的积极作用；同时，用完善的法制体系有效限制兵法经营权谋的负面影响，用系统的现代化管理思想消解和融合兵法权谋中的欺诈成分，并在此基础上建立起独特的兵法经营管理模式。

反观中国，数千年的权谋文化使中国企业在管理上具有使用计谋的先天倾向，存在着对于经营权谋的严重依赖。尤其在计划经济向市场经济转轨的过程中，由于法律法规的不健全，兵法几乎成了投机钻营者的最好教科书，兵法中的权谋诡诈被一些人不加分析地派上了用场，"孙子兵法与三十六计"之类的东西大行其道，其消极作用和负面影响使得人们对兵法经营产生了种种误解。

当然，中国"入世"之后，随着市场经济体制的逐步完善，市场竞争的条件越来越成熟，中国企业对兵法谋略中战略思想的需求不断增加，对兵法谋略运用中"术"的成分及欺诈行为的认识越来越理性化，开展兵法经营管理的主客观条件正在趋于成熟。即便如此，我们仍然需要清醒地认识中国权谋文化的惯性的力量，对兵法谋略的运用保持慎重而理性的态度。

---

① (西汉)刘向撰，向宗鲁校正:《说苑校正》卷十三《权谋》，北京:中华书局1987年版。

(五)实现兵法谋略与先进经营管理理论的融合创新，超越兵法经营的两难困境

兵法是战争经验的理论总结，战争的残酷性必然使兵法谋略包含一定的欺诈成分，这是由战争的本质规律和兵法思想体系的整体结构所决定的。只要不打破兵法的理论体系，其战略战术思想无论如何与经营管理理论结合，都无法从根本上避免欺诈问题所带来的负面影响。

立足于这一特殊视角，我们才真正领悟吴如嵩先生对兵法经营问题的论述是何等深刻！他认为："研究是解决理论问题，应用是解决实践问题，而这两者又是相辅相成的。不解决理论问题，实际应用是支离破碎的。例如，关于《孙子》与商战的问题，由于"兵法经营学"这一学科建立不起来，这方面的许多论著距市场经济的实际相去甚远，解决不了问题。"[①]按照吴先生的思路，建立兵法经营学，就必须打破原来的兵法理论、兵法体系，把原来的经济学理论也打破，重新糅合、架构，最终构建起科学的理论指导体系。这明显是一个从根本上融合兵法谋略与现代经营管理科学理论，化解兵法谋略运用中"仁"与"诈"的矛盾，最终超越兵法经营两难困境的基本思路。

从更高的角度审视，这实际是一个国学如何"入股"管理的问题。兵法谋略作为中国传统文化的一部分，进入企业必须要经过一番转变，需要与来自其他方面的管理知识资源进行融合创新。现代企业的发展模式和特点决定了其经营管理模式首先必须以西方的管理科学为基础，这是毋庸置疑的。但西方管理科学的背后是西方哲学，与中国哲学、中国传统文化实际上是两个迥异的思想体系。既然要学习别人先进的经营管理模式和技术，那么首要的问题就是要消解、融合原来特色鲜明的"传统文化"。就兵法经营而言，也要求把兵学文化中的核心部分转化为符合职业化需要的普遍性商业文化，如责任、敬业、创新等，这就涉及如何做好批判与继承的问题。一方面，我们必须大胆肯定兵法谋略在现实经营管理中的积极作用，深入挖掘兵法谋略中富有现代基因的智慧资源，努力寻找兵法管理哲学与现代市场经济的结合点和生长点；另一方面，又要充分认识兵法谋略的欺诈成分所带来的负面影响，引导人们向诚信经济靠拢，注重用现代市场的先进经营理念将兵法谋略中的不合理成分消除掉、融化掉，使其以新的载体和形式融入经营管理理论之中，最终构建起科学的兵法经营思想体系。

---

① 吴如嵩：《迈向二十一世纪的〈孙子〉研究》，过毅、刘庆主编：《新世纪的中国兵学——第五届孙子兵法国际研讨会论文集》，北京：军事科学出版社 2001 年版，第 31 页。

四、结论

兵法谋略融入经营管理是兵法经营的特色，如何对待由兵法谋略运用所带来的欺诈问题是兵法经营研究的焦点。为此，我们必须立足社会竞争现实，承认兵法谋略内含的欺诈成分的客观存在，辩证认识和对待兵法经营中的欺诈问题，最终超越兵法经营的两难困境。圣雄甘地曾说过这样一句话："我站在屋内，把窗子打开，让所有的风都进来，但我不会被任何一股风吹走。"[①]对于传统兵学融入商战，兵法融入经营，我们不能因噎废食，不能因兵法谋略存在负面影响，就全盘否认兵法经营的合理性和科学性。正确的态度应该是：既主动地学习与继承，又客观地批判与吸收；既不"数典忘祖"，又能"吐故纳新"，要真正做到"东西融通"，实现"中国管理科学化，管理科学中国化"。从中国管理学发展的未来形势看，兵法谋略进入现代企业经营管理是经营管理创新的良好契机，兵法经营不失为探索中国式特色管理的一条新路子。

---

① 转引自张冉：《国学热兴起的原因与国学发展》，《信阳农业高等专科学校学报》2005 年第 4 期。

下
编

第八章
《孙子兵法》"知胜"思想与企业竞争情报系统的建立

"知胜"是孙子的重要思想。"知"就是通过各种方式掌握情报信息，对敌我双方的情况有透彻的了解，这样打起仗来才会立于不败之地。商场如战场，情报信息不仅在军事作战中发挥着重要作用，同样也是企业财富的源泉和克敌制胜的法宝，直接关系着企业的兴衰存亡，是企业在激烈的市场竞争中占据主动地位和保持优势的重要凭借。本章写作的主要目的，正是要在深入挖掘孙子"知胜"思想内涵的基础上，深刻认识企业竞争信息情报的地位、作用、内容及搜集途径。

一、以"先知"求"先胜"
——企业竞争信息情报的重要性

孙子对战争中的"知"十分重视。据统计，《孙子兵法》全书中"知"的使用多达 70 余处，对"知"重要性的论述贯穿《孙子兵法》全篇。孙子在《形篇》中强调"胜兵先胜而后求战"，即将帅要在战前创造有利于己方的条件，进而获取战争主动权，为最终获取胜利奠定坚实的基础。要做到"先胜"首先必须"先知"。孙子在《用间篇》中明确谈道："明君贤将，所以动而胜人，成功出于众者，先知也。"意思是说：开明的国君、贤良的将帅，之所以一出兵就能战胜敌人，成功超出一般人，在于事先了解敌情。如果将帅不了解敌情，其战略决策和目标就会带有很大的盲目性，就无法掌握战争的主动权。

战前的"先知"，对于战争的胜负十分重要。同样，获得竞争性情报也是企业克敌制胜的重要手段之一。企业要了解市场，捕捉信息，抓住商机，也必须把握一个“知”字。在当今社会经济一体化的大背景下，企业之间的竞争日趋激烈，竞争的环境日益复杂多样，竞争对手日益强大，企业正面临着前所未有的挑战与机遇。企业只有充分和准确估计自身的竞争能力、竞争对手的实力及外部环境所蕴藏的机会和威胁，才能制定出正确的发展战略和经营决策，才能赢得时间、市场和利润，在激烈的市场竞争中占据主动地位。可以说，情报竞争力的强弱，在很大程度上决定着企业的前途和命运。美国巨人食品公司高级副总裁布坎南曾说：“经营管理最难的不是作决策，而是掌握各种必要的情况。如果信息齐备，作决策是顺理成章的事情。”①日本一位权威人士在访问中国时，曾直言不讳地说，日本的经济收益54%是靠情报得来的。日本一些企业、财团通过精明的经济情报活动来掌握市场信息，进而提高自己的产品质量、降低成本，以击败同行业中的竞争对手，达到垄断市场、获取超额利润的目的。根据1997年的统计，情报对企业经营的贡献率，微软为17%、摩托罗拉为11%、IBM为9%、宝洁为8%、通用电气为7%、惠普为7%、可口可乐为5%、英特尔为5%。美国《财富》世界500强企业的前100名企业和美国90%的公司均拥有自己的竞争情报机构，负责收集、储存有关市场和竞争对手的一切信息，甚至监视同行的信心和士气。②

商业史上有这样一个关于情报制胜的经典案例：在20世纪80年代末期，由于IBM公司对市场竞争趋势的判断出现重大失误，忽视了当时迅速发展的个人电脑革命。面对瞬息万变的市场，IBM集权化的组织结构和官僚化的管理体制，使得公司到20世纪90年代终于陷入严重的困境中，成为美国公司历史上最大的净亏损户。1993年1月，路易斯·郭士纳先生临危受命，担任IBM新的董事长兼首席执行官。在郭士纳先生的大力支持下，IBM公司启动了一个建设和完善竞争性情报体系的计划，并建立了一个遍及全公司的由情报专家管理其全部运作的核心站点。通过调整竞争性情报工作和建立新的竞争性情报体系，IBM公司的销售收入持续增长。据调查，在1998～2000年期间，竞争性情报对整个公司业绩增长的贡献率分别为6%、8%和9%。随后，IBM公司在信息技术行业中又重新获得了领先地位，到2001年公司利润总额达80.93亿美元，股东权益为194.33亿美元，IBM高速增长的商业利润再次受到公众的关注。IBM公司通过建立竞争情报体系，实现了企业的扭亏为盈。

在进入信息时代的今天，竞争情报作为重要的战略资源，直接关系着企业的兴衰存亡。“一条信息救活一个企业”“得情报者得天下”已经成为企业界的

① 转引自刘伯键：《孙子兵法与领导决策方略》，北京：北京图书馆出版社2000年版，第121页。

② 参见刘冰：《企业竞争情报基础》，北京：首都经济贸易大学出版社2010年版，第22页。

共识。企业积极搜集竞争情报,研究所需要的信息,不但可以深入、细致地了解竞争对手,全面把握竞争环境,还可以据此调整自己的竞争战略。这样才能使企业自身在激烈的市场竞争中永葆活力和应变力。

二、"知己知彼""知天知地"——企业竞争信息情报搜集的主要内容

孙子强调争取战争的胜利不仅要"先知",还要"全知",即了解情报信息一定要全面。无论在战前还是战争过程中,都要全面了解对方的作战意图、作战部署,敌我双方的实力对比等情况,只有这样才能制定正确的战略决策。

孙子在情报搜集方面,以"全知"为总体要求,有许多具体的论述。在首篇《计篇》中,孙子提出了"五事""七计"的庙算思想,认为在发动战争之前,要从道、天、地、将、法五个方面衡量一下是不是适合发动战争,战争的大致结果会如何,进而从将帅的素质、法规的执行、官兵的强弱等七个方面与敌方作一个对比。这里的"五事"和"七计"是战争决策之时需要考虑的问题,实际上也就是战略层面上的"知"。在双方交战的过程中,则要了解对方的战略意图、兵力部署、将帅的职责以及地形等相关情况。"知战之地,知战之日,则可千里而会战"(《虚实篇》);"凡军之所欲击,城之所欲攻,人之所欲杀,必先知其守将、左右、谒者、门者、舍人之姓名,令吾间必索知之"(《用间篇》);"是故不知诸侯之谋者,不能预交;不知山林、险阻、沮泽之形者,不能行军;不用乡导者,不能得地利"(《军争篇》)。只有预先了解敌我双方的基本情况,把握战场的总体形势,才能采取有效的战术打法。在《九变篇》中,孙子又提出将帅"知地形""知五利""通九变",才算是"知用兵矣"。在《谋攻篇》中,孙子进一步提出了五种"知胜"的方法:"知可以战与不可以战者胜;识众寡之用者胜;上下同欲者胜;以虞待不虞者胜;将能而君不御者胜。"

从以上论述可以看出孙子对"知"的要求,其内容是十分丰富的。我们可以将其归纳为四个方面,即"知己""知彼""知天""知地"。也就是说,在战争中将帅首先必须要了解敌我的情势、双方的实力对比,所谓"知彼知己,百战不殆;不知彼而知己,一胜一负;不知彼不知己,每战必殆"(《谋攻篇》)。除此以外,还要了解天时、地利等战争发生的环境,客观环境条件也是制订作战计划时需要考察的因素。正如孙子在《地形篇》中所指出的:"夫地形者,兵之助也。料敌制胜,计险阨远近,上将之道也。知此而用战者必胜,不知此而用战者必败。"

在企业竞争中,同样也需要"全知",只有进行"知彼""知己""知天""知地"

的情报研究，才能够制定战胜竞争对手的战略，使自己立于不败之地。

(一)“知己”：了解企业自身

企业在竞争中要做到“知彼知己”。“知彼”的目的在于发现“彼”的弱点和缺陷，“知己”的目的则在于充分发挥自己的主观能动性。“知己”是稳妥驾驭自己，进一步战胜敌人的前提。企业“知己”，必须知道本企业产品在市场上经销的历史、现状和发展趋势；知道本企业的经营能力，包括人力、物力、财力，掌握了本企业的经营能力就可量力而行。总之，企业通过对内部条件的分析，正确估计自己的实力，才能知道本企业在市场竞争环境中的优势和劣势，才能在竞争中扬长避短，发挥优势，有效地分配和利用企业自身的各种资源，发挥核心竞争力的作用。

(二)“知彼”：了解竞争对手和消费者

关于竞争对手的情报是企业竞争情报需求的核心。一方面，企业必须分清谁是自己最主要的竞争对手，进而深刻了解竞争对手的全部情况，像对自己的企业那样把对方的每一个环节都摸透，并与自己的企业进行对比。只有这样，才能认清双方各自的优势、劣势，进而制定相应的战略和策略，才能取得竞争的主动权。同传统的市场竞争相比，在经济全球化的大背景下，企业的竞争对手已不再局限于国内而是面对全球，所以了解和分析竞争对手的情报信息范围也扩大到了全世界。另一方面，当今市场瞬息万变，企业的核心竞争对手也在不断变化，有的企业虽然现在只是潜在的入侵者，一段时间后却可能成为强有力的竞争对手，所以企业也必须关注潜在入侵者的情报。

例如，日本小汽车能够成功地打入美国市场，就是日本汽车制造商能够确切“知彼”的结果。当时，美国汽车制造业偏重设计制造大型豪华车，这种大型轿车安全系数高，但油耗大，不灵便。日本汽车制造商针对美国竞争对手的这种情况，纷纷推出了各种节能小车，深受美国消费者的欢迎，从而成功地进入美国市场。

无独有偶，施乐公司利用竞争情报夺回市场的事例也说明了“知彼”的重要性。施乐公司是美国复印机产业的巨人，20 世纪六七十年代，其在世界复印机市场一直保持着垄断地位。但由于忽视了对竞争对手的长期跟踪与调查，从 1976 年到 1981 年，该公司遭遇了来自海内外的全方位挑战，其中最大的威胁来自日本的佳能公司。在竞争过程中，佳能公司推出了以施乐公司的成本价销售复印机的惊人举措。几个竞争回合下来，施乐公司的复印机全球市场份额从 82%直线下降到了 35%。面对这种被动挨打的局面，施乐公司大胆启用了竞争情报这一软武器，针对竞争对手和新的竞争环境开展了大量的竞争情报调研活动，有针对性地调整了复印机产品生产销售的竞争战略和战术，想方设法降低生产成本，提高产品质量，最终又从日本佳能公司手中夺回了失去的大部分市场份额。后来，施乐公司高层总结市场竞争的经验时说：倘若没有竞争情报，今天的复印机产业就不会再有施乐的一席之地。

“知彼”要求企业在关注竞争对手的同时也要重视有关客户的情报。在这个价值彰显的时代，市场活力从来都来自于客户的个性需求，有客户的需求才有市场。企业必须以客户为中心，真正了解客户最需要的是什么，同时了解用户群的集中程度、消费能力、忠诚度，自己的产品对用户的影响，以及用户现实的和潜在的购买需求、购买习惯等。只有如此，才能根据不同客户的需求来决定企业的营销方式与营销内容，从而提高市场占有率，最终实现企业的赢利目的。

众所周知，肯德基是世界最大的炸鸡快餐连锁企业。截至2009年，其在中国已经设立了2700多家快餐店。那么，美国肯德基是如何进入中国市场的呢？关键是了解中国的市场需求，即“知彼”。为了进入中国市场，肯德基把竞争情报中对用户的调查放在了首位。该公司的竞争情报人员站在北京主要的商业街道，用秒表计算人流量，把样品送给人们品尝，并搜集人们对味道、价格和店堂布置等方面的重要信息。同时，他们还对北京的原材料市场作了调查，并带回鸡、油、面、盐、菜等进行研究。情报部门通过仔细分析、研究得出了结论：北京是一个蕴藏着巨大机会的市场，在北京开店是个正确的决策。最终结果是，肯德基在北京市场获得了巨大成功，原计划五年收回的投资在两年内就完全收回。这一案例说明对用户的情报搜集与研究对于开辟市场、进行科学决策起到重要的作用。

（三）“知天”“知地”：企业的经营环境

打仗需要了解天时、地利等相关战场环境；企业除了要客观地了解自身，认真分析竞争对手和消费者之外，也要了解企业的经营环境。国内、国际市场是永远处于不断变化之中的，所以企业要关注大环境发生的变化，弄清当前和将来企业所处的经营环境状况，估计政治、经济、法律、社会文化环境对企业的技术研发、市场的开辟产生的影响，把握企业发展的有利条件和不利因素，从而为企业正确地制定经营战略、经营决策提供充分和可靠的依据，保证企业健康顺利的发展。

从百事可乐和可口可乐的竞争中，可以看出企业了解竞争环境的重要性。百事可乐和可口可乐对印度市场的争夺一直非常激烈。为战胜对手，百事可乐十分注重对竞争情报的分析研究，尤其注重了解印度政治、经济、文化、法律和地理环境等方面的信息，它通过采取“下层路线”，帮助印度农民出口农产品，最终将自己的产品打入印度农村市场，并“统治”了广大的农村饮料市场。这场

“战役”之后，可口可乐不得不放弃了当时大举进入印度市场的战略计划。

日本索尼公司的高档摄像器材在中国能够迅速占领市场，也得益于对中国国情及政府政策的了解和分析。中国中央电视台是国家电视台，也是中国电视台行业技术标准的制定者。针对这一状况，索尼公司每生产一种新型的摄像机和相关设备，都无偿赠送给中央电视台使用。各地电视台于是纷纷效仿中央电视台，改进技术设备。通过这一举措，索尼的摄像机和相关设备迅速占领了中国的摄像机市场。索尼的成功再次证明了了解企业竞争环境的重要性。

总之，军事作战需要知己知彼、知天知地，企业经营也需要如此。企业只有全面了解自身、竞争对手、用户及环境等各方面的情报信息，才能作出正确判断，制订出正确的经营策略，在竞争中克敌制胜。

三、“用间”“相敌”“动敌”——企业竞争信息情报搜集的主要途径

（一）“用间”——秘密搜集情报的途径

孙子在《用间篇》中指出，明君贤将要想“动而胜人”，就要做到“先知”。“先知者，不可取于鬼神，不可象于事，不可验于度，必取于人，知敌之情者也。”要了解对手的情况，不能使用向鬼神祈祷的方式，不能主观想象、类比、揣测，不能拘泥于成规戒律，而是要取之于人，要从了解敌情的人那里获取信息。“知敌之情者”也就是间谍。孙子注重用间谍搜集对手的军事情报，以便知彼知己，战胜对方。他指出，战争会带来巨大的耗费，如果“相守数年，以争一日之胜，而爱爵禄百金，不知敌之情者，不仁之至也，非民之将也，非主之佐也，非胜之主也”（《用间篇》）。意思是说，敌我双方相争数年，是为了有朝一日能够获胜，如果吝啬官位与金钱，不重用间谍去刺探敌情而致战败，那就太“不仁”了。由此，我们可以看出孙子对间谍重要性的认识。

孙子在《用间篇》中还提出了五种使用间谍的方法：“故用间有五：有因间，有内间，有反间，有死间，有生间。五间俱起，莫知其道，是谓神纪，人君之宝也。”在此，孙子认为五种间谍都使用起来，就会达到神不知、鬼不觉的境地，使敌人摸不准我方间谍运用的规律而无从应付，这是国君取胜的法宝。

随着二战和“冷战”的结束，世界处于相对和平的状态，国家之间竞争的重点由军事、政治领域转向经济领域，谁拥有了发达的经济与先进的技术，谁就拥有了主动权。由此，战争中的间谍活动也越来越多地转向经济领域。在现代社会市场经济中，经济间谍已经遍布全球，通过各种渠道猎取情报已经成为企业

经营决策不可缺少的部分。正如美国中央情报局前局长韦伯斯特所说："现在经济发展情报比过去任何时候都更重要，全球经济已成为新的情报焦点。间谍的任务过去是单一的刺探军事、国防、外交情报，现在也同时窃取工商情报。"[①]据有关资料记载，经济间谍约占世界间谍总数的百分之七八十以上。这些间谍往往以游客、记者、商人、侨民、演员、探险家等身份出现在各种场合，他们通过各种方式和途径，为本国或本公司搜集经济和技术情报。[②]

日本可谓情报信息系统最发达的国家，有着世界一流的情报信息网络，被称为"资源小国，情报大国"。尤其是日本的经济情报网络几乎遍及全球，西方经济界人士对其是既害怕又服气。日本学习和研究《孙子兵法》最成功的一点就是对孙子"用间"思想的应用，孙子的"五间俱起"的思想被日本企业运用到炉火纯青的地步。日本企业界有句名言："人是设备，情报是金钱。"据统计，日本曾花费 4 亿美元获取了 1500 多项外国专利情报，最终创造出 74 亿美元的巨额财富。日本一名情报专家坦然承认，日本国民生产总值的 54%来源于竞争情报。日本战后经济之所以发展迅速，原因之一就是使用大量间谍持续不断地搜集和吸收他国经济科技情报。

综上所述，"用间"已经成为当今社会各国、各企业进行市场竞争的重要手段。不过，现代企业之间的间谍活动虽然很频繁，但其获取情报的方式不外乎孙子所说的"五间"。下面，我们分别述之。

1."因间"

孙子讲："因间者，因其乡人而用之。"(《用间篇》)所谓"因间"，是指利用敌方当地的普通人做间谍。在两国处于战争状态的条件下，一国为了获取敌国的军事情报，常常诱使敌国老百姓做间谍。"乡间"因其身份的公开合法性，一般不会引起敌方的注意，搜集情报较为容易。

在收集商业情报时，"因间"也是一种常用的方式。比如，企业要想开拓新的国外市场，在某国或某地行销商品，可聘请对当地情况较为熟悉的当地人担任行销人员，推广业务。海尔就是一个典型的案例。过去我国多数投资企业在拓展海外业务时，都是从国内派遣相当多的人员前往海外子公司，实行"大包大揽"，而海尔集团从踏出国门之初，就努力朝着管理当地化的方向发展。目前，海尔在全球的设计中心、制造工厂、营销网络，聘用的大都是当地的人才。海尔集团首席执行官张瑞敏认为，雇用当地人管理海外企业，实行管理人力当地化政策，从总体上来说，对母公司是十分划算的。虽然付给外国管理人才的薪金

---

① 转引自暴奉贤：《孙子兵法与现代企业经营谋略》，广州：暨南大学出版社 1993 年版，第 118 页。

② 参见罗贵权：《信息经济学》，北京：中国广播电视出版社 1996 年版，第 204 页。

要远远高于国内，但当地人利用其自身情报信息优势为企业创造的价值，则是中方管理人员难以达到的。因为一个国际化公司在进行本地化实践的过程中，不得不考虑与本地文化相结合的问题，而市场和所处的政治、文化、法律等环境都具有本地属性，员工、客户、合作伙伴和供应商大多也是本地化的。[①] 跨国企业要在本地市场参与竞争，离不开对当地情报信息及消费文化的了解和把握。在这方面，本地化的管理人才显然更有优势。这种管理人才当地化的政策，为海尔迅速成为国际知名品牌打下了坚实的基础。

2.“内间”

孙子讲：“内间者，因其官人而用之。”（《用间篇》）所谓“内间”，是指收买敌国官吏做间谍。利用“内间”窃取机密情报是军事战争中一种常用的搜集情报的方式。“内间”常常披着合法的外衣，担任一定的职务，掌握一定的核心机密，所以通过他们获得的情报一般来说具有较高的价值。那么收买什么样的官员比较容易弄到情报呢？杜牧《孙子注》曰：“敌之官人，有贤而失职者，有过而被刑者，亦有宠嬖而贪财者，有屈在下位者，有不得任使者，有欲因败丧以求展己之才能者，有翻覆变诈常持两端之心者，如此之官，皆可以潜通问遗，厚贶金帛而结之。因求其国中之情，察其谋我之事，复间其君臣，使不和同也。”[②]大意是说，由于敌方内部物质利益的冲突或部分官员立场不稳、品行不佳等原因，某些官员常常能为我所用，成为我方的情报员。南宋时期的秦桧就是典型的“内间”，因为他不仅迫害岳飞等人，而且也利用职务之便为金国提供了大量的情报信息。

收买竞争对手的决策层人员向我方提供情报，或想方设法把对方的内部人员拉过来为自己的情报活动服务，也是企业竞争间谍情报活动的惯用手法。20世纪80年代初，许多西方国家因摸不清美国对伊朗政策的底牌，不清楚美国对伊朗采取的经济制裁政策会持续多久，不敢贸然与伊朗做生意，而日本三菱商社却无所顾忌，第一个和伊朗进行了新的贸易洽谈。这是因为三菱商社驻华盛顿办事处的负责人是美国参议院某位议员的座上常客，消息十分灵通。他从那位议员处得到了“美国和伊朗出现了和解气氛”的情报。

再如，美国萨亚纳米德公司为了研究新的抗生素，付出了1200万美元的高昂代价。但是，当新的抗生素开始投产时，市场上却已经有了足够多的相同产品，而且价格大大低于该公司的定价。原来，该公司的一位化学博士作为“内间”窃走了生产新的抗生素的高度机密资料，并将之提供给了意大利的三家制

① 参见周贺来主编：《人力资源管理实用教程》，北京：机械工业出版社2009年版，第254页。

② 《十一家注孙子校理·用间篇》杜牧注。

药公司。这位博士从每家公司得到五六万美元的报酬，而这三家公司却因此获得了比付出的报酬高出3000倍的纯收入。

3. “反间”

“反间者，因其敌间而用之。”（《用间篇》）所谓“反间”，就是收买或利用敌方间谍为我方效力。使用反间计的方式多种多样，总结起来，主要存在两种方式。杜牧《孙子注》曰：“敌有间来窥我，我必先知之，或厚赂诱之，反为我用；或佯为不觉，以示伪情而纵之，则敌人之间，反为我用也。”①即一种是捕获敌方的间谍后，暗中重金收买使之成为双重间谍。敌人的间谍之所以有被我方利用的可能，就是因为很多间谍都是为敌人所给的钱财所驱使，谁给他钱多，他就为谁卖命。如果间谍觉得我们给他的钱比敌人给的优厚，那么他就会转而为我们服务。另一种是发现了敌方的间谍后，将计就计，故意向他提供假情报，间接使他为我方服务。在军事领域中，使用“反间计”诱使敌人上当受骗的例子屡见不鲜。例如，三国时期的赤壁大战，周瑜巧用反间计让蒋干传送假情报给对方，使曹操误杀了精通水战的蔡瑁、张允，就是一个典型案例。

在商战中，巧妙地利用“反间”也是获得商业情报的一种重要方法。例如，日本日立公司情报人员在美国企图窃取IBM公司机密被抓获，就是美国联邦调查局(FBI)运用“反间”的结果。1981年，日本日立公司通过商业间谍窃取了IBM公司最新一代308X系列电脑绝密材料中的10册，该公司要求与自己有业务往来，曾是国际商用机器公司先进电子计算机系统实验室主任的马克斯维尔·佩利设法搞到其余的17册材料。佩利意识到此事关系重大，一方面答应了日方的要求，另一方面却将此事告诉了IBM公司。IBM公司为了掌握日方窃密的证据，说服佩利支持自己，佩利遂成为“反间”。他把自己所掌握的情况及时告诉了IBM公司和与之有良好合作关系的FBI(美国联邦调查局)。1982年，FBI设下圈套，破获了日本间谍案，逮捕了九名日本“间谍”。IBM公司不仅收回了被盗窃的全部技术资料，而且还将日立公司推向了法庭，大获全胜。

4. “死间”

“死间者，为诳事于外，令吾间知之，而传于敌间也。”（《用间篇》）所谓“死间”，是指我方先散布假情报，使我方间谍知道，然后由其传给敌方，而敌人上当后往往将我方间谍处死。杜牧对“死间”作了一个详细的解释：“诳者，诈也。言吾间在敌，未知事情，我则诈立事迹，令吾间凭其诈迹，以输诚于敌，而得敌信也。若我进取，与诈迹不同，间者不能脱，则为敌所杀，故曰死间也。汉王使郦

① 《十一家注孙子校理·用间篇》杜牧注。

生说齐，下之。齐罢守备。韩信因而袭之。田横怒，烹郦生。此事相近。”[①]杜牧提到的郦食其，就属于“死间”。郦食其奉刘邦之令到齐国说服齐王投降，齐王被他说动，撤除了防备汉军的设施。而韩信则乘齐国放松警惕之际突袭齐国属下的军队，很快就打到齐国国都临淄。齐王认为自己被郦食其出卖了，就把他煮死了。郦食其可以说是间接地充当了“死间”。

由于企业间的竞争日趋激烈，企业为求生存，有时也会铤而走险，采用各种非常手段去窃取情报，其中就包括对“死间”的运用。据报载，曾经有一位日本企业家远涉重洋，来到丹麦，想窃取丹麦一家啤酒厂的啤酒配制技术。但当时丹麦的啤酒厂相当于军工企业，保密程度很高，根本不允许外人随便参观。这位日本企业家于是想出了一条“苦肉计”。他“精心策划”了一起交通事故，以轧断一条腿为代价换取了在该啤酒厂内做看门人的资格。三年中他利用工作之便，经过观察琢磨，终于探明了丹麦啤酒的配方秘密与生产工艺。这位日本人回国后开了一个颇具规模的啤酒厂，推出了一种与丹麦啤酒不相上下的优质啤酒，并成功地打进了国际市场，和丹麦啤酒开始分庭抗争。这一案例也颇类似于“死间”。

5.“生间”

“生间者，反报也。”(《用间篇》)所谓“生间”，是指侦察后能活着回来报告敌情的人。这种间谍一般比较精明强干，细致机警。春秋战国时期，许多国家都使用间谍刺探敌国军事、政治情报。《左传·庄公二十八年》记载，楚国攻打郑国，诸侯派兵救援，楚国连夜撤兵。郑国人尚不知道这个情况，准备逃往桐丘。这时候，郑国派出去的间谍回来报告说楚国的帐篷上有乌鸦，于是郑国人便没有逃走。《礼记·檀弓》也记载了这样一则故事：晋国想攻打宋国，派间谍去侦察情况。间谍回来报告说，宋国的宰相子罕去看望一个死去的守城门的人，百姓都很感动。他认为这样的国家是不好攻打的。这些都是“生间”的例子。

经济活动中的“生间”大都以公开、合法身份出现，如企业领导人、购销人员、技术人员、谈判人员、公关人员，他们常常利用去竞争对手那里考察学习、洽谈合作、开展学术研讨、旅游休假等形式收集情报。“生间”可谓防不胜防，有时即使你具有极高的保密防间意识也无济于事。1973 年，苏联放风说打算挑选美国一家飞机制造公司为苏联建一个喷气式飞机制造厂。美国波音飞机公司为争取与苏联合作建厂，同意苏联专家到飞机制造厂参观、考察，还提供了一些技术资料，但没有泄露有关制造飞机的合金材料和秘密。岂料，这些苏联人一去不回头。不久，苏联自己生产出合金材料，设计制造了一种巨型喷气式运输机，

① 《十一家注孙子校理·用间篇》杜牧注。

这使美国人大惑不解。原来，苏联专家来考察时，每人穿了一双特制皮鞋，鞋底能吸住制造飞机部件时切削下的金属屑，合金材料秘密就这样被窃走了。

通过以上论述不难发现，商场如同战场，竞争如同打仗，利用间谍获取经济情报已成为当代各国、各公司进行市场竞争的重要手段，谁掌握了信息，谁就掌握了竞争的主动权，谁就能赢得最后的胜利。正如可口可乐公司的经营信条：保住秘密，就保住了市场。现代社会的企业如果没有“用间”“防间”“反间”的意识，就难以在激烈的竞争中立足。

(二)“相敌”“动敌”——公开搜集情报的途径

孙子不仅提出要“五间俱起”，派间谍广泛了解敌情，而且还主张采用“相敌”“动敌”的方法搜集信息、掌握敌情，这两种军事上广泛使用的调查方法，对于企业情报信息的获得也有重要指导意义。

1.“相敌”

所谓“相敌”，就是直接观察敌情。孙子认为从进军开始，就应注意观察各种征候，特别是同敌方接触时要注意观察分析，以便对敌情作出正确的判断。他在《行军篇》中详细介绍了32种直接观察、判断敌情的方法：“敌近而静者，恃其险也；远而挑战者，欲人之进也；其所居易者，利也。众树动者，来也……”这32种方法被后人称为“‘相敌’32法”。孙子的“相敌”之法，告诫人们要从敌人的行动中区别真相和假象，不要被敌人的假象所迷惑。这种判断敌情的方法看似简单，但在2500多年前信息不发达的春秋时期，是比较适用的。

同样，在企业经营中，也可以用“相敌”的方法来了解竞争对手的情况。被称为“中国竞争情报学鼻祖”的邹祖烨接受记者采访时断言：“目前，对企业至关重要的竞争情报，95%都可以通过合法的、符合道德规范的途径获得。”[①]具体来说，企业可以从网络、报刊、电视广播、政府出版物、行业协会、公司产品介绍、样本、手册、财务公报、广告会展、实地考察、专业数据库等公开渠道获得大量的情报。

许多企业的决策者或情报人员大都是从报刊、广播电视中获得相关的情报信息。我们试举例言之。韩国三星公司派驻在美国洛杉矶的员工通过报纸看到一则消息：由于廉价的韩国产品的进口，美国最后一家吉他工厂将要倒闭。该员工把这则消息送回首尔的公司总部，总部的竞争情报部门立即对该信息进行了分析。他们认为，美国可能会对吉他进口采取限制措施，国会有可能会通过提高关税的手段来保护美国这一具有象征意义的产业。于是三星公司抓紧时间，尽可能地抢先将更多的吉他运往美国，存入仓库。结果正如他们所预料的那样：美国国会提高了吉他进口的关税。由于三星公司已有大量的存货，尽

① 何磊：《情报人员跻身公司高层，95%企业情报可合法获得》，2003年4月8日《中国青年报》。

管关税提高了,仍赚取了很高的利润。

还有这样一个经典案例。美国亚默尔肉类加工公司的老板菲普力·亚默尔每天都有看报的习惯。1875 年初春的一个上午,他在阅读当天的报纸时发现了一条简短消息,讲的是墨西哥最近发现了疑似瘟疫的病例。他推测,如果墨西哥真的发生了瘟疫,与之相邻的美国的肉类供应肯定会紧张起来,那么肉价也会飞涨。经过调查证实后,他立即集中和筹措大量资金收购加州和德州的肉牛和生猪,迅速运到离加州和德州较远的东部饲养着。等瘟疫蔓延到美国,市场上肉类奇缺,价格跟着暴涨的时候,亚默尔及时把他囤积在东部的肉牛和生猪高价出售,在短短的三个月时间内,净赚了 900 万美元。

20 世纪 60 年代初,日本人揭开我国大庆油田的秘密更是一个有代表性的例子。日本人对中国大庆油田早有耳闻,但始终得不到准确的情报。1964 年 4 月 20 日,中国的《人民日报》刊载了长篇通讯《大庆精神大庆人》,于是日本人判断中国的大庆油田确实存在。后来,在 1966 年 7 月的一期《中国画报》上,日本人又看到一张大庆工人艰苦创业的照片,根据照片上人物的衣着服饰,他们断定我国大庆油田在冬季气温达 −30℃ 的中国东北地区。再后来,一些到中国来的日本人坐这一路段的火车时发现,来往的油罐车上有很厚的一层土,从土的颜色和厚度上,他们进一步得出"大庆油田在北满的论断"。1966 年 10 月,日本人又从《人民中国》杂志上看到一篇介绍石油工人王进喜事迹的文章,其中有"王进喜一到马家窑……"的字句,这就确定了大庆油田的具体位置。另外,日本人还根据《中国画报》上一张大庆炼油厂反应塔的照片,推算出了我国大庆油田的产能和规模等。至此,日本人掌握了大庆油田的丰富信息,最终在大庆油田设备对外招标中一举获胜。

从垃圾中获得情报历来是"用间"公开化的一种途径。如法国一位名叫蒙塔利社的作家,曾三次化装成拾荒者,混在流浪团体中。他在巴黎东欧银行商业区的垃圾箱中曾捡到过 500 多份前苏联驻巴黎银行的文件,其中密件 2 份,还在国家航空公司的垃圾箱中拾到过有关德国原子能站的绝密文件。

通过访问、问卷、样品调查、现场观察等方法了解市场状况和企业内部管理状况以及竞争对手的有关信息,也是获取情报信息的常用方法。日本一位著名设计师被要求设计日本的第一艘游轮"水晶和谐号"。在正式着手设计之前,他和另外两个设计师竟然奔赴全球各地乘坐不同的游船游览。在游览过程中,他们对所乘坐豪华游轮上的总体布置,包括就餐人数、酒吧人数、甲板上漫步的人数、游泳池里的人数及躺椅的数量,都一一作了清点、记录,并及时输入数据库。经过几年的旅行和竞争情报的搜集工作,他们设计建造的重 4.9 万吨的"水晶和谐号"终于下水了。日本从此成功地进入豪华游轮的行业。

2."动敌"

孙子在《势篇》中说:"善动敌者,形之,敌必从之;予之,敌必取之。以利动之,以卒待之。"意思是说:善于调动敌人的将帅,能够以假象迷惑敌人,使敌人听其调动;用小利引诱敌人,敌人就会来夺取。用这种方法去调动敌人,以伏兵待机袭击敌人。简单地说,"动敌"法就是我方采用种种手段迷惑、引诱、调动敌军,使敌军的情况和行动暴露于外,以此了解敌情。

孙子所讲的上述"动敌"之法,在现代企业竞争中也被广泛借鉴和应用。

比如"作之",即可应用于企业新产品的试用、试销。所谓"作",就是挑动,即想方设法挑动敌人以引起事端。敌人有所反应叫"动",敌人毫无反应叫"静"。通过挑动敌人,了解敌方反应,就能制定与实施我方的计划。实际上,"作之"就是一种试探,故意触动一下对手,观察其反应,再决定自己的策略。企业竞争中的"作之",就是企业在将新产品大规模投入市场前,先将新产品投放到有代表性的地区的小范围的目标市场进行综合性实验,以全面掌握和了解消费者对商品性能、质量以及销售价格、销售方式、销售服务等方面的评价和各种试用促销策略的效果,通过市场的反馈,来进一步了解新产品的市场前景。有很多新产品都是根据试销反馈加以改进后才取得成功的,宝洁公司就有这样的经历。宝洁新品上市前,通常选择1～2个相对封闭的城市进行测试,测试期通常为3～6个月,甚至更长。通过对测试市场的实际销售情况进行分析,宝洁公司能够发现测试市场中的问题,及时提出修正意见,改进营销办法。著名的帮宝适婴儿尿片就是因为在测试市场中发现了产品概念方面存在的灾难性失误,才避免了全国推出的巨大宣传损失。20世纪60年代,宝洁公司决定开发新产品——纸尿布。试制品完成后,公司准备做市场情况调查,他们将手制的尿布垫子和尼龙短裤免费分送给得克萨斯州的达拉斯居民,并听取他们使用后的感想。在听取用户的意见后,研制人员再次回到制图室,6个月以后,生产了第二种试制品。这一试制品共生产了3.7万块,再次被分送给达拉斯的母亲们。这次,产品受到了母亲们的好评。她们认为,如果是这种尿布,她们有兴趣购买。但是,在试销的过程中,研制人员却发现因为价格过高,消费者虽用了帮宝适,但同时仍在使用其他尿布。于是公司从价格、供应和需求三个方面进行了仔细研究后,又对价格进行了调整。这样,价格调整后的产品在加利福尼亚州萨克拉门托出售,消费者反应迅速。到20世纪70年代中期,宝洁公司以8条生产线生产帮宝适,其产品占据了整个美国市场。

再如"形之",可以引申为企业的市场展销示形法。孙子《虚实篇》曰:"形之,而知死生之地。"形,显露、表现。死生之地,指敌人所处地形的有利与不利的情况。意思是说,把我方的假象展示给敌人,从而根据敌方的反应来探知敌情。有备的地方是敌的“生处”，无备的地方是敌人的“死处”。商战中，为了及时捕捉市场信息，展望市场趋势，也常常采用“形之”法。“形之”用于市场竞争中，就是企业通过各种方式展示产品的性能、服务的完美，吸引、诱导顾客，查明市场反应，以促进产品推销的市场调查促销方法。例如，日本的“西铁城”手表因质量优良，蜚声海内外。但在开始时，澳大利亚人对它并不了解。为了摆脱滞销局面，厂商想出一个出人意料的办法，他们通过新闻媒体发出一条消息：他们要把世界上最精美的手表从高空中抛下来，谁拾到了就归谁。在约定好的那一天，人们怀着好奇和侥幸的心理来到指定广场，只见一架经过精心打扮的直升机飞临人群上空，然后一只只晶光闪亮的手表被抛了下来。人们发现从百米上空抛下的“西铁城”表落到地上后居然完好无损，走时准确，便惊叹不已，奔走相告。“西铁城”表由此名声大振，成功打入了澳大利亚市场。在这里，生产“西铁城”表的厂家通过大张旗鼓地高空抛表，向顾客展示了手表的精湛质量，从而使其跻身世界名表行列。

四、结论

以上主要论述了《孙子兵法》的“知胜”思想对企业信息情报系统建立的影响。孙子认为战前军事指挥者需要做到“知彼知己”“知天知地”，要尽可能早而全面地掌握情报信息，为战争的最终胜利奠定基础。同样，企业要想生存和发展，也要了解竞争对手的信息、企业自身的情况、企业外部环境等。值得强调的是，在商业竞争中，环境是影响战略的最大变量之一。亨利·明茨伯格认为：“战略就是在企业所处环境中能够决定其地位的机遇与限定条件之间的匹配。”[①]丹尼尔·A·雷恩认为：“开放系统中的社会环境会给恰当的行为造成更多或者说是不同的预期。”[②]所以，决策者只有对战略全局、战略环境进行全面把握，才能体察战略环境中的有利因素，抓住先机，扩大自己的优势；才能预知战略环境中的不利因素，把威胁消灭于萌芽状态，将不利因素的影响降到最低，真正做到“动而不迷”，“举而不穷”。总之，孙子的“用间”“相敌”“动敌”等了解敌情的办法，对于企业竞争情报信息的获取具有重要的借鉴意义。

---

① [美]亨利·明茨伯格著，刘瑞红译：《战略历程：纵览战略管理学派》，北京：机械工业出版社2002年版，第18页。

② [美]丹尼尔·A·雷恩著，孔令济译：《管理思想的演变》，北京：中国社会科学出版社2000年版，第525页。

第九章
《孙子兵法》"庙算"思想与企业战略目标的规划

《孙子兵法》的核心成就在于战略。其前六篇的主旨，均在于论战略大局；后七篇虽然主要论述各种具体条件下的战术原则，但它们的具体实施又必须在相应的战略环境下进行。正因如此，古今中外一切优秀的军事家莫不称赞孙子是"中国天才战略家""战略之祖""古代第一个形成战略思想的伟大人物"。《孙子兵法》战略思想在当代社会也具有深刻的借鉴价值。而在《孙子兵法》的战略思想体系中，"庙算"是学者公认的最核心的内容。它奠定了后世战略要素的基础，厘清了战略环境分析的基本思路，概括了战略统帅的基本素质，揭示了战略预测的价值和意义。故本章写作的主要目的是：一方面，讨论孙子"庙算"思想对战略理论和战略问题研究的贡献；另一方面，希望为企业领导者进行企业战略目标规划提供参考与借鉴。

一、什么是"庙算"？

按照中国古人的解释，"庙"是指古代祭祀祖先与商议国事的地方，而"算"指的是筹算、计划、谋划。中国古人有敬天法祖的传统，所以战前都要在庙堂上举行仪式，谋划作战大计，预测战争胜负。这个过程称为"庙算"。用现在的话来说，"庙算"就是最高统治者在战前举行的战略分析会议，目的在于为具体的作战方案做准备。

孙子在《计篇》的开头就对"庙算"的基本内容作出了具体的描述："兵者，国之大事也。死生之地，存亡之道，不可不察也。故经之以五，校之以计而索其情：一曰道，二曰天，三曰地，四曰将，五曰法。道者，令民于上同意也。故可与之死，可与之生，而不诡也。天者，阴阳、寒暑、时制也。地者，高下、远近、险易、广狭、死生也。将者，智、信、仁、勇、严也。法者，曲制、官道、主用也。凡此五者，将莫不闻，知之者胜，不知之者不胜。故校之以计，而索其情。曰：主孰有道？将孰有能？天地孰得？法令孰行？兵众孰强？士卒孰练？赏罚孰明？吾以此知胜负矣。”

在《计篇》的结尾，孙子又谈道：“夫未战而庙算胜者，得算多也；未战而庙算不胜者，得算少也。多算胜，少算不胜，而况于无算乎！吾以此观之，胜负见矣。”这就明确提出了“庙算”的概念，并揭示了“庙算”思想的价值和意义。

根据上述内容，于泽民提出，我国战略理论比较系统地形成的标志是《孙子兵法》的问世；在我国，孙子首先赋予战略以明确的概念——“庙算”。[①] 其理由作者大致概括为四点：第一，“庙算”是对古代战略决策的实践活动的抽象和概括。第二，“庙算”具备战略的基本内涵。战略概念的基本特征，一是战，二是略，缺一不可，“庙算”完全具备了这两种属性。第三，古代的兵论始终把“庙算”置于战略地位。先秦各种兵书多处论及“庙算”的地位、作用和意义，与我们今天对战略的看法极其相似。第四，“庙算”的使用具有普遍性。孙子之后的《六韬》《吴子》《商君书》《文子》《吕氏春秋》都普遍地使用了“庙算”这一概念。

秦汉以后，在庙堂里谋划战争这种陈旧的形式逐渐被打破，人们开始寻求新的表达方式。那就是首先去掉“庙”，再以“略”取代“算”，后又在“略”前冠之以“兵”。“略”本指古代井田的界线，后引申为“把握一定界域之内的全局或一定界域内的全局性思考”。凡关乎全局、影响全局的根本性问题，皆属于“略”的范围。如此一来，“兵略”就成了秦汉时代的战略概念。如古兵书《黄石公三略》的著述目的就在于使人主“明盛衰之源，审治国之纪”[②]；《淮南子・兵略训》开篇即言：“古之用兵者，非利土壤之广而贪金玉之略，将以存亡继绝，平天下之乱，而除万民之害也。”西晋以后，一些兵学研究者又把“兵略”改为“战略”，如司马彪专门著有《战略》一书，其着眼点也在军国大局。

二、孙子“庙算”思想与企业战略环境分析

究竟什么是影响和决定战争胜负的关键因素？西方人对此问题的解释太

① 参见于泽民：《战略理论的奠基作——孙子兵法》，第一届孙子兵法国际研讨会论文编写组：《孙子新探》，第 19 页。

② （汉）黄石公：《黄石公三略・中略》，《丛书集成初编》本，北京：中华书局 1985 年版。

过具体和量化，比如克劳塞维茨就将战略要素归纳为精神要素、物质要素、数学要素、地理要素、统计要素。[①]其中，精神要素指精神力量及其在军事行动中的作用；物质要素指军队的数量、编成、各兵种的比例等；数学要素指作战线构成的角度，向心运动和离心运动等；地理要素指制高点、山脉、江河、森林、道路等地形的影响；统计要素指一切补给手段等。

孙子立足中国传统文化的思维方式和特点，高度精练地将战略环境分析的基本要素概括为“道”“天”“地”“将”“法”五个方面，这不仅突出了战略的宏观性和长远性特征，而且将战争对抗的影响因素延伸到了事物的本质层面，从而为战场层面的取胜对抗提供了更深层次的支撑。更为重要的是，“在孙子眼里，道、天、地、将、法这五者之间的联系是生动的，并在胜败、奇正、虚实、迂直、利害等无穷变换的实战中体现出来，其系统性、全息性就犹如中国传统的阴阳五行思想”[②]。这与西方强调明确步骤、方法和技术的战略管理理论相比，更能适应现代竞争环境的瞬息万变及管理者和组织行为复杂性的挑战。

“五事”之中，居第一位的是“道”。“道者，令民于上同意也。故可与之死，可与之生，而不诡也。”(《计篇》)可见，“道”就是政治清明，就是施仁义、得民心，取得“人和”优势。这既可以改变战争的力量对比，也可以决定历史发展的结局。所谓“得道多助，失道寡助”“得人心者得天下，失民心者失天下”，“道义”为战略之第一要义，是中国古代一切圣哲和兵家的共识。

“天”在《孙子兵法》中本义指“阴阳、寒暑、时制也”，对此作延伸理解，实为战略意义上的“天时”。对于统帅和领导者来说，“天时”就是战略形势变化中在某一段出现的对自己最为有利的态势，或者说是大的战略形势所释放出来的大好的致胜良机。这种机会稍纵即逝，一旦失去，即功亏一篑，难以弥补。

“地”在《孙子兵法》中被解释为“高下、远近、险易、广狭、死生”，实际讲的是“地形之利”。战争的艺术很大程度上就是利用地形的艺术，辨识好地形的有利或不利，对战争胜负是至关重要的。为此，战争指挥者必须具有一种敏锐的空间意识或宽广的战略视野，明确不同的战略区域，识别各种战略要点、战略枢纽和战略通道，进而对战略全局作出宏观的把握。总之，战略效果的取得与战略环境的认知及战略方向的选择是紧密相关的。

“将”是人才选拔问题，是战争对抗中最重要、最活跃的变量，一名优秀的将帅是军队组织中最重要的财富。所谓“千军易得，一将难求”，自古以来，明君贤

---

① 参见[德]克劳塞维茨著，中国人民解放军军事科学院译：《战争论》，北京：解放军出版社 1994 年版，第 162 页。

② 苏东：《孙子兵法与西方管理理论比较研究之我见》，《科学管理研究》1997 年第 5 期。

臣总以物色将帅人才作为谋事之首。欲治兵者，必先选将，置将不善，贻误全局。大量历史事实表明，一些重大危机和濒临绝望的险情，往往由于优秀将帅的正确领导而得到化解，转危为安，转败为胜；但是，也有一些高明的战略计划和致胜良机，却因昏庸、愚蠢的将领的错误指挥而前功尽弃，白白丢掉了即将到手的胜利。

“法”不是一般意义上的法，而是管理军队的“法”，古代叫“军法”。从孙子的定义来看，“法”的内容比较宽泛，即所谓“法者，曲制、官道、主用也”。它具体指军队组织中的编制、官职及后勤保障等问题，相当于我们今天所讲的机构、制度、规则、流程等内容，反映的是整体的组织管理能力。孙子将“法”放在最后，并不意味着它不重要。在战争或竞争中，真正的决胜往往都是通过组织的层面来实现的。一个国家或团体能否达成自己的战略目标，取决于组织的整体能力，而不是个人能力。

总之，孙子是历史上第一个提出要围绕哪些要素进行战略环境分析的，“五事”可以说奠定了后世战略要素的基础，有着非常普遍的指导意义。时至今日，我们在作重大战略规划之前，通常都要对这五个方面作出深刻分析，并将其作为战略决策最基本的依据，缺一不可。比如，在当今的社会竞争条件下，我们可以用这五个方面的战略要素去考察任何一个企业的发展现状，并以此深入分析当今中国企业发展的优势和弊端。中国的大多数企业的战略与管理具有很强的灵活性，能够适应复杂多变的社会竞争环境。然而，从长远来看，企业的管理制度和发展根基却很薄弱，而企业背后的文化和价值追求则更为缺失。企业要想基业长青，还必须在这两个方面下大工夫，企业发展的战略目标必须据此进行大规模的转变和调整。

三、孙子“庙算”思想与企业战略统帅的素养

在《孙子兵法》中，“将”共出现了48次。其中，有的指决定战略的“统帅”，有的则是指具体指挥作战的“将军”。庙算内容中涉及的“将”，应理解为运筹全局的战略统帅。（战略就是“将道”，是统御之道。古代的战争形态比较简单，由一个人来总揽全局实属可能）既然如此，庙算中谈到的“将者，智、信、仁、勇、严也”一语，则应看成是对战略统帅素质的高度概括。而且，从战略统帅的角度来理解孙子对“将帅素质”的基本要求，也更有启示意义。

（1）智。作为一名战略统帅，他考虑的是宏观和全局的问题。他必须能够通过超人的智慧在利害交织中看清本质，在不确定性中洞察到历史的走向，从

而清晰地明辨出战略规划所面临的优势和劣势、机会和威胁，并带领人们勇往直前。正因如此，在有关将帅的五项基本素质中，孙子将“智”列为第一位，这大异于同时代的其他思想家。孙子非常清楚，在战争这种残酷对抗而又瞬息万变的环境下，智慧的价值是没有其他因素所能比拟的。克劳塞维茨说：“人类的任何活动都不像战争那样给偶然性这个不速之客留有这样广阔的活动天地，因为没有一种活动像战争这样从各方面和偶然性经常接触。偶然性会增加各种情况的不确定性，并扰乱事件的进程。”为此，他非常强调“在这种茫茫的黑暗中仍能发出内在的微光以照亮真理的智力”。①

(2)信。对于战略统帅而言，他指挥的是一个组织的整体力量，而“信”正是维持一个组织凝聚力的先决条件。任何组织或团体，假如其成员之间缺乏共信，这个组织就很难维持下去。《孙膑兵法・威王问》中有这样的记载：齐威王问孙膑，“令民素听，奈何？”孙膑曰：“素信。”可见，作为一名战略统帅，必须与下属及民众坦诚相见，相互依赖，给他们一种充分的安全感，从而提高自己的领导力、统御力和感召力。信任是战略领导者的基础，没有信任，所谓的领导与控制就毫无价值。

(3)仁。战略统帅指挥的是战争全局，但其宏大的事业一定是要靠指挥下属来完成的。而战争是残酷无情的，是要以士兵的生命为代价的，在战争的环境下，凭什么下属要跟你赴汤蹈火，甚至不惜献出自己的生命？这除了严明的纪律以外，还要靠“仁”这种打动人心的力量，要靠将帅的个人魅力及感人于无形之间的优秀品格。有了这种“仁”，你会获得部属心悦诚服的拥戴，使他们在组织最需要的时候爆发出强大的力量，进而形成核心凝聚力；失了这种“仁”，你往往会陷入众叛亲离的境地，从而导致组织的失败和消亡。

(4)勇。在复杂的战争形势面前，作为一名总揽全局的统帅，他必须在最短的时间内作出有效的决策，并承担与此有关的所有压力、风险与责任。正因如此，孙子所讲的“勇”明显不是指一般将领的骁勇善战，而是指将帅勇于决断的胆略和魄力。克劳塞维茨说过：“理论总是劝人小心谨慎，这是错误的。如果理论要对人做出劝告，那么，按照战争的性质来说，它应该劝人选择最坚决、最大胆的措施”；“任何统帅没有胆量是绝不会成为伟大的统帅的”。②《吴子・治兵》中也谈道：“用兵之害，犹豫最大；三军之灾，生于狐疑。”瞻前顾后是战略决策的大忌。在生死存亡的关键时刻，一名统帅的犹豫不决很可能给整个国家和军队带来巨大的灾难和损失。

---

① [德]克劳塞维茨著，中国人民解放军军事科学院译：《战争论》，第 50 页。

② [德]克劳塞维茨著，中国人民解放军军事科学院译：《战争论》，第 784～785 页。

(5)严。军队是一个庞大的集团,作战的根本是整体作战力量的协调。为此,作为一名战略统帅,他必须能够坚持以法治军、令出必行,一切按制度与规则行事,这是保证整个战争全局胜利的根本前提。孙子在将帅的五项素质中最后谈到“严”,正是为了突出这一宗旨。从某种角度讲,“严”是一名战略统帅为了追求“大仁”而必须选择的冷酷手段,是考虑战争全局所必须具备的一种“冷血”品质。这种“品质”在当今残酷的竞争环境中也同样重要。战略管理者必须用严明的制度和纪律捍卫战略组织的制度与规则,否则就谈不上战略的实施,更谈不上战略的控制。

总之,对于一名战略统帅而言,“智、信、仁、勇、严”五个方面的素质都是非常重要的。这五者彼此相互联系、相互作用,只有把它们融为一体,发挥整体功能,才能成为高素质的企业战略领导者。值得强调的是,孙子所论将帅素质的五个方面,均可从道德层面考量,集中体现了中国战略文化的道德理性特点,故后人将其概括为“将帅五德”。梅尧臣对此总结说:“五德皆备,然后可以为大将。”①与之相反的是,对于一名具体指挥作战的将军而言,“五德”各方面的基本要求虽然也要具备,但并不苛求他们都是“全能将军”,只要他们能扬长补短,善于学习,充分发挥自身某一方面的优势,就可视为一名杰出的将领。

四、孙子“庙算”思想与企业战略目标规划的基本思路

孙子论述的“故经之以五事,校之以七计而索其情”有关内容,非常清晰地提出了战略目标规划的基本思路和步骤。“经之以五事”,是从宏观上分析最基本的战略要素;“校之以七计”,是从微观上进行具体的量化分析,分七个方面对敌我双方力量进行比较;“索其情”,是将帅通过个人的悟性和主观判断,最后作出战略判断和选择。

(1)“五事”分析。中国古人善用整体和宏观的思维方法,将天、地、人及社会看成是一个密切联系、相互依存的整体,这颇符合战略研究的基本要求。战略的“略”是指“大略”“要略”,“略则举大”(《荀子·非相》),它是指导全局的谋划,是对力量的综合运用,是立足于高层次、高起点的大智慧。孙子正是从这一基点出发强调“经之以五事”。什么是“经”?“经”在中国传统文化中就是关键的不变的要素,也就是经国治军之大事、常事。如前所述,孙子的伟大贡献之一

---

① 《十一家注孙子校理·计篇》梅尧臣注。

就是提出了“道、天、地、将、法”五项战略要素，这已经涵盖了战略管理的主要内容，构建了中国第一个战略管理的模型。钮先钟认为：“战略家必须认清其问题的总体性，并能以总体的眼光来看问题。在古代战略思想家中具有此种取向者，孙子实为第一人。”①

(2)“七计”比较。“七计”(主孰有道？将孰有能？天地孰得？法令孰行？兵众孰强？士卒孰练？赏罚孰明？)是在“五事”的基础上展开的。第一种情况说的是人心向背的“道”，第二种情况说的是总揽全局的“将”，第三种情况说的是构成战略环境的“天”和“地”，第四、第五、第六、第七种情况说的是反映系统管理的“法”。由此可以看出，“七计”是“五事”的具体化。需要注意的是，孙子使用的“校”字，具有“度量”“衡量”之意，实际则是立足于战争活力对抗的现实，强调将双方的情况综合起来加以对比分析，并通过对比来认识各自的虚实优劣。这颇类似于今天的“纯净评估”和“量化分析”，充分反映了《孙子兵法》决策思想的科学性。欧洲学者加夫利科夫斯基曾就这一点作过经典评述：“孙武的最大成就之一就是他对于现实所采取的科学研究途径。他的书在中国，甚至在全世界，都是最早提倡对于社会现象采取科学分析方法的。”②

(3)“索其情”。战略是一门科学，更是一门艺术，它的真谛很难用逻辑方法推理和归纳出来。法国战略学家博福尔曾谈道：“战略的本质就是一种抽象的相互作用。它是力量的辩证法艺术。说得更精确一点，是两个对立意志使用力量解决其争执时所用的辩证法艺术。”③正是从战略的这一本质特点出发，孙子强调“索其情”。“索”是“寻求”“寻找”之意，既要准确，更要透彻。“索其情”说明，“校之以七计”绝对不是对敌情、我情的简单对比和认识，而是要透过复杂的表象，直接指向事物的本质。归根结底，战略上要求的“知”，最终是要为战略方案选择服务的。而决定人们战略选择的，有些是逻辑的因素，有些则是非逻辑的因素，这其中，人的性格、心理和情感是最难以把握的。因此，战略分析要想表现出过人的洞察力，还必须进入对手的大脑和内心，深入对手的思想、思维、心理和价值观的层次，才能真正达到“索其情”的境地。

历史的实践证明，孙子的“经校索情”的战略分析思路，无论在过去还是在现在，都具有普遍的指导意义。在市场竞争激烈的今天，当越来越多的中国企业家意识到战略对企业未来发展的重大意义之时，他们才发现各种各样的战略

---

① 转引自钮先钟：《孙子三论》，桂林：广西师范大学出版社 2003 年版，第 22 页。

② 转引自钮先钟：《孙子三论》，第 17～18 页。

③ [法]安德烈·博福尔著，军事科学院外国军事研究部译：《战略入门》，北京：军事科学出版社 1989 年版，第 6 页。

模型和框架均为西方的理论。西方管理理论已经形成了庞大的知识体系,有其自身的特点和优势,但各种理论层出不穷、纷繁多样,形成相互交叠、涵盖的态势,这被称为西方管理学界的"丛林现象"。世界管理学大师孔茨曾对这种"丛林现象"提出过尖锐的批评:"如果这些连成片的丛林仅仅是竞争着的学院思想及研究,那倒没什么,但是当它阻碍了有用的理论和科学的发展,并使实践中的管理者感到混乱,那就严重了。"[①]与之相反,以《孙子兵法》为代表的中国古代战略管理理论却以言简意赅、蕴意丰富为主要特色,这使得人们在战略实践过程中可以清晰地把握其整体思路,抓住其核心与灵魂。鉴于此,立足中国的具体国情和文化背景,深刻领悟孙子的"庙算"思路和战略分析步骤,进而逐步提升战略规划水平和能力,对当今的领导者和管理者而言仍然具有深刻的现实意义。

五、孙子"庙算"本质上是一种战略预测

从本质上讲,"庙算"是一种战争或战略预测思想。孙子在《计篇》结尾处谈道:"夫未战而庙算胜者,得算多也;未战庙算不胜者,得算少也。多算胜,少算不胜,而况于无算乎?吾以此观之,胜负见矣。"在这句话中,"算"指计数用的筹码,引申为胜利的条件;而"胜负见矣"之"见"即"现"字,就是说,我以此可以预知胜负了。这明显是对战争结果的一种分析和预测。吴如嵩也认为,《计篇》之"计",有两种解释:一是指计策、计谋,相当于现代的战略决策和战略方针;二是指计算、运筹,相当于现代的战争预测或战略预测。通过分析不难看出,孙子是通过对战争双方的对比和计算作出谁胜谁负的预测的。在军事学术史上,孙子是中国也是世界上第一个全面系统地提出战争预测理论的军事学家。[②]

孙子以"庙算"为核心提出的战略预测思想,是他面对战争迷雾作出的能动性和创造性的表现。这种预测虽然不可避免地带有一定的不清晰性和不确定性,但它在战争指导中是绝对不可或缺的。历史上,我国许多著名的军事家都曾以自己的智慧对孙子的"庙算"思想进行生动的诠释,如姜尚与周文王的"渭水问对",韩信与刘邦的"汉中对",诸葛亮为刘备谋划的"隆中对",都是对当时战略环境的透彻分析,是一种战前的战略预测和判断。

从现代战略理论来看,战略预测是战略研究的一个支持系统,是战略决策

---

① [美]哈罗德·孔茨著,黄洁纲、范照译:《管理学》,上海:上海人民出版社1990年版,第82页。

② 参见吴如嵩:《孙子兵法新说》,第41页。

的基础和前提。战略预测的基本功能就是准确把握对战略决策具有重大影响的未来不确定因素，提供有效情报信息和支撑数据，拟订科学规划，制定有关政策，以形成具有可操作性的方案，进而为战略决策和战略规划服务。可见，战略预测和战略决策是既有联系又有区别的。战略预测是对客观事物的科学分析过程，提供的是多种可能性方案；而战略决策则是主观性判断活动过程，是按照某种价值原则进行的最佳方案选择活动。

科学的预测也是进行经济战略管理的重要前提，如经济发达国家就十分重视企业的长期预测。美国企业进行长期预测的，在1947年时只占企业总数的20%；而1970年以后，几乎所有的企业都要进行长期预测，并在此基础上制订战略规划。随着我国经济、政治、文化、社会等各项事业的发展，各个领域的战略问题日益凸显。无论是国家、政府制定各项战略决策，还是企业谋划发展战略，无不需要科学的战略预测作为支撑。在新的形势下，如何分析新问题、新情况进而制定新政策、新战略，是国家、各级政府和现代企业亟须思考和探索的重要课题。

中国有句古话："凡事预则立，不预则废。""预"就是"预见"，它是战略家或高层领导者最独特的能力。正是因为这种能力超乎寻常，高人一筹，他们才能抓住事物最本质的东西透视未来，才能看清事物的发展趋势。钮先钟说："重视现在，忽视未来，固然是一般人所常有的心态，所以也毫不足怪，这可以归罪于人类的弱点。但作为战略家，又自不应以常人自居，战略家之所以成为战略家，并且受到世人的尊重，其主因之一就是他们在思想领域中有其异于常人的特点，而所谓前瞻取向或未来取向即为其中一点。"①

六、结论

《孙子兵法》"庙算"思想作为孙子战略思想的核心内容，蕴含着丰富的战略内涵和战略价值。它不仅对战略理论做出了突出的贡献，而且在企业战略环境分析、企业战略统帅素质培养及企业战略目标的制定方面也具有重要的指导意义。其根本原因在于，中国古人善用整体、辩证的思维方法，强调通过悟性和意会来探求战略的本质，说明战略的深奥道理。孙子的"庙算"思想正是如此，它给予人们的不是机械的理论教条，而是直觉的提示；它具有高度的抽象、精练和浓缩的特征，在把握宏观方面有着明显的优势，这使其能够帮助战略管理者和

① 钮先钟：《孙子三论》，第103页。

企业领导者厘清战略规划和战略实施的基本思路，深刻领悟战略预测的价值和意义，以便更好地应对各种复杂多变的现实竞争环境。也正因如此，将《孙子兵法》的“庙算”思想和现代战略管理理论加以比较和对接，寻找二者的不同点与结合点，进而实现中西方战略文化的融合创新，是战略研究领域一项常新的课题。

第十章 《孙子兵法》"全胜"思想与企业战略境界的提升

孙子的兵学体系和战略思想反映了当时的社会变化及人们对战争问题的新认识，其中，"不战而屈人之兵"的"全胜"思想成为战争目标追求的最高境界。在企业战略目标的制定上，也经历了一个社会经济变革影响下的创新发展过程。过去，人们受到机械唯物论和庸俗进化论的影响，一直沿用与对手针锋相对竞争的线性思维模式。直到 20 世纪 90 年代，才有人提出了"竞合战略""商业生态系统""价值创新"等竞争战略新观念，超越竞争最终成为企业战略目标追求的至高境界。本章的主要内容，先是分别阐述了孙子"不战而胜"的"全胜"思想和企业界的非对抗竞争战略思想（超越竞争思想），在此基础上，总结出《孙子兵法》对企业界战略境界提升的有益启示：要改变传统的线性思维模式，实现道器结合；要争取"全胜""先胜""巧胜""势胜"，避免直接对抗，实施全争战略；要不断进行熊彼特所谓的"创造性破坏"，不断开创蓝海，为顾客创造新价值，追求超越竞争的高层境界。

一、孙子"不战而屈人之兵"的"全胜"思想

"全胜"是孙子用兵的至高境界。孙子在《谋攻篇》中说："凡用兵之法，全国为上，破国次之；全军为上，破军次之；全旅为上，破旅次之；全卒为上，破卒次之；全伍为上，破伍次之。是故百战百胜，非善之善者也；不战而屈人之兵，善之善者也。"由此可知，"不战而屈人之兵"的"全胜"思想是孙子用兵的理想追求，它明显是一种上乘的战略境界。

如何实现"全胜"呢？孙子提出"伐谋"与"伐交"两种策略手段，即所谓"上

兵伐谋，其次伐交"(《谋攻篇》)。"伐谋"即挫败敌人的战略计划；"伐交"即破坏敌人的外交联盟，最终实现兵不血刃，不战而胜。这两种策略手段都体现一个"全"字，所谓"善用兵者，屈人之兵而非战也，拔人之城而非攻也，毁人之国而非久也，必以全争于天下，故兵不顿而利可全，此谋攻之法也"(《谋攻篇》)。

当然，在战争中实现不战屈人是很困难的，历史上真正全胜的战争案例少之又少。所以，孙子"全胜"思想又自然渗透于不得不战的战争现实中，以慎战为指导，以"先胜""巧胜""势胜"为基础，形成一条清晰的"破中求全"的战略逻辑思路，最终目标还是落脚于一个"全"字。

"先胜"包括"知胜"和"称胜"。"知胜"是在"知彼知己""知天知地"的基础上通过校计索情的"庙算"分析以预知胜负。所谓"夫未战而庙算胜者，得算多也；未战而庙算不胜者，得算少也。多算胜，少算不胜，而况于无算乎？吾以此观之，胜负见矣"(《计篇》)。对战争形势的判断如此谨慎而理性，所作出的战争决策自然也就接近于万全。"称胜"要求以占绝对优势的实力取胜，强调实力的积累和打造，在经济上要关注"地生度，度生量，量生数，数生称，称生胜"(《形篇》)的力量生成过程，在政治上要注重"令民与上同意""修道而保法"的各种保障措施，最终使我方实力达到"胜兵若以镒称铢，败兵若以铢称镒"(《形篇》)的优势，并以此取得"若决积水于千仞之谿"那样的完满作战效果。

"巧胜"是巧能成事，"无招胜有招"，"四两拨千斤"，目的是实现破中求全。它包括了"避实击虚"和"出奇制胜"等基本原则。"避实击虚"是选定正确的作战方向，抓住敌人的要害和薄弱之处实现"以碫击卵"的效果；"出奇制胜"则是通过不断变换力量部署和作战方法，攻敌于不意，在敌人毫无防备的情况下打击其脆弱不堪的力量。二者都是为了胜于巧胜，胜于易胜。此外，孙子提到的"以迂为直""以患为利""我专敌分""治气、治心、治力、治变"等基本战法也都是强调以智慧和巧妙最大限度追求战争的完满结局。

"势胜"是通过力量的积聚、运用和发挥，实现战争诸要素的最佳结合，并以此追求完美效果。这里强调指挥员要在己方实力基础上，结合具体的时空条件和敌情变化，发挥自己的主观能动作用，创造一种有利于我而不利于敌的作战态势或战略格局，最终牢牢掌握主动权。在具体要求上，既要有"激水漂石"的力量和速度，又要有"势险节段"的部署和节奏，最终达到如"高山转石"般的"任势"境界。

从逻辑上看，先胜是先求自保，后求全胜；巧胜是胜于易胜，破中求全；势胜着眼大局，以势屈人，以威服人。三者都体现了追求全胜的宗旨，强调要以最小的代价获取最大的胜利。

二、企业界的非对抗竞争战略思想

与孙子的不战而胜思想相类似，当今的企业界也存在着非对抗竞争战略思想，其同样是以“全”作为最高的战略目标追求。现将这种思想的有关理论背景和具体思想分述如下：

(一)合作竞争

1. 合作竞争战略思想出现的背景

制度经济学大师科斯(Coase)在其著名的《企业的性质》(1937 年)一文中提出，企业之所以存在是因为企业能有效地降低交易成本。而现在，信息技术等高科技的发展，使交易成本大大降低，分工进一步深化，企业得以把自己的资源禀赋进一步聚焦到自己最具比较优势的工作上。正因如此，企业之间的关系不只是分工造成的贸易关系或竞争关系；事实上，企业之间还有合作的关系和生态依存的关系，合作竞争已是大势所趋。值得强调的是，合作本身分为能动的合作和进化的合作，前者是企业有意识、有目的的选择，后者则是在市场演化的力量推动下，企业由于生存目的而被动或本能采取的合作形态。企业的合作竞争进程就是能动的合作和进化的合作两者之间相互促进与转化的螺旋式演进过程。

2. 合作竞争战略思想的演进

正是基于合作竞争的现实需求，自 20 世纪 90 年代以来，在长期的管理实践和理论探索中，人们对竞争的认识在慢慢改变。1994 年，理查德·达文尼(Richard A. D'Aveni)等人先后提出了“超竞争环境(Hyper-competition Environment)”的概念，认为在当今超竞争环境下，企业间竞争呈现动态性、快速多变性、竞争对手间的战略互动性和竞争内容的全方位性等新特点。为了帮助企业应对当前日益严峻的超竞争环境，纠正人们的错误竞争观及其导致的不良后果，“竞合战略”应运而生。竞合战略泛指通过与其他企业合作来获得企业竞争优势的战略。1996 年，内勒巴夫(Nalebuff, B. J.)和布兰登勃格(Brandenburger, A. M.)合作出版了《合作竞争》一书。他们认为，你在竞争时没有必要消灭你的竞争者。如果你和对手死战到底就会破坏市场，这样你也不会得到任何东西，此谓双输。同样道理，你也不必为了合作而不考虑自身的利益。创造一个你不能把握的市场并不是明智之举，那只能是你输我赢。[1]

同年，詹姆士·莫尔(James F. Moore)所著《竞争的衰亡——商业生态系统时代的领导与战略》[2]一书，是竞争战略理论的指导思想的又一次重大突破。莫尔提出了"商业生态系统(Business Ecosystem)"这一全新的概念，认为生态环境的基础是一些丰富、复杂而且不断改变的相互依赖的系统。所以企业想要成功就必须与生态环境的整体状况相配合，公司只有随时注意周围环境种种细微的变化才能生存。它打破了传统的以行业划分为前提的竞争战略理论的限制。莫尔站在企业生态系统均衡演化的层面上，把商业活动分为开拓、扩展、领导和更新四个阶段，并建议高层经理人员经常从顾客、市场、产品、过程、组织、风险承担者、政府与社会七个方面来考虑商业生态系统和自身所处的位置。在此基础上，系统内的公司通过竞争可以将毫不相关的贡献者联系起来，创造一种崭新的商业模式。

合作竞争的重要理论贡献在于："追求一种更高层次的跨行业的价值网络，致力于打造统一的利益平台，而不满足于简单的行业价值链的收益。市场竞争有输有赢，但不是非赢即输。竞争对手之间也有共同的利益，力求'伐谋'、'伐交'，规避'伐兵'、'伐城'，共同把蛋糕做大，实现'双赢'甚至'多赢'，这是超越竞争企业追求的目标之一；另外，行业间的目标客户具有高度的重合性，与行业外的优势企业建立联盟关系，打造统一的利益平台，客户因而能够享受多元化收益而忠实于企业联盟，最终将实现联盟与客户的多赢。"[3]

3.合作竞争战略思想的实现形式

(1)战略联盟。战略联盟通常是指两个以上的企业实体为了达到诸如共同拥有市场、共同使用资源等战略目标，通过各种契约结成的优势互补、风险共担、要素双向流动的松散型组织。其本质上是企业间通过合作共同创造新价值的竞争性合作联合体。它具有边界模糊、关系松散、机动灵活和运作高效的特征。通过战略联盟可以降低交易费用，分散研发风险，避免过度竞争，形成资源互补，最终实现双赢或多赢。

(2)网络组织。网络组织是介于市场和企业之间的新的经济活动制度安排，是企业应对复杂环境挑战时采取的动态化组织形式。网络组织内的企业面对的不单单是一个简单的公司内部网，还要面对一个通过多种形式(如合作协

---

① 参见[美]内勒巴夫、布兰登勃格著，王煜昆、王煜全译：《合作竞争》，合肥：安徽人民出版社 2000 年版，第 5 页。

② [美]詹姆斯·弗·莫尔著，梁骏等译：《竞争的衰亡——商业生态系统时代的领导与战略》，北京：北京出版社 1999 年版。

③ 杜怀中：《从竞争到超越竞争》，《滨州学院学报》2006 年第 5 期。

定、许可协议、关系合同、分包、战略联盟等)和不同渠道形成的公司外部网。

(3)企业生态群。企业生态群是指由具有互补性、彼此之间存在独特的共生关系的企业所组成的经营群体。波特指出:"正如自然界中不同生物按照类别、地理条件等形成不同的生物群落,并在一定的食物链下生息繁衍一样,个体企业由于外部因素或市场演化力量集结在一起,构成了企业生态群。企业生态群是指具有互补性和独特共生关系的企业组成的经营群体。"①

当然,在合作竞争中,无论是建立战略联盟,还是加入虚拟网络组织或生态群落,企业都应当注意趋利避害,防范风险,"合于利而动,不合于利而止"(《火攻篇》);同时,在合作中应加快发展自己,尽量减少对某一特定合作者的依赖。

(二)超越竞争

超越竞争战略最大的特点在于自强而不是攻敌之弱,其核心在于价值创新,即创造出一种前所未有的价值,最终遥遥领先,获得价值垄断。美国创造性思维权威爱德华·德·博诺认为,为了生存,你需要竞争,但为了成功,你需要超越竞争。谷歌的创始人之一佩奇也认为,竞争对手不是我们感兴趣的事,我们只关心我们的工作能给世界带来多少有价值的东西。可见,那些一流公司真正关注的是顾客的需要,而不是竞争。竞争一定是寻求新的机会,它跟输赢没有关系,它的目的就是要寻求发展。企业之所以存在就是因为人们有许多未曾被满足的需求,而不是因为要打倒竞争对手而"一枝独秀"。"夫唯不争,故天下莫能与之争"②,不把企业的有限资源消耗在与对手的恶性竞争上,而是用在如何为顾客创造价值上,就是实现了目的与手段的统一,最终会使企业实现"不战而胜"。

钱·金(W. Chan Kim)和勒妮·莫博涅(Renee Mauborgne)于2005年出版的《蓝海战略》一书,同样是颠覆传统战略思维的力作。"蓝海战略(Blue Ocean Strategy)"是以创新为中心的战略,强调的是寻找或开创无人竞争的、全新的市场空间和全新的商机,即通过开发新的思维来创造新的改变。它要求企业另辟蹊径,拓展非竞争性市场空间,规避竞争,创造并攫取新需求。企业需要超越竞争。为了获得新的利润和增长机遇,企业必须开创蓝海。

超越竞争战略思想突破了竞争即对抗的线性思维模式,加深了人们对竞争规律和企业之间相互关系的认识,引导企业从全方位、高层次、宽视角看待商业竞争,为商业竞争提供了全新的理论指导。

---

① 转引自王铁骊:《企业组织敏捷性的实现研究》,北京:中国经济出版社2011年版,第48页。

② (魏)王弼注,楼宇烈校释:《老子道德经注校释·第二十二章》,《新编诸子集成》本,北京:中华书局2008年版。

三、孙子不战而胜思想对企业界提升战略境界的有益启示

竞争不是战争，二者本质有别，但许多道理又是相通的。从战略哲学的角度领会孙子对战争问题的论述，可以在企业竞争方面给我们很多有益的启示。

（一）在思考企业竞争问题时，应当改变传统的线性思维模式，追求道器结合

近代的战略管理理论是从工业文明繁荣时期发展起来的。正如电影《摩登时代》所反映的，那是一个充满了机器崇拜的时代，这个时代的思想明显受到了机械唯物论和庸俗进化论的影响，把组织比作机器，把竞争比作战争，把商场比作战场，把视野局限于产品、质量、成本、价格等方面。这是一种典型的线性思维方式，它与当今的多元竞争格局是格格不入的。从科学理论角度讲，牛顿经典力学中因果关系的确定论，对现实企业竞争的诸多问题已经难以作出合理的解释。从竞争现实看，以赢得竞争对抗为指导思想，强调竞争，忽视合作，必然导致恶性竞争和“多输”的局面。

与西方线性的逻辑思维迥异，《孙子兵法》继承了中国古代整体思维和辩证思维的优良传统，在战争问题上具有长远而宏观的战略意识。它注重对事物进行整体的、动态的把握，注重事物的普遍联系、能动转化和循环发展，与形式逻辑相比，更适于从主体的角度来反映和驾驭经验知识及现实矛盾运动。这是以《孙子兵法》为代表的中国传统兵学的灵魂所在，是中国传统兵学的长处所在，也是中国传统兵学给我们留下的丰厚的文化遗产，是必须继承和发扬的。

战争与竞争，事不同而“道”相通。企业的市场竞争和战略管理是一个复杂系统。在当今企业所处的竞争环境下，战略研究的理论基础应当进一步拓宽，并与经济理论、心理学、组织理论、复杂性科学、组织学习理论等在更大的范围上进一步渗透、交融。正如孙子的“庙算”思想通过“五事七计”的比较分析得出胜算结论一样，研究企业战略管理问题，也应当从大战略的层次出发，通过深入认识战争或竞争规律，寻求管理哲学层次的大智慧，亦即寻求竞争之“道”。当然，形而上之“道”离开具体的技术、实力和制度的支撑则是虚无缥缈的。清代思想家顾炎武在《日知录》中提出要“通经达变”。我们要在深刻领会“道”的基础上，融合西方管理思想、管理科学和科学技术，权变地运用到企业管理当中，以减少企业经营管理的随意性，提高整体和长远的战略管理能力。如此，方能真正达到道器结合的至上境界。

(二)整合孙子的"全胜"思想和企业界非对抗竞争思想,领悟"全争"战略

所谓企业界"全争"战略是指以求全为根本指导思想,在竞争过程中动态地、执着地追求"全胜""先胜""巧胜""势胜",避免直接对抗,避免打价格战和恶性竞争,最终实现超越竞争的战略。

它体现为如下几个层次:

第一,"全胜"是"全争"的最高目标。这一方面表现为通过"伐交"策略和其他企业建立合作关系,寻求优势互补,共同营造竞争优势;另一方面则表现为通过价值创新,创造一定时期内的价值垄断,获取垄断利润。后者即所谓"超越竞争"。这种企业强调前瞻和创新,追求未变知变,不断寻求新的突破口,不断追求动态的创新机制,以自身为对手,超越自我,通过创新来解决快变环境下的种种问题,以保持企业的长期竞争优势。

第二,"先胜"是"全争"的基础。"先胜"强调企业时刻关注并寻求尚未被竞争对手发现或重视的顾客需求,不断进行科技创新,不断打造自身的核心能力,先对方一步在某一领域获得竞争优势。"先胜"还强调要先顾客所愿而思,先顾客需求而行,即所谓引领市场。传统的竞争是以顾客为发信号者,"先胜"的市场观要求企业充当发信号者。在技术变革日新月异的现代社会中,推崇"先胜"的企业不能容忍顾客对技术发展信息的迟钝,它们会迫不及待地为顾客描画更好的蓝图,从而在同行业中鹤立鸡群。它们善于把最新的技术进展和应用前景的有关信息不断地提供给顾客,让顾客赞同企业的观点,购买企业的产品或服务,从而解决信息不对称问题,实现交换双方价值增值的目标。就此而言,"先胜"是"全争"战略实施的基础。

第三,"巧胜"是"全争"的第二层次。全与破对立统一,商战中"红海"与"蓝海"始终并存。对企业而言,当不战而胜难以实现时,就要做到以巧争而求全,即避免与对手正面对抗打价格战,否则会无谓消耗实力,陷入孙子所讲的"费留"(战后不巩固成果,徒耗钱财)局面,两败俱伤,使渔翁得利。巧胜特别强调主攻价值链上和市场上的空白点,发挥主观能动性,占领能带动全局的制高点。"巧胜"还要注重灵活性和有效性,通过灵活和有效来实现效率,而不单纯拘泥于生产效率的提高。所谓"战胜不复,应形于无形"(《虚实篇》),企业只有不拘泥于以往的成功经验,而是因情应变,"因利制权",才会真正实现"全争"的战略目标。

第四,"势胜"是"全争"中的综合效应。孙子所讲的"势胜"就是要求形成一种总体上有利的态势而获胜。它要求指挥员要协调好各种力量,恰当利用地理地形,正确部署兵力,巧妙捕捉战机,以达到"毕受敌而无败"或"兵加于敌,如以碫投卵"的态势。"势"正因为巧妙综合了各种因素,才能将力量发挥到极致,同

时也使效益的追求达到极致。就企业竞争而言,也应强调不断革新技术,优化流程,强力营销,内外结合,并不断自我否定,围绕顾客需求展开价值创新,建设强有力的品牌,提高顾客忠诚度,营造不可超越的气势和势如破竹的态势。

(三)正确理解对抗竞争和超越竞争的辩证关系

吴如嵩教授曾谈道:孙子的胜负观,除了"全胜"之外,更重要的是"破胜"。"全"是政治解决问题,"破"是战争解决问题。换言之,"全"是不流血的战争,"破"是流血的政治。孙子虽然以"全胜"为其最理想的战略追求,但是他的十三篇中,百分之七八十的篇幅论述的是"破胜"之法。用兵打仗,毕竟是《孙子兵法》的主体内容。①

吴如嵩先生的这段话对我们理解对抗竞争和超越竞争的辩证关系很有帮助。对抗竞争和超越竞争既有区别,又有联系。正如《蓝海战略》一书所指出的,蓝海战略是对"红海战略"的一种补充而非否定,两者并行不悖、辩证统一,现有的红海中蕴藏着发现蓝海的机遇,而蓝海最终会转化为红海。例如,戴尔的直销商业模式是其开创的一个蓝海,曾经被大家看成是一把利剑,能够战无不胜。但今天,这样的独门秘籍已经被越来越多的厂商所了解,甚至借鉴,最终会变成红海。将来戴尔要超越竞争,就应当继续进行业务模式创新或是技术上的创新,开辟新的蓝海。超越竞争要求企业不断超越自我,不断进行熊彼特(Joseph A. Schumpeter)所谓的"创造性破坏(Creative Destruction)"。最有价值的竞争不是价格对抗,而是新商品、新技术、新供应来源、新组合形式的竞争,也就是占有成本上或质量上决定性优势的竞争,这种竞争打击的不是现有企业的利润边际和产量,而是它们的基础和它们的生命。

四、结论

一种思想的出现,同它所处的时代大背景紧密关联。《孙子兵法》诞生于春秋战国这一社会大动荡、大变革时期,催生于杂家纷呈、学术鼎盛的第一次思想大解放运动之中,其"全胜"战略思想既是大智慧,也是大境界。在今天,借鉴孙子的不战手段和"全胜"思想,我们应努力提升企业的战略境界,将过去的恶性对抗竞争转化为理性的非对抗竞争,即合作竞争或超越竞争。首先,非对抗性的理性竞争可以最大限度地去除竞争的恶性后果。因为它是一种规则束缚下

① 参见吴如嵩:《孙子兵法的大智慧》,中国孙子兵法研究会编:《孙子兵法与现代战略:第七届孙子兵法国际研讨会论文集》,北京:军事科学出版社2007年版,第41页。

的竞争，是一种考虑到他人的向善的竞争。它既保持了社会发展的动力，又遏制了人性恶的一面。它把人们从生存竞争的恐惧中解放出来，使人们能够摆脱物欲和商品的束缚，相对自由地认识和把握周围的世界，包括人类本身。其次，非对抗性的理性竞争能够充分发挥人类的主观能动性，在善的基础上充分张扬人的个性，发挥人的智慧、能力和创造力，使每个人都各尽所能，各取所需，既为自己谋取一席立足之地，又为整个社会做出贡献。再次，非对抗性的理性竞争形成经济个体和社会整体协调的趋向，进而达成经济的有序性，使经济在保持内部激活的机制下，保证整体经济的健康发展。在此基础上，理性竞争又形成社会个体和社会整体协调的趋向，进而形成稳定而有序的和谐社会秩序。如此一来，就可以使企业的竞争战略提升到一种至高的境界。

第十一章
《孙子兵法》战术思想体系与企业竞争策略的运用

《孙子兵法》战术思想内容丰富、哲理深邃，其在商业竞争领域的应用价值已为众多学者所认同。但人们在探究这一课题时却忽略了一个问题，即孙子的战术思想是一个完整的体系，有其内在的逻辑思路。就最基本的框架来看，《形篇》在“先为不可胜”的基础上谈攻守之道，《势篇》在用势、造势的宗旨下说奇正之变，《虚实篇》则侧重于双方优势、劣势的转换论“避实击虚”。可以说，这三篇前后相连，每一篇都有战术运用和战术变化的基本理念，而彼此之间又有不可分割的关系，其最终目的则在于实现“致人而不致于人”。因此，在企业竞争实践中，若想成功地借鉴孙子的战术思想，也必须遵循其内在的逻辑思路，切实从整体上把握其思想理论体系。这对企业领导者而言，既属形而上之道，又是一个需要用内心感悟的实践能力问题。

一、立足先胜，活化攻守

孙子在《形篇》中讲道：“昔之善战者，先为不可胜，以待敌之可胜。不可胜在己，可胜在敌。故善战者，能为不可胜，不能使敌必可胜。故曰：胜可知，而不可为。”这是一种“自保而全胜”的思想，强调决策者要先使自己一方立于不败之地，然后再图战胜敌人。西湖逸士《投笔肤谈·家计》也认为：“用兵之道，难保其必胜，而可保其必不败。不立于不败之地，而欲求以胜人者，此侥幸之道也，而非得算之多也。”[1]

孙子在《九变篇》中还说：“故用兵之法：无恃其不来，恃吾有以待也；无恃其不攻，恃吾有所不可攻也。”意思是说：用兵的法则是，不要寄希望于敌人不会来，而要依靠自己作好了充分准备；不要寄希望于敌人不进攻，而要依靠自己拥有使敌人无法进攻的力量。这更明确强调了“求其在我”的思想宗旨，即决策者不应把决策的基点放在对方如何变上，而应求之于己，使自己决策的基点建立在充分准备、积极应对敌人的前提下。

“先胜”必须要先有实力在手。孙子在《形篇》中说：“称胜者之战民也，若决积水于千仞之谿者，形也。”意思是说，军事实力强大的胜利者指挥部队作战，就像在万丈悬崖决开山涧的积水一样，这就是军事实力的“形”。孙子非常清楚，战争应提倡以谋略取胜，但这种谋略必须建立在实力的基础之上；否则，单纯依靠智谋诡诈投机，一旦落空，必陷于被动。当今许多知名企业无不以实力为本，力求在资源、管理、技术、服务等方面先胜于人的前提下参与商海博弈，恐怕也正是这样的思路。沃尔玛的首席执行官戴维·格拉斯在谈到沃尔玛的竞争战略时说，“总是先建立内部能力，而从不凭空跳跃”[2]。当然，在商业实践中，做到这一点并不容易，人们往往头脑发热，过高估计自己的力量，忽视自身的弱点，从而给了对手可乘之机。如果我们仔细分析一下商战中的许多事例，能够发现一些人的失败正是由此导致的。

在先胜的基础上，要考虑活化攻守的问题。孙子在《形篇》中有言：“不可胜者，守也；可胜者，攻也。”洪兵指出，这是从“保存自己，消灭敌人”基本逻辑出发，提出了“防守”与“进攻”两种行动样式。这是战争中最基本的两种行动样式，其他任何行动的组织、实施和变化，都是这两种行动样式的更具体的展现。因此，战争中的所有奥妙，无非一个“攻守之道”。作为一名将帅或领导者，他的指挥艺术，无非是体现于这种基本行动样式的组织与转换上。[3]

与军事领域相同，攻与防也是商战对抗中两种最基本的行动样式，企业竞争中的所有行动也都是由进攻与防御构成的。企业的进攻多表现在进入对方市场或挑战行业领先者的市场地位上；企业的防御多表现在阻挡对手进入己方市场或缓解竞争对手所施加的竞争压力上。但市场上的攻防态势不是固定不变的，企业竞争的整个过程，也可以说是一个攻防不断转换的过程。就企业领

---

① (明)西湖逸士：《投笔肤谈·家计》，程素红主编：《中国历代兵书集成》，北京：团结出版社 1999 年版，第 1618 页。

② 转引自洪兵：《孙子兵法与经理人统帅之道》，第 61 页。

③ 参见洪兵：《孙子兵法与经理人统帅之道》，第 62 页。

导者而言，什么时候攻，什么时候守，什么时候转守为攻，什么时候转攻为守，采取什么样的方法和策略进行攻和守，这些都没有固定的模式，一切要靠领导者主观能动性的发挥和心灵的感悟。需要强调的是，与战争相比，商战中的进攻与防御又有其自身的特点，即攻防对抗的间接性和多样性。所谓"间接性"指的是商战攻防在许多时候并不是直接交锋，而是围绕着消费者进行的。所谓"多样性"指的是商战拥有更多的攻防手段，除了常见的经济手段，还包括大量的非经济手段。这就进一步加大了攻防的多变性和玄妙性。为此，我们既要根据自身实力和不同战略角色进行攻防选择，又要根据对手的反应和不同战略格局状态进行攻防转换。在这一过程中，领导者必须掌握"攻防结合"的内在规律，寓攻于防，寓防于攻；"攻"中有"守"，"守"中有"攻"。只有把攻防融为一体的人，才算是真正掌握"攻防"要义的企业家，才算是能够灵活驾驭攻防艺术的领导者。

在具体的战争与竞争实践中，如何进行有效的进攻与防守呢？孙子讲道："善守者，藏于九地之下；善攻者，动于九天之上。"这就明确提出了防守与进攻的基本行动要求。

防守，是以弱制强的行动，在作战上多借助于有利的地形来实施，或修筑坚固的地下工事来防护自己。作为一名聪明的将帅，在防守中一定要把自己的真实情况隐藏起来，不被敌人所知道。最好的办法，就是通过各种手段，使自己处于一种"微乎微乎，至于无形；神乎神乎，至于无声"（《虚实篇》）的状态。在这种状态下，敌人对我方的防守计划和行动"见不可见""闻不可闻"，那么，就会茫然无措或麻痹松懈。当然，防守中的隐蔽不是一直固守不动，而是在悄悄地积蓄力量，等待战机。就竞争战略领域而言，也要通晓防守中的"隐匿之道"。在条件不具备、反攻时机不成熟时，要从长计议，在持久中保存实力，在持久中积蓄力量，在持久中等待战机。在必要的情况下，还可以以退为进，绕着圈子走路。即通过各种途径和措施，有效干扰对方的进攻计划，阻滞对方的进攻行动，拖延对方的进攻时间，降低对方的进攻效率。

进攻，是以强制弱的行动，在作战上多追求一种自上而下、迅猛激烈的"势"。而造势有两条基本原则。其一是势险，就是在关键性的时间和关键性的地区，集中起"若决积水于千仞之谿者"的强大实力，造成一种"如转圆石于千仞之山者"的险峻态势，实施"侵掠如火""动如雷震"的攻击，陷对手于瘫痪之中。其二是节短，即进攻中要以"激水之疾，至于漂石"的速度和"鸷鸟之疾，至于毁折"的节奏，通过瞬间的能量爆发，形成暴风骤雨式的摧毁性的攻击力量，使对手根本没有时间和机会来组织力量进行抵抗。在竞争中，也是同样的道理，平淡无奇的进攻是不可能给企业带来竞争优势和巨大效益的。聪明的领导者应该懂得，商战中不进攻则已，要进攻，就要集中起几倍乃至十几倍于对手的资源，在最关键的区域市场上，形成决定性的优势，高筑竞争中的平台，占据行业中的制高点，拉大与对手之间的差距，通过造强势、造高势、造险势，形成不可抵挡、不可遏制的攻击力量。另一方面，在发起攻击时，必须通过时机的精确性、行动的突然性、动作的迅疾性、力量的暴烈性来达到攻击效果上的震撼性与穿透性，形成势如破竹、"秋风扫落叶"般的凌厉攻势。

上述攻守行动中的基本要求又体现了深刻的动静哲理。正如孙子在《军争篇》所言："故其疾如风，其徐如林，侵掠如火，不动如山，难知如阴，动如雷震。"这些话，对我们今天的企业竞争战略也是很好的启示。一方面，我们要做到"以静制动"，就是要做好充足的准备工作，包括双方的竞争环境分析、战略方案的制订与选择及相应的竞争实力建设等。对整个竞争战略格局有了充分的了解和准备，就可以做到"兵来将挡，水来土掩"，对方的一切动作、一切进攻就都可以有方法应对，从而使自己立于不败之地。另一方面，又要不忘"动以争先"，要在隐忍和等待中善于观察和抓住机会。也就是说，"以静制动"并不意味着一味守静而不动。在静的同时，时间在流动，形势在变化，机会也在转换。聪明的指挥者懂得要在这种快与慢、动与静的转换中，抓住转瞬即逝的良机，最终化解矛盾，克敌制胜。

二、因形造势，正合奇胜

攻守是作战或竞争对抗中最基本的行动样式，是战术运用的最基础层面的东西。那么，如何使你的攻与守发挥出最大威力，或者说如何实现攻与守两种作战方式的适时转换？这还要借助于灵活造势来实现，也就是兵法中所谓的"因形造势"问题。

"形"与"势"是我国古代兵法中一对重要的概念。"形"是指军事实力及其所呈现的形态；"势"是指军事实力的具体运用、表现和发挥。"因形造势"则是在一定实力的基础上，结合敌我双方的力量对比及相应的时空条件，通过发挥指挥员的主观能动作用，将自身实力发挥到最佳，造成一种有利于我而不利于敌的态势或格局，以掌握战争的主动权。孙子认为，战略决策除了要根据敌我双方情况的变化而变化以外，还要根据环境的大势而变。其中，最主要的因素是被视为时空条件的"天"和"地"。"天"和"地"加起来，就是我们今天所讲的组织所处的战略环境。

"天"就是天时，亦即在战略形势变化中的某一段出现的对我方最为有利的态势和机会。如果抓住了，你的战略生涯将会迈出关键性的一步，进而使你的战略目标顺利达成；如果失去了，你可能会丧失主动权，步步陷入被动，进而导致整个战略计划失败。高明的战略家之所以高明，就在于他们能够抓住"大势"，利用好"大势"，"顺天而动"，"顺天而为"，从而取得迅速发展的动力。

"地"是指地利，这里面既包括地势的险要、地形的高下、距离的远近，也包括自然或人文的地理环境以及双方力量分布所构成的战场位置关系等。自古以来，许多作战成功或者失败的案例，都与地形选择的正确与否有关，或者与在某种地形上部署兵力的对错有关。因此，能否具备一种战略空间意识，认识和处理好"人"与"地"的关系，巧妙地借"地之利"去求"兵之胜"，反映了战略家和军事家的基本素质和能力。

在现代社会竞争中，战略环境除了一般意义上的"天时"和"地利"，还包括行业发展的大势及市场格局变动的总趋向。有经济研究专家认为，"公司特有的行为只能解释公司价值的一半多。大约50％的投资回报率差异可归因于整体经济和行业状况"①。就行业发展的大势而言，它主要指产业结构变动的内在规律和趋势。迈克尔·波特曾经指出："产业结构若发生巨变，就可以为动作快的企业创造新机会"；"产业的后来者利用产业结构的变迁乘机而起，所凭借的优势就是：一抓住趋势就行动"。② 就市场格局的变动总趋向而言，它主要指竞争双方在整个市场体系中所处地位的变化趋势。任何一个企业的产品都有内在的生命周期和潜在的市场危机，等企业在这一市场上已经落败的时候，应该顺势而为，主动退出竞争市场，转而开发新产品。

总之，作为企业竞争领导者，必须密切注视社会大环境发展的进程、动态和趋向，达到知天知地的境界，并及时采取组织、管理、运筹等手段，控制企业发展的方向，使企业朝着既定目标前进。要知道，环境是战略的最大变量之一，能够抓住环境变化中的大好机遇，进而采取主动的行为和积极反应的举措，是一个组织或领导者所能具有的最大的战略资产。

当然，在瞬息万变、风云莫测的商场上，因形而造势的基本原则真正实施起来并不那么容易。你要能变得智、变得巧，要能达到一种高层境界：以变制变，以无形制有形，以不变应万变。对此，孙子告诉我们一个秘诀，那就是奇正思想的活用。可以说，因形造势的基本原则落实于战术问题即表现为"奇"与"正"的

---

① ［美］保罗·舒梅科著，北京天则经济研究所选译：《从不确定性中盈利》，昆明：云南人民出版社2005年版，第5页。

② ［美］迈克尔·波特著，李明轩、邱如美译：《国家竞争优势》，北京：中信出版社2007年版，第44页。

相生相克、相辅相成，这也是孙子将奇正思想安排在《势篇》的根本原因。

奇正，源于阵法，是讲战斗中的兵力配置和战术变化。从兵力部署上讲，有些兵力正面迎敌，有些兵力侧面迂回。从战术变化上讲，有时延用常规战法，有时创造新颖战法。前者叫“正”，后者叫“奇”。孙子说：“战势不过奇正”；“三军之众，可使毕受敌而无败者，奇正是也”（《势篇》）。这提醒我们，在战场上或者商场上，不管竞争对抗的方式或战术怎样复杂多变，都逃不出“奇正”这一范畴。

作战方式既要有“正”，亦要有“奇”，二者缺一不可，但二者的作用不同。孙子说：“凡战者，以正合，以奇胜。”（《势篇》）从基本的划分比例来看，“正”是多数，用以接敌，制造对立和相持；“奇”是少数，用以决胜，打破僵局和困境。

为什么出奇才能制胜呢？

这需要从力量作用的角度来解释。竞争中的胜负结局归根结底取决于双方实力的大小。从客观角度分析，双方实力对比永远都不均衡，力量强的一方肯定要在竞争中占优势。但力量作用的大小不仅取决于客观因素，也取决于主观因素。洪兵谈道：“力量的存在不等于力量的作用。也就是说，没有准备好的力量，只是存在的力量，而不是实际对抗中的力量。这种没有准备的力量在实际对抗中是不堪一击的。‘出其不意’能够迅速捕捉或创造打击这种力量的机会，使出其不意者稳操胜券。”①

总之，在任何竞争领域，“奇”永远是反常的东西，正因为它反常，才会有争取主动的特别意义。这对商家有三个方面的重要启示：

其一，出奇对于商业对抗中的任何一方来说，都是由被动转为主动的关键。如前所述，没有准备好的力量，只是存在的力量，而不是实际对抗中的力量。这种没有准备的力量在实际对抗中是脆弱不堪的。“出奇制胜”的奥秘就在于能够迅速捕捉或创造打击这种力量的机会，使被动一方巧妙转为主动。

其二，在竞争双方势均力敌的情况下，“奇”是制造一切变化的关键，是打破平衡的特殊力量。当双方各自的手段用尽，力量也消耗殆尽，胜利最终属于谁要看谁能够善用预备队，用“余奇之兵”适时杀出潜伏的黑马。高明的商家都懂得如何安排这最后、最关键的一击，一旦发出，对方彻底招架不住，根本无力回应。李零教授对此作了简短而透彻的阐述：“奇是置于正外，藏于正后，驾于正上，故意留下的一手，用以制造对立，超越对立，控制对立，解除对立，永远让对方感到意外的一种特殊力量。”②

其三，从战略战术运用的角度讲，“奇”反映着某种规律性的东西，体现了竞

---

① 洪兵：《中国战略原理解析》，第225页。

② 李零：《兵以诈立——我读〈孙子〉》，第191页。

争对抗中超越常规和“反者道之用”的制胜理念。“奇”既是一种挥洒自如的驭力之美，也是一种化险为夷的智慧之美，它能够为你创造出各种各样的制胜良机，尤其对于对抗中的弱小一方来说，它更是由被动转为主动的“一字真言”。

三、避实击虚，示形动敌

当然，正合奇胜的战术变化并不是无原则的变，而是要服务于作战目标和攻击方向的选择，最终形成战争或商战对抗中的“避实击虚”态势。

孙子说：“夫兵形象水，水之形，避高而趋下；兵之形，避实而击虚。”（《虚实篇》）对这一思想，历代兵家均有高度评价和深刻体认。现代著名孙子研究专家吴如嵩教授也说：“战争舞台上，赢得胜利的方式千变万化，但是，万变不离其宗，这个宗就是‘虚实’。这就好比杂技艺术异彩纷呈，但最根本的规律只有一条：‘平衡’，掌握平衡。”[①]

“避实击虚”为什么有利于达成致胜目的呢？从根本上讲，避实击虚不在于攻击这个“虚”本身，而在于通过关键点的突破，来打开整个局面。《管子》中也有一段精彩的论述：“凡用兵者，攻坚则韧，乘暇则神，攻坚则暇者坚，乘暇则坚者暇。”意思是说：打强点就会碰钉子，打弱点就会显神功。硬打强点，则弱点变为强点；巧取弱点，则强点也会变为弱点。可见，避实击虚的真正奥妙，在于从战争全局出发，正确地选择关联敌人要害的薄弱环节作为打击目标，起到“牵一发而动全身”的效果。唯有如此，才会实现主动权的真正掌控。

孙子“避实击虚”思想在企业竞争中被成功运用的案例是相当多的。如在电脑产业，美国苹果公司曾采用这种战略大胆向 IBM 公司挑战。苹果公司把经营重心放在新的个人电脑开发上，而这恰恰是 IBM 公司忽视的薄弱环节。IBM 公司长期以来把重点放在价格昂贵的大型电脑上，忽视了市场上受到欢迎的个人电脑、软件和服务等薄利多销的产品。1994 年，苹果公司向市场投放了麦金考电脑，获得巨大成功，仅 100 天就销售了 75000 台，从而占领了个人电脑市场。

当然，“避实击虚”要运用成功，还需要懂得“示形动敌”的艺术。战争或商业竞争围绕利害进行的主动权的争夺，是双向和互动的，对抗双方都要竭尽全力掩饰自己的利益与要害之处，以设法控制对手而不被对手所控制。这就涉及《孙子兵法》中的“示形”策略。力量的“形”是可以通过“示”而使人迷惑的，并不

① 吴如嵩：《徜徉兵学长河》，第 85 页。

总是完全客观地反映力量。这给了军事家们施展自己主观能动性的机会，他们可以通过“示形”去左右对方的战略判断和战略决心，进而达到把握主动权的目的。

对此，孙子有三个方面的精彩论述给商家以启示：

其一，反向示形。孙子有言：“能而示之不能，用而示之不用；近而示之远，远而示之近。”（《计篇》）这种“示形”亦即依照自己真实力量的相反方向去“示”，使对方按此作出错误的判断，走入指挥决策的歧途。

其二，形兵之极，至于无形。在兵家看来，“示形”的艺术发挥到了极点，便达到了一种“无形”和“神乎”的境界。如孙子在《虚实篇》中说：“故善攻者，敌不知其所守。善守者，敌不知其所攻。微乎微乎，至于无形。神乎神乎，至于无声，故能为敌之司命。”古代兵家们之所以强调“无形”，是因为“智见者，人为之谋；形见者，人为之攻；众见者，人为之伏；器见者，人为之备”①。只有在运用力量时“藏形于无”，才能达到“出于不意，攻其不备”的效果。这一思想用之于商战不难理解：当人们知道你的意图、你的形迹、你的要害，便可有针对性地采取对策，或是进攻，或是防备，从而获得战略主动权。所以，商家要“示形”，就要达成“无形”。使自己的战略意图藏于无形之中，并运用自己的力量于无形之中。这样，对方便无端倪可察，无形迹可寻，便会在对抗中不知所措、无法应对。

其三，以变形求无形。孙子在《虚实篇》中说：“因形而措胜于众，众不能知；人皆知我所以胜之形，而莫知吾所以制胜之形。故其战胜不复，而应形于无穷。”这种“应形于无穷”可以说更加高深莫测，它所追求的“无”不是没有或看不见的，而是“形不固定”，即通过无穷尽的“形”的变化，达成“无形”的目的。这对商家而言有着更为深刻的启示：我之“形”（实力及运用）完全不让对方所知，是很难做到的。我可以用“所以胜之形”（制胜的方法）示之，将“所以制胜之形”（制胜方法的活用）隐匿起来或加以变化。具体而言，就是让人们只知道我用来战胜对手的方法，但不知道我是怎样运用这些方法取胜的，最终以此达到在商海中灵活求变、把握主动的目的。

四、以迂为直，以患为利

“以迂为直”的本质内涵，就是强调用一种在形式上与达到目标相反的做法或选择一条与表面上离目标较远的路线去实现目标。所谓“迂”，是指“曲线”

---

① 寇南河：《兵学：用人奇谋秘本》，北京：中国戏剧出版社 1999 年版，第 196 页。

"绕远""间接""非正面"等意思;所谓"直",是指"直线""直达""直接""正面"等意思。按正常的推理,在军争中抢占先机除了要有速度之外,还应该走直道、攻正面,这样才能最快地达到目标。而从军事实践来看,并非如此。战争是活力对抗,任何一方对对方的行动都要作出制约和控制。你要在最直接的路径上采取行动,对方必然会设置种种陷阱,制造重重阻力,通过各种手段增加你行动的难度。如果你选择迂回途径的话,对方因难以预料和判断,就无法作出预先的防范措施,这样你就可以达到出其不意、胜于易胜的效果。另一方面,选择"迂回",还可以有更多的途径和方法达到目标,更容易发挥作战指挥的主动性、灵活性和创新性。因为,从物理学角度讲,两点之间的直线只有一条,但两点之间的曲线却有无数条。

在中国战争史上,"以迂为直"的实例有很多。三国末年,魏国派遣大将钟会、邓艾兵分两路伐蜀。蜀国凭借蜀道天险,把大部分主力交给大将姜维领军迎敌。姜维在蜀国门户剑阁和钟会形成对峙之势。这时,邓艾却悄悄地取阴平小道,迂回绕远,如神兵天降般地攻向蜀都成都。蜀国上下没想到邓艾居然能越过蜀道,攻入核心,在兵力极度空虚的情况下,只好开门投降。

在商业史上,最成功的市场进攻大多数也是选择迂回路线。有效的迂回与侧翼进攻,往往能够决定性地改变竞争双方的力量格局,从而达到事半功倍的效果。聪明的企业领导者不会正面进攻对手的主要细分市场,他们往往选择市场的边缘行动,如日本企业进入美国市场运用的就是这一策略:本田是从小型摩托车领域进入;雅马哈是从大型钢琴领域进入;东芝是从小型黑白电视机领域进入。从市场的边缘打入,会避开对手防守的主要力量,不会遭到其全力反击,这几乎是弱者挑战强者屡试不爽的法则。同时,它也说明,"以迂为直"与"避实击虚"是紧密联系的,要想在双方力量接触上"避实击虚",就要在力量运用方向和方式上"以迂为直"。许多久经商战的"老将"有这样的体会:侧面进攻,击其虚弱最有效。

在商业竞争中,"以迂为直"不仅适用于对手,也适用于客户。人类本性有一个共同特点:当一个陌生人带有利益目的与另一个人接触时,对方会本能地排斥和反对;若这个人不抱有个人目的与其交往,或是主动为对方提供一些帮助,对方就会很乐意接受。所以,在和客户沟通时不要急于说自己想说的话,因为客户想听的和你想说的永远不一样,这个时候最明智的做法,就是谈一些客户热心的话题或可以为客户带来好处的话题,让客户产生兴趣,等到客户消除了生疏感之后再把话题引向你的目的,业务就很容易谈成了。例如,华为公司在1999年进军山东省菏泽市场就是一个典型案例。在头两个月,华为打着解决老产品问题的旗号,设法和客户接上头,绝口不提销售,一有机会就讲华为的企业文化及人和事。到第 3 个月，客户方高层终于点头答应到深圳参观华为，而此时华为仍闭口不谈销售，只是分批将客户方所有相关人员 50 多人请到深圳。大半年后，在菏泽新一轮整网招标中，华为胜出。可以说，华为历史上的决定性“战役”，无不印证着《孙子兵法》迂回路线战略的现实性和有效性。

孙子的“以迂为直”思想又是与“以患为利”联系在一起的，这就要求企业领导者必须懂得舍弃的艺术。孙子讲：“途有所不由，军有所不击，城有所不攻，地有所不争，君命有所不受。”（《九变篇》）迈克尔·波特说：“战略就是制造竞争中的取舍效应；战略的本质是选择何者不可为。”[①]所谓“舍得”，有“舍”才能有“得”，“大舍”才能“大得”。

“患”与“利”是辩证联系，两者相辅相成。孙子的“以迂为直”“以患为利”，实际就是“由迂见直”“由患见利”。对于一般人来说，有些事情是“患”，而对于高明的战略家来说，这些“患”则是“利”。高明的战略家善于把“患”转化为“利”，把挑战转变为机遇。

历史上有这样一个案例。公元前 455 年，知伯向魏桓子索要土地，魏桓子没有答应。策士任章劝魏桓子说，为什么不答应给他土地呢？无缘无故索要土地，必然会引起邻国的恐慌；贪得无厌，必然会遭到天下的惧恨。如果魏割地于知伯，知伯会更加目中无人，为所欲为，这将促使四邻因为惧怕他而联合起来，这样知氏离灭亡也就不远了。在任章的劝说下，魏桓子便给了知伯一个万家之邑。知伯受此鼓舞，又向赵国索要蔡、皋之地。赵国不给，知伯便逼迫韩、魏共同伐赵。然而韩、魏却与赵暗暗结盟，里应外合，一举灭了知伯。这可谓是典型的“欲先取之，必先予之”的策略。

知伯的灭亡，从反面为我们提供了深刻的教训。在战争或竞争中，你要想获得“利”，最好的办法并不是直接奔“利”而去，而是通过“患”来获取“利”。这个“患”，或是一种主动的付出，或是一种巧妙的让步。但是，只有通过这个“患”，你才能获得“利”，获得“大利”。商业史上，日本“绳索大王”岛村宁次的“原价销售法”就体现了这样的思想。一开始，岛村以五角钱的价格大量买进麻绳，然后以原价卖给东京一带的纸袋工厂。这是一桩赔本生意，但岛村心甘情愿地干了一年，最终赢得了质优价廉的好名声。于是，订货单源源不断地飞来。这时候，岛村拿着购物收据对订货商说：“这是我一年来购买绳索的收据，这一年，我一分钱也没赚你们的，长此下去，我只好破产了。”订货商为岛村的诚实所感动，情愿每根绳索增加 5 分钱。岛村又拿着卖物收据找到供货商：“一年来，

① [美]迈克尔·波特著，刘宁、高登第、李明轩译：《竞争论》，北京：中信出版社 2003 年版，第 51 页。

我一分钱也没有赚到，只是给你做了义务推销员，再干下去，我是受不了了。”供货商翻阅着一张又一张原价卖出去的发票，感动不已，于是每根绳索降低 5 分钱供货。这样，岛村每卖一根绳索就能赚 1 角钱，其利润已相当可观了。“原价销售法”实际是一种“以患为利”的高明的舍弃艺术。开始时吃亏，尔后便占大便宜。这只有那些胆识谋略过人的企业家才敢为之。

五、结论

对于战争或商业竞争而言，无论奇正还是虚实，抑或“因形造势”与“以迂为直，以患为利”，其根本目的都在于通过变化，进而把握主动权。故而，“因变”是孙子战术思想的最高境界。“因变”强调以对手为依据而制定战胜对手的战略战术，因时而变，因地而变，因对手而变。这一系列所谓的“因变”，其实就是“无我”;“因变”即“无我”的结果，其实已经渐渐地从经验的高层日趋向彰显超验心的方向发展。它基本上是在反复的竞争或斗争过程中磨炼出来的，是一种依赖于实践的思维模式，是抛弃了诸多畏惧、成见、算计、执着等人为设计之后的人的潜能的爆发。对于商家决策者而言，这种最高智慧和领悟能力在任何领域的主动权争夺中都是不可或缺的。最后，值得强调是，孙子的战术思想体系有其完整性和逻辑性，需要整体把握，但在经营管理中的实践运用中又不能过于僵化。企业领导者必须在深刻领悟其行动要旨和内在联系的基础上，做到活学活用，方能真正造就神秘莫测的战术变化效果，最终调动对方而不被对方调动，控制对方而不被对方控制，以夺取商业竞争的胜利。

第十二章 《孙子兵法》组织结构思想与企业管理体制的运行

乌尔里克认为，现在唯一剩下的有竞争力的武器就是组织，因为那些传统的竞争要素，如成本、技术、分销、制造以及产品特性，或早或晚都能被复制，它们无法保证你就是赢家。在新经济中，胜利将来源于组织能力，包括速度、响应性、敏捷性、学习能力和员工素质。① 这句话深刻阐明了组织结构在企业管理体制运行中的重要作用。《孙子兵法》中虽没有专篇讨论战争中的组织结构问题，但亦不乏这一方面与企业管理相通的真知灼见。鉴于此，本章主要从五个方面论述了孙子有关军队组织结构思想对企业管理体制运行的启示，其主要内容包括：组织结构的重要性；信息手段的重要性；动态环境中组织的应变能力；组织力量的有机搭配与平衡；借助外部环境而形成的自组织式的协同。

一、组织结构的重要性

"治众如治寡，分数是也。"这句话出自《势篇》。意思是说，管理大部队如同管理小部队一样，这属于"分数"的问题。

什么是"分数"？曹操说："部曲为分，什伍为数。"这个解释大体对，但不够准确。按照李零教授的解释，"分"指分层，"数"指员额，"分数"是个合起来的词。部曲、什伍都是分数，不是大的编制叫"分"，小的编制叫"数"。分数实指部队的组织编制。

孙子在《计篇》中提到："法者，曲制，官道，主用也。"这里的曲制和官道就是

---

① 参见[美]戴夫·乌尔里克：《人力资源的四个新角色》，《管理与财富》2005 年第 11 期。

对部队组织编制问题的概括。孙子将其列为“五事”之一，上升到了战略高度来分析。

在平常人看来，治理成千上万的人是非常复杂和困难的一件事。但在孙子看来，这些事说难也不难，说复杂也不复杂，关键是要解决好“分数”问题。即通过分层设级、定编定员，然后配备各级军官，就能管理千军万马如同一人。

孙子这句话内含了组织学的一些基本思想，即组织能产生力。管理有促成的特性，无论是军事对抗还是商业竞争，好的管理组织能使人员间更有效地分工、更好地协作，使资源得到更有效地配置和利用。

《军争篇》讲到军队如何行动时说：“无邀正正之旗，勿击堂堂之阵。”意思是说，军队双方交战时，不要去拦阻旗形整齐、部署周密的敌人，不要去攻击阵容严整、组织严密的敌军。这从一个侧面证明了组织问题在对抗中的重要性。

美国著名的管理大师德鲁克也说过，所谓组织，是一种工具，用以发挥人的长处，并中和人的缺点，使其成为无害。[①] 德鲁克还谈到，125 年前，当大型企业首次出现时，能够模仿的唯一组织结构就是军队：层级的、指挥与控制、纵向参谋。这句话点出了军队管理与企业管理共通的一个基点。

那么，什么样的结构才能使一个组织产生最大绩效呢？

其一是职能互补，各取其长，即组织横向结构的合理化。如古代军队中，有车兵、徒兵、骑兵的相互配合。现代企业中，有生产、财务、人力资源、市场营销、产品研发等部门的合理化配置。享有“媒介巨人”美誉的鲁伯特·默多克领导的新闻集团是一个生产大众传媒产品的企业。其传媒集团横跨广播、影视、报刊、出版社、因特网等多种媒体，这是一种更高层次的资源配置和整合。

其二是素质互补，即组织纵向结构的合理化。如在军队中，吴子讲道：“教战之令，短者持矛戟，长者持弓弩，强者持旌旗，勇者持金鼓，弱者给厮养，智者为谋主。”[②]在企业中，高瞻远瞩，有战略眼光的人可以“断”；思维敏锐，善于系统分析的人可以“谋”；能抛头露面、冲锋陷阵的实干家可以“行”。二者都说明，人可分为不同的素质类型，而一个好的组织正是实现了善于履行不同职能的不同类型人才的互补组合。

---

① 参见喻世友：《资本主义管理大辞典》，北京：中国书籍出版社 1994 年版，第 41 页。

② (战国)吴起：《吴子·治兵》，《丛书集成初编》本，北京：中华书局 1985 年版。

二、信息手段的重要性

“斗众如斗寡，形名是也。”这句话也出自《势篇》。意思是说，指挥大部队如同指挥小部队一样，这属于“形名”的问题。

什么是“形名”？曹操解释说：“旌旗曰形，金鼓曰名。”这句话同样不准确。兵家讲“形名”，名是号令，形是号令所指（如军队中各部、武器、粮秣等）。军中信号有很多种，但最常见的有两种，即金鼓和旌旗。金鼓之声是听觉信号，旌旗之形是视觉信号，两者都是传达将军命令的号令，不是一个叫“形”，一个叫“名”。“形名”的概念应合起来理解，意指军队的指挥联络及相应的方式和手段。

“形名”与前边讲的“分数”密切相关。“分数”是“形名”的基础，“形名”是“分数”的运用。有了“分数”这样的编制，可以治众如治寡，那么，下一步，怎样指挥他们去战斗？如何做到“斗众如斗寡”？这就要控制好“形名”问题。银雀山汉简《奇正篇》说：“分之以奇数，制之以五行，斗之以形名。”说的就是这个意思。

古代战场上，士兵和将军隔得远，说话听不见，手势看不清，只能靠金鼓、旌旗来指挥。现代的指挥联络，信号系统很复杂，诸如电话、电报、无线电通讯和计算机网络等。其实它们的前身就是金鼓、旌旗，另外还有邮驿、烽燧等。

古人以最原始的方式，预示了信息化手段的重要性。我们在理解时，还要进一步体会其中的深层次内涵。如孙子认为，指挥千军万马，一定要像指挥一个人那样，令行禁止，步调一致，必须使指挥信息清晰可靠地及时传达给每个士兵。这要设法增强军队“耳朵”和“眼睛”的功能，古代用“金鼓”和“旌旗”来增强，现代用各种先进的信息技术来增强，今后我们还可以发明更好的方法来增强。

海尔的信息化管理，就是一个典型的例子。比如，客户需要一台能满足自己个性化需求的冰箱，并确定了交货日期。这条订单信息立即进入企业信息系统，制造、财务、设计部门以及供应商同时得到信息，大家各就各位，按照交货期安排工作，分头并进。供应商准备原材料，装集装箱，发运；设计部门依据客户要求设计产品；制造部门安排生产计划；财物部门实施结算和控制。也就是说，这些工作都是迅速并同时到位的。

孙子在《军争篇》中对信息手段问题又强调说：“夫金鼓旌旗者，所以一人之耳目也。人既专一，则勇者不得独进，怯者不得独退，此用众之法也。”意思是说，要想使全军上下“专一”，仅仅具备了统一的指挥联络手段还不够，更重要的是使每个士兵都能够遵从这一号令，执行这一号令，勇敢的不会冒进，怯懦的不会后退。

《尉缭子》一书曾记载一则事例：“吴起与秦战，未合，一夫不胜其勇，前获双首而还。吴起立斩之。军吏谏曰：‘此材士也，不可斩。’起曰：‘材士则是矣，非吾令也，斩之。’”①

现代企业对员工接受和服从指挥号令也要有一套严格的标准和控制程序。麦当劳公司即是如此。麦当劳的面包不圆或切开不平都不用；奶浆接货温度要在4摄氏度以下，高一度就退货；一片小小的牛肉饼要经过40多道质量控制检查；生菜从冷藏库拿到配料台上只有两小时的保鲜期，过时就扔掉。可以想象，要严格地执行这些标准是多么的复杂和困难。但不管细节如何复杂，麦当劳员工都能严格地贯彻和实施下来，他们会对顾客需求进行详细分析、预测，找到一个客人数量与烤肉数量相配的合格比例，最终保证两不误。这也正是麦当劳风靡全球、长盛不衰的奥秘所在。

三、动态环境中组织的应变能力

“纷纷纭纭，斗乱而不可乱也；浑浑沌沌，形圆而不可败也。”这句话同样出自《势篇》。意思是说：旌旗纷纷，人马纭纭，要在混乱中作战而使军队不乱；“浑浑沌沌”，迷迷蒙蒙，要周到部署、保持态势，使自己不被打败。

李零先生指出：这是讲阵形。古代的阵实际是一种组织问题。古人用兵是非常讲究的，阵被认为是“致胜”的一种手段。阵法就像拳法，平时按套路练，实际对打，队形全都乱了，难免人自为战，部自为战，好像什么队形都没有，但并不是没有队形，也不是全乱。就像足球比赛，什么四三三、四四二、三五二、五三二，都有自己的阵形，都是乱中自有章法。但不是行家，看不出来，大家看到的，全是纷纷纭纭、“浑浑沌沌”。②

吴子就讲到，要把队伍组织得“居则有礼，动则有威，进不可当（挡），退不可追，前却有节（前进、退却有秩序），左右应麾（或左或右服从指挥旗帜），虽绝成阵（队伍虽被隔断，但阵势不乱），虽散成行（队形虽被冲散，但能恢复行列）。与

① （战国）尉缭撰：《尉缭子·武议》，《丛书集成初编》本，北京：中华书局1985年版。

② 参见李零：《兵以诈立——我读〈孙子〉》，第193页。

之安，与之危，其众可合而不可离，可用而不可疲”[①]。

总之，布阵用兵要创造一种对自己最有利的态势，要把这种态势视为一种“圆”，无论怎样转动，都保持自己的完整，保持自己运转的正常，即孙子说的“形圆而不可败”，这也正是孙子哲学中最深奥的内容之一，即“因形造势”的问题。洪兵谈道：我们要特别注意领悟这个“圆”字，它没有棱角，受阻面小，受力时可聚集全力以对，它非常形象地说明了中国战略的基本思想，因而在中国古代战略家的著述中常常提到这个“圆”字。[②]

现代市场要求企业作出快速反应，于是不可避免地造成了企业管理方面的“混乱”。那么，这种“混乱”如何避免？这也需要提高组织在动态环境中的应变能力。现代管理学中所谓“柔性组织机构”或称“弹性组织机构”就是应变组织机构之意。它能使企业在“混乱”中保持一种“形圆而不可败”的发展态势。

海尔集团实行的“人单合一”竞争模式较好地体现了这种柔性组织的特点。每一个员工都直接面对“订单”，面对市场，下个环节就是你的市场，同时又是上个环节的市场，最终一个一个环节像链条一样绞合在一起，形成极具连锁反应的市场链。

另外，孙子的理论还提醒我们，动态环境中组织的应变能力最终还要取决于组织结构的不断变更和完善。有效的决策者面对市场环境中的“阵乱”，首先要辨明问题的性质：是一再发生的经常性问题还是偶然的例外？如果是偶然性的问题，需要用特殊的方法来解决；如果是经常性的问题，则需要调整公司组织结构、完善制度规划以防止同类问题的发生。如此，方能真正做到以治待乱。

例如，中兴—沈阳商业大厦面对沈阳群雄逐鹿、市场混乱无序的局面，即首先谋求从组织结构建设方面与国际市场接轨，于 2002 年下半年开始全面启动“三标一体”的国际标准体系（质量管理体系、环境管理体系、职业健康安全管理体系）认证工作。“三标一体”的国际标准涵盖企业整个系统和各个领域，其运行触及各个工作环节，要求全员参与。该体系的成功导入，使“中兴”建立了以市场为导向，能够对市场变化作出灵敏而快速反应的“扁平化”管理体系结构，实现了企业资源整合、流程再造、价值提升的管理目标，真正形成了“斗乱而不可乱”“形圆而不可败”的良好发展态势。

---

① 《吴子·治兵》。

② 参见洪兵：《孙子兵法与经理人统帅之道》，第 82 页。

四、注重保持组织力量的有机搭配与平衡

孙子在《地形篇》指出："故兵有走者，有弛者，有陷者，有崩者，有乱者，有北者。凡此六者，非天地之灾，将之过也。夫势均，以一击十，曰走。卒强吏弱，曰弛。吏强卒弱，曰陷。大吏怒而不服，遇敌怼而自战，将不知其能，曰崩。将弱不严，教道不明，吏卒无常，陈兵纵横，曰乱。将不能料敌，以少合众，以弱击强，兵无选锋，曰北。凡此六者，败之道也，将之至任，不可不察也。"

这里的"兵有六败"指将领在作战中因带兵和兵力使用不当而导致的失败。这一系列败象，主要是由组织力量的搭配失衡造成，它对商业竞争有如下几个方面的启示。

首先，"兵有六败"强调不能以寡击众、以弱击强。在历史上，以弱胜强的情况固然存在，但以弱胜强绝不等于盲目地以弱击强，而是在遵循"强胜弱败"竞争规律的基础上，灵活用兵，在局部造成对敌的绝对优势，再战胜敌人。

其次，"兵有六败"涉及吏兵之间、将吏之间的关系。或吏强兵弱，或兵强吏弱，或将吏不合，这是作战单元内部结构问题的突出表现。无论古今，这些情况在军队和其他竞争领域中普遍存在。自然界中，金刚石和石墨的组成成分相同，但不同的微观结构导致两种完全不同的单质形态。一个竞争组织，表面上人力众多，资源雄厚，但如果内部组合搭配不合理，就会导致内耗严重，竞争效能锐减。所以，考察一个组织竞争力的强弱，预测竞争的结果，不能只考虑组织结构中的单一因素，要全面分析组织内部力量的结构成分和组合搭配。作为决策者，必须高度关注这些因素，否则组织必然呈现"弛""陷""崩"的败象。

在战场上，有这样一个经典战例。公元 215 年，魏将张辽、乐进、李典统兵 7000 固守合肥，与孙权 10 万之众抗衡。张辽等依据曹操"若孙权至者，张、李将军出战，乐将军护军，勿得与战"的指示，取得了反围城的胜利。曹操善于选将并对其合理组织搭配是魏军取胜的关键。张辽"武力过人"；李典"有雄气"，善于与人协同作战，"不与诸将争攻"；而乐进虽然"容貌短小"，但有胆略，"当敌制决，靡有遗失"。[①] 曹操根据将领各自的长处，对谁出战、谁守城作出合理的组织安排。因此，魏军在双方力量悬殊的情况下，成功固守合肥。

再次，决策者要善于治乱。自乱其军是军队败亡的主要内部因素。纵观战史，淝水之战，前秦军队阵脚自乱，溃不成军。在"三湾改编"中，毛泽东把党支

---

① (晋)陈寿撰，(宋)裴松之注：《三国志 · 魏书 · 乐进传》，北京：中华书局 2006 年版。

部建在连上，充分发扬军队的基层民主，保证上级指挥的权威性，把红军打造成一支拖不垮的坚强军队。《吴子》认为，兵“以治为胜”[1]，说明管理是组织成功的关键。决策者必须加强对基层的控制力度，强化员工令行禁止的服从意识和大局意识，培养他们良好的心理素质。比如，1985 年，青岛电冰箱总厂管理混乱，员工“上午 8 点钟来，9 点钟就走人”[2]。企业在质量检查时发现，瑞雪牌电冰箱库存中有 76 台不合格，尽管稍加维修便可出售，尽管可以便宜处理给工人，但厂长张瑞敏当即决定，在全厂职工面前将 76 台电冰箱全部砸毁。砸毁冰箱损失的是一时的利益，但彻底改变了职工对质量标准的认识，保证了企业质量管理的严整有序。

最后，决策者要善于打造和使用“锋锐”。吴子说：“凡虎贲之士，要选而别之，爱而贵之。”[3]“锋”不完全等同于先锋部队，它是整个组织构成中的精锐力量，它与其他力量的有机搭配，能够反映组织结构的合理状态，能形成有效的冲击力并作用于对手整体战场系统的要害部位，造成决定性的影响。美军为追捕基地组织一号头目奥萨马·本·拉登，出动了特种部队中的精锐部队——海豹突击队 TF121 行动组，而后者制定了周密的计划，通过迅如闪电的行动，顺利击毙了包括本·拉登在内的 5 名恐怖分子，摧毁了基地组织的指挥中枢。“锋锐”能有效地制造出奇不意的冲击力。在商战中，企业在关键环节上集中相对优势资源，也能不失时机地以强大的冲击力开拓市场，为新产品迅速打开局面。20 世纪 70 年代，索尼公司国外部部长卯木肇认为，在销售渠道方面，必须选择在当地有影响力的推销商，才能迅速打开市场。于是，他在芝加哥选择了当地最大的电器推销商——马希利公司，结果销售顺畅，索尼顺势打开了芝加哥以及美国其他地区的市场。

五、借助外部环境而形成的自组织式的协同

“故善用兵者，譬如率然。”这句话出自《九地篇》。原文说：“故善用兵者，譬如率然。率然者，恒山之蛇也，击其首则尾至，击其尾则首至，击其中则首尾俱至。敢问兵可使如率然乎？曰：可。”

“率然”本来是形容行动自如的样子，这里用作蛇的名称，用来打比喻。蛇

---

① 《吴子·治兵》。

② 杨克明：《OCE 管理：中国式执行》，北京：中国经济出版社 2005 年版，第 15 页。

③ 《吴子·料敌》。

很神秘，它能首尾相顾，婉转自如。这一点人比不了。动物的很多本能值得人们学习。

在这里，孙子用蛇的比喻来考虑自己军队的协同，考虑军队部署要成为一个严密的整体。在军事指挥者看来，部队不仅要管理有序，行动迅速，而且要协同一致。无论遇到什么情况，整个部队都必须能够围绕着一个目的统一行动，首尾相接相至，浑然为一体。用现代的术语来说，这种类似“率然”的整体协同，绝不是一般意义的协同，而是依靠内部机制而形成的自组织式的协同。当情况出现时，无须号令，无须管束，大家都知道该怎样做，朝哪个方向做。

这中间蕴含的“步调一致，快速反应”的用兵思想在现代的商业运行中也广泛地应用着。任何一个企业在业务流程重组(BPR)时，一个重要的准则就是使整个企业的流程流畅，前后左右呼应，对内部、外界的变化能作出自发性的快速反应。

肯德基公司的组织机构有这样的特点。当餐厅运营遇到问题时，肯德基的员工经常会自发组织会议，甚至直接把领导叫过来开会，这个时候并没有领导与员工之分，大家各抒已见；得出解决方案后立即分散，然后迅速执行，效率之高令人钦佩。肯德基的员工在自己的领域内拥有相当的自由，在与上级发生分歧时也敢于提出自己的意见，这表明员工有足够的信心，并被赋予了强烈的责任感，“羊群”已经变成“狮群”。

当然，这种自组织式的系统功能挖掘还要靠指挥员的创新发挥，要善于借助各种外部条件之力加以促成和实现。孙子就有自己的主张：“夫吴人与越人相恶也，当其同舟而济，遇风，其相救也如左右手。是故方马埋轮，未足恃也；齐勇若一，政之道也；刚柔皆得，地之理也。故善用兵者，携手若使一人，不得已也。”(《九地篇》)

上文的意思概括起来说就是要通晓人情之理，要“投之亡地然后存，陷之死地然后生”(《九地篇》)。士兵心理并不复杂，走投无路，只能抱团死战。在极端危险的环境中，他们会自动地协调或组织，所谓“不修而戒，不求而得，不约而亲，不令而信”(《九地篇》)，这实际上就是“无人管理”“自动管理”。为什么不管？因为有环境管着。

“夫众陷于害，然后能为胜败。”(《九地篇》)这样的思想用之于现代企业管理，就有了所谓“危机式管理”“末日式管理”之说。

所谓“危机式管理”“末日式管理”，是说企业面临危机和灾难的时候，为了摆脱灾难，员工会产生一种在常态条件下不可能有的抗争之力，这是有科学根据的。人体生理学告诉我们，人在非常环境中，血液中肾上腺皮质激素的分泌量会陡然升高，从而使肌体产生出比在正常状态下更多的功能来。当然，这种管理必须运用科学，外设压力的强度不能太高；否则，超过企业或职工的承受力，人的应力弹簧是会断裂的。另外，对此思想的理解也不能过于狭隘。当今商家所关注的一个重大问题就是：发现共同利益，通过寻找或者制造某种客观的处境来显示这种共同利益，从而结成牢固的联盟。这是一种更高层次的管理境界。

六、结论

在商业竞争中，复杂性和多变性是影响企业管理体制运行的重要因素，而企业组织结构的建设则是应对复杂性和多变性的根本性前提。亨利·明茨伯格认为："战略就是在企业所处环境中能够决定其地位的机遇与限定条件之间的匹配。"[①]丹尼尔·A·雷恩也认为："开放系统中的社会环境会给恰当的行为造成更多或者说是不同的预期。"[②]因此，越是在动态竞争的环境下，企业领导者和决策者越应该借鉴孙子的思想，高度重视组织结构的地位和作用。孙子在他的庙算分析中，将"法"提升到战略要素的高度来认识。什么是"法"？"法者，曲制、官道、主用也。"(《计篇》)这也就是军队的编制、将领的管理、军需的供给等内容。用今天的话来说，就是企业的组织、制度、法规、流程等管理内容，就是系统的管理能力。这种系统的管理能力，是企业管理体制运行的根本基础。只有把握好了这一基础，企业领导者才能真正做到对战略全局的宏观把握，才能体察战略环境中的有利因素，抓住先机，扩大自己的优势；才能预知战略环境中的不利因素，把威胁消灭于萌芽状态，将不利因素的影响降到最低，真正做到"动而不迷，举而不穷"(《地形篇》)。

---

① [美]亨利·明茨伯格著，刘瑞红等译：《战略历程：纵览战略管理学派》，第18页。

② [美]丹尼尔·A·雷恩著，赵睿等译：《管理思想的演变》，第525页。

第十三章
《孙子兵法》复杂适应系统理论与企业战略的调控

《孙子兵法》是围绕战争问题的复杂适应系统理论。其根源在于战争本身的对抗性、不确定性及中国传统思维方式的整体性、系统性和辩证性。从哲学层面上讲，战争是事物矛盾运动最激烈、最尖锐的一种形态，也是最能体现事物的动态发展变化和复杂关系的一个领域。《孙子兵法》作为兵学圣典，揭示了战争环境下多主体、多要素之间的互动关系，自始至终贯穿着动态与柔性的基本思想，可谓现代复杂适应理论的雏形。然而，到目前为止，学者们还未能从专门的复杂适应系统理论的角度对孙子思想进行深入研究并作出新的阐释。事实上，这一课题具有极其重要的理论价值和现实意义，它不仅关系到孙子思想体系在新时期如何发展与创新的问题，更关系到《孙子兵法》现代应用的适应性和有效性问题。就兵法经营而言，如果仅仅从静态的视角关注孙子某一思想与企业经营管理的对接与融合，难以适应信息化时代企业竞争的动态性和复杂性需求，中国传统管理文化的柔性适中、实用理性、权变机智等独特价值也难以发挥出来。故本章写作的主要目的在于：在对接、融合《孙子兵法》与现代复杂适应系统理论的基础上，以孙子的知胜思想、治胜思想、致胜思想、全胜思想为主线，论述《孙子兵法》对动态复杂环境下企业竞争战略的指导价值，以深刻阐明《孙子兵法》复杂适应系统理论与企业战略调控之间的关系。

一、《孙子兵法》复杂适应系统理论的深刻解读

"复杂适应系统（Complex Adaptive System，CAS）"理论是美国的霍兰（John Holland）教授在美国圣菲研究所成立 10 周年（1994 年）时正式提出的。

它为人们认识、理解、控制、管理复杂系统提供了新的思路。CAS 理论包括微观和宏观两个方面。在微观方面，其最基本的概念是具有适应能力的、主动的个体，简称“主体”。它能够根据行为的效果修改自己的行为规则，以便更好地在环境中生存。在宏观方面，由这样的主体组成的系统，将在主体之间以及主体与环境的相互作用中发展，进而表现出宏观系统中的分化、涌现等种种复杂的演化过程。CAS 理论虽然提出不久，但是由于思想的新颖和富有启发性，它已经在许多领域得到了应用，推动着人们对于复杂系统的行为规律进行深入研究。

复杂适应系统理论孕育或应用的一个重点是战争领域。“战争是复杂性科学，战争中任何一方都由众多的子系统组成，都具有一定的适应性，必须适应战场和对手。”①正因如此，《孙子兵法》作为我国古代兵学的经典巨著，虽然没有明确提出复杂适应系统的概念和理论，但却深刻揭示出战争是复杂适应系统之间的对抗。

首先，孙子把战争看成是一个大系统。《计篇》中的“五事”（道、天、地、将、法）即涵盖了政治、天时、地利、将帅、体制等战略要素，形成一种超越军事领域的总体战略。钮先钟先生认为：“战略家必须认清其问题的总体性，并能以总体的眼光来看问题。在古代战略思想家中具有此种取向者，孙子实为第一人。”②孙子对每个具体战争问题的论述，也考虑到问题的多个方面，使其形成一个完整的系统。孙子讲“火攻”时，将其内涵概括成“火攻有五”（火人、火积、火辎、火库、火队）；讲“用间”时，将其内涵概括成“用间有五”（因间、内间、反间、生间、死间）；讲地形时，将其内涵概括成“九地”“六形”；论将帅素质时，将其内涵概括成“将有五德”“将有五危”“兵有六败”；讲“知胜”时，将其内涵概括成“知胜有五”等等，这些都是系统思维的表现。

其次，孙子把战争系统中的诸要素看成是联系的、互动的。他没有孤立地分析战争中的某一主体，也没有过分地强调某一要素的决定作用，更没有机械地规定战争活动的任何步骤及相应的操作方法。“孙子虽将内外部环境条件划分为五个要素：道、天、地、将、法，但这五者之间的联系是系统的、有机的……并在胜败、奇正、虚实、迂直、利害等无穷变换的实战中体现出来，其系统性、全息性就犹如中国传统的阴阳五行思想。”③孙子思想的这一特点集中反映了复杂适

---

① 王鹏远、孙英、黄建明：《基于复杂适应系统的作战理论哲学反思》，《南京理工大学学报》（社会科学版）2008 年第 3 期。

② 钮先钟：《孙子三论》，第 22 页。

③ 苏东：《孙子兵法与西方理论比较研究之我见》，《科学管理研究》1997 年第 5 期。

应系统理论的本质要求。适应性造就复杂性，适应是为了获取最大的战争效益（全胜或破中求全），适应性也必然要求战争指挥者的思维变得复杂。在战略规划上，他要以“先知”“全知”为基础，灵活选择“上兵伐谋，其次伐交，其次伐兵，其下攻城”（《谋攻篇》）等不同手段。在战争实施上，他要做到“故善攻者，敌不知其所守；善守者，敌不知其所攻。微乎微乎，至于无形；神乎神乎，至于无声”；“因形而措胜于众，众不能知；人皆知我所以胜之形，而莫知吾所以制胜之形”（《虚实篇》）。在战争控制上，他要考虑“将有五危”“兵有六败”，避免战胜攻取后的“费留”局面。当然，这里存在一个不同时段、不同手段之间顺序、力度和方向等组合的进化问题，战争指挥者必须意识到不可能有完美无缺的组合，而且其效力也是随着对手和环境的演变而不断变化的。为此，还要做到“故智者之虑，必杂于利害。杂于利而务可信也；杂于害而患可解也”（《九变篇》）。

再次，孙子充分考虑到战争中的主体是活的、能动的行为主体。就我方而言，既考虑到民众是否“与上同意”，士兵能否“率然一体”，又考虑到君主是否“乱军引胜”，将帅能否成为“知兵之将”。就敌方而言，则充分考虑到其先机之利及接战后的反应程度：“故用兵之法，高陵勿向，背丘勿逆，佯北勿从，锐卒勿攻，饵兵勿食，归师勿遏，围师必阙，穷寇勿迫”（《军争篇》）；“火发其兵静而勿攻，极其火央，可从而从之，不可从而止之”（《火攻篇》）。而对盟友，则是充分考虑“诸侯之谋”，既强调“衢地则合交”，又注意防范“诸侯之难至矣”。就外部环境而言，孙子虽重视地形对战争的辅助作用，但最终还是强调以人为主，所谓“料敌制胜，计险易、远近，上将之道也”（《地形篇》），从而将人对客观环境的认知与人的行为有机统一起来。

最后，孙子眼中的战争主体更是“适应性”主体。就 13 篇的整体观点而言，孙子重视强者，但更推崇适者。所有谋略均应造成我方的“适”与对方的“不适”，所谓“凡先处战地而待敌者佚，后处战地而趋战者劳。故善战者，致人而不致于人”（《虚实篇》）。为此，既要做到“善动敌者：形之，敌必从之；予之，敌必取之。以此动之，以卒待之”（《势篇》），又要做到“是故屈诸侯者以害，役诸侯者以业，趋诸侯者以利”（《军争篇》），而最高境界则是“夫王霸之兵，伐大国，则其众不得聚；威加于敌，则其交不得合。是故不争天下之交，不养天下之权，信己之私，威加于敌，故其城可拔，其国可隳”（《九地篇》）。在整个战争进程中，孙子实际上把战争冲突看成是双方展开的关于“适应性”的竞赛，要想取胜，必须根据对方的情况不断改变自己，做到“因利制权”“践墨随敌”“悬权而动”，甚至是“途有所不由，军有所不击，城有所不攻，地有所不争，君命有所不受”（《九变篇》）。

《孙子兵法》之所以具有复杂适应系统理论的本质特征，与中国传统文化有着密切的关系。在古代中国，人们对于客观世界的认识更强调事物的整体性，注重考察人与自然、人与社会及人与人之间的关系，并在此基础上形成对客观事物认识的系统化与抽象化方法。在《周易》中，不仅可以看到中国古代朴素的认识世界、认识事物的系统论原则，而且还可以看到其构建的以“太极—八卦”为代表的一套完整的传统复杂系统理论。汉代董仲舒更以“阴阳五行”为主要结构，把“天、地、人”——各种自然、社会、物质、精神现象统统构建、组合到一个系统里。这个系统本身大于一切，高于一切，具有很大的弹性和包容性。对外而言，“这个系统为了维持自己的生存稳定，对外部特别注意和要求能适应环境，它具有一种同化力……它经常采用生物适应环境的那种同化形式”。对内而言，“系统并不着重于事物本身，只注意事物间的相互关系、作用、力量和功能”。①

就以孙子为代表的兵家而言，战争的对抗性、复杂性等特点也促使他们更早意识或了解到复杂适应理论的一些基本观点。战争复杂性主要来自于以下几个方面：一是双方或多方进行活力对抗；二是每一方都有主系统和很多子系统，主系统与子系统及子系统间存在着大量各类相互作用；三是战争的输入与输出是不确定的，战争现象不可重复，充满偶然性。为克服战争的这种复杂性和不确定性，中国古代兵家总结了非凡的经验，孕育出强调主客观结合、突出实用理性特色的兵学智慧：“古兵家在战争中所采取的思维方式就不只是单纯经验的归纳或单纯观念的演绎，而是以明确的主体活动和利害为目的，要求在周密具体、不动情感地观察、了解现实的基础上尽快舍弃许多次要的东西，避开繁琐的细部规定，突出而集中、迅速而明确地发现和抓住事物的要害所在”；“客体在这里作为认识对象不是静观的而是与主体休戚相共的，是从主体的功利实用目的去把握的。从而它不但重视对立项矛盾双方的依存、渗透，而且更重视它们之间的消长转化……”②李泽厚先生对兵家思想特色的这种总结，无疑深刻揭示了中国传统兵学理论所蕴含的复杂适应系统本质。

另外，《孙子兵法》具有复杂适应系统本质也与孙子本人的性格和思维特点有关。孙子是有大智慧之人，其对战争问题的论述处处体现着一种“求全”“求善”的心理倾向。钮先钟先生认为：“孙子在其思想方法中，具有强烈的求善意愿。他希望他的理论能够完美更完美，不仅是‘善’，而且更是‘善之善’。简言之，他是以止于至善为其理想中的最高境界。”③“求全”“求善”，势必要求孙子的理论不能限于个别与局部问题的解决，不能流于思维的直线型、简单化与机械

① 李泽厚：《中国思想史杂谈》，《复旦学报》(社会科学版)1985 年第 5 期。

② 李泽厚：《孙、老、韩合说》，《哲学研究》1984 年第 4 期。

③ 钮先钟：《孙子三论》，第 237 页。

化，它必须客观、理性、细密、周全，着眼于战争环境的整体，考虑到所有要素的变化，深入战争问题的本质，并思考战争主体间的联系与互动。在这样的过程中，孙子的理论构建也就走向了动态复杂的世界。孙子将一系列独具特色的东方兵学概念范畴，按照阴阳对立的原则和道、法、术的不同层面进行整合，使战争涉及的各种要素完美协调地汇聚在一起，成为一个统一的有机整体。继而，他又立足于复杂的战争实践及中国传统文化的深奥哲理，从眼前到长远，从现象到本质，从简单到复杂，从主观到客观，从局部到宏观，较为深刻地揭示了战争的一般规律和指导规律。

二、复杂适应系统理论视角下，孙子"知胜"思想与企业竞争战略的监控

企业组织本身是一个由相互联系的部门、个人、各种有形和无形因素组成的复杂系统。同时，任何一个组织不可能作为个体在封闭中生存，它必须与外界进行能量、物质、信息的沟通，故组织系统是开放的，是一个复杂的不断演化的巨系统。由于企业经营同时涉及时间(过程)、主体维度以及管理主体与环境的互动关系，管理与竞争问题必然同时涉及主体(组织)行为复杂性、环境复杂性以及互动关系复杂性等多个方面。企业经营管理的复杂性决定了复杂适应系统理论在企业界运用的合理性和必要性，因为这种理论能够较好地解决与企业运行相关的动态性、复杂性问题。

《孙子兵法》"言简而意赅"，"词约而义丰"，具有高度的概括性、简约性和实用性，这使得人们在实践过程中可以清晰地把握其逻辑思路，抓住其核心与灵魂。作为兵学圣典，它不仅立足于复杂的战争环境，形成独特的战争观念和竞争思维理念，而且其思想体系结构完整、内涵丰富、哲理深邃，可以广泛运用于诸多领域。其蕴含的古朴的复杂适应系统观点，在指导企业竞争方面具有独特价值。

"复杂适应系统具有远离'平衡态'特性。系统不断地与外界环境进行物质、能量、信息交换是系统得以稳定、巩固和强大的根本原因，物质、能量在传递和交换过程呈衰减趋势，而信息则在传递和交换过程更加完善，因此，信息是复杂适应系统得以保持稳定、强大的最革命、最活跃的因素。这一原理运用在作战领域，就是说，情报信息是获取胜利的关键，谁控制了情报信息，谁拥有制信

息权，谁就将赢得作战胜利。”①

对此，我们可从孙子的“知胜”思想中得到深刻的启示。孙子的“知”不是简单的“知识”的意思，它是对战争问题的本质探求，既强调“知”的整体性、宏观性（全知、尽知），又强调“知”的动态性、变化性（知常、知变），并由此具备了复杂适应系统理论的思想内涵。

军事战略的对抗，从来都不只局限在军事领域进行，而是延伸到政治、经济、文化、外交以及资源、环境等领域，这是战争复杂性的重要表现。所以，孙子的知胜思维强调整体、宏观、综合，强调各局部、各要素之间的联系和协调。孙子提出的“五事”“七计”庙算模型，正是全面概括了战争决策的基本要素，归纳出战争环境分析的基本思路，并体现出系统论思想的基本原则。企业决策方案制订也要应用系统论的原则与方法，要有整体思想，统筹兼顾，全面安排；要以整体目标的最优化为准绳；要强调系统中各部分、各层次、各项目之间的关系，达到系统完整、平衡，构成最强的综合能力，进而根据实力，审时度势，扬长避短，趋利避害，抢占先机，争取主动。

孙子不仅提出静态的战略分析模型，更强调战略预知要审时度势地进行，跟进战争的变化，为战略制定、战役指挥的调整提供决策依据。《计篇》中说：“计利以听，乃为之势，以佐其外。”《九变篇》中又言：“治兵不知九变之术，虽知五利，不能得人之用矣。”“知”是一个动态把握的过程。任何战争或竞争，其情况都不是固守不变的，所以要不断对战场环境的各个方面进行动态的跟踪，做到“动而不迷，举而不穷”。企业是一个开放的系统，它的每个举动都与周围环境密切相关，而这个环境是一个动态化的环境，是一个充满竞争的环境。在复杂多变的环境中，为了对环境变化作出快速的反应，企业必须将分析竞争环境和制定竞争备选方案及其评价与控制连续、并行地进行，从而使战略的形成、实施、评价与控制融为一个相互作用和相互依赖的整体。

总之，“知”的核心在于获取和处理信息，随时随地为企业战略监控提供信息保障。说到底，信息是复杂适应系统保持稳定、强大的最重要因素，任何系统主体都必须着眼于谋求信息优势，建立完善的情报信息运作机制。对于如何获取信息，孙子给出了“相敌”“用间”、试探和“料敌”等多种方法。而企业需要获取的信息的内容，则完全可以用《孙子兵法》中的“知彼知己”“知天知地”加以概括。“彼”不仅包括企业的竞争对手，也包括潜在竞争对手、替代品生产厂商、顾客、供应商等；“天”包括了企业所处的宏观环境的诸方面，“地”则包括了企业所

① 王鹏远、孙英、黄建明：《基于复杂适应系统的作战理论哲学反思》，《南京理工大学学报》（社会科学版）2008年第3期。

处的行业环境和市场结构。企业作出战略调控，需要大量及时、准确信息的支持，以了解顾客、了解自己、了解宏观环境、了解竞争对手等。

三、复杂适应系统理论视角下，孙子“治胜”思想与企业竞争战略资源的整合

复杂适应系统理论把系统中的成员视为具有自身目的与主动性、积极性的活的“适应性主体”，它在与环境和其他主体进行持续不断的互动的过程中，不断地学习或积累经验，并根据学到的经验改变自身的结构和行为方式，以便更好地在客观环境中生存。企业界对这一思想的理解和运用又可以从孙子的“治胜”思想（内部管理）中得到借鉴，并以此促进企业竞争战略资源的整合及核心竞争力建设。

民众和士兵是战争领域的当然主体，为发挥二者的积极性和主动性，孙子强调“道”的重要性。《计篇》中说：“道者，令民与上同意也。故可与之死，可与之生，而不诡也。”《形篇》中说：“善用兵者，修道而保法，故能为胜败之政。”《孙子兵法》讲的“道”是要让百姓与国君、士兵与将军有统一的意愿与理想，同心同德，做到为了实现共同的理想而可以同生死、共患难。孙子的这一思想对建设良好的企业文化，进而促进企业核心竞争力的形成具有重要的启示。企业文化是指企业为获得长期竞争优势构建的一整套始终遵循的基本信念和所追求的目标。它是企业对自身存在和发展的意义、对企业经营的目的、对企业员工和顾客的态度等问题的基本观点以及评判企业和员工行为的标准。

就军队组织而言，孙子也是将其作为“活的主体”来认识和看待的。有关复杂自适应系统的研究表明，组织运行的区域存在稳定、创新和混乱三种类型。如果所有组织成员都变成高度一致的主体，那么组织将运行在稳定区域，此即孙子所讲的“治众如治寡”“斗众如斗寡”（《势篇》）。如果所有成员都摒弃一致转向发展自己的个性，组织将趋于崩溃，此即孙子所讲的“兵有走者，有弛者，有陷者，有崩者，有乱者，有北者”（《地形篇》）的“兵有六败”的局面。只有当组织成员维持一致性和个性之间的张力，组织才具有创新能力，即在临界点上组织拥有足够的多样性而又不至于导致混乱，此即孙子描绘的战场用兵的最高境界：“纷纷纭纭，斗乱而不可乱也；浑浑沌沌，形圆而不可败也。”（《势篇》）张瑞敏在论述海尔组织结构的变迁时，曾提出一个与上述观点相通的“有序的非平衡结构”：“整个组织结构的变化缘自我们组织创新的观点，就是企业要建立一个有序的非平衡结构。一个企业如果是有序的平衡结构，这个企业就是稳定的结

构，是没有活力的。但如果一个企业是无序的非平衡，肯定就是混乱的。我们在建立一个新的平衡时就要打破原来的平衡，在非平衡时再建立一个平衡。就像人的衣服一样，人长大了服装就要改，如果不改肯定要束缚这个人的成长。”①需要强调的是，上述三个区域分别与组织战略柔性的退化、形成和消失相对应。这也就是孙子战略思想具有柔性特色的根本原因。现代市场要求企业反应快速，也需要提高组织在动态环境中的柔性应变能力，它能使企业在“混乱”中保持一种“形圆而不可败”的发展态势。

四、复杂适应系统理论视角下，孙子“致胜”思想与企业竞争战略的应变协调

复杂适应系统理论认为，主体之间的相互影响和相互作用才是整体的基础，是宏观系统“增值”的根源，是系统演变和进化的主要动力。《孙子兵法》作为战争理论巨著，对战争主体之间的相互作用和影响主要是从对抗的角度考虑的，即立足现实，考虑如何通过实力较量、角逐以致胜(或称“破胜”)。

基于复杂适应系统的观点，孙子“致胜”或“破胜”的要旨应在于如何围绕“复杂性与适应性”做文章，它以追求“变胜”“巧胜”为主，包括了“示形动敌”“出奇制胜”“避实击虚”“因敌制胜”等基本原则。“示形动敌”是通过“能而示之不能，用而示之不用，近而示之远，远而示之近”等手段，营造战场环境的混沌态势，使敌人在不确定性中陷于被动和不适。“出奇制胜”则是通过不断变换力量部署和作战方法，攻敌于不意，在敌人无防、无备、不适的情况下打击其脆弱不堪的力量。“避实击虚”是选定正确的作战方向，抓住敌人的要害和薄弱之处(夺其所爱)，打击、“瘫痪”其整个作战系统。“因敌制胜”则是基于战争的活力对抗原理，最大限度增强我方的适应性，破解战场形势及对方活动的复杂性。所谓“夫兵形象水，水之行，避高而趋下；兵之胜，避实而击虚。水因地而制行，兵因敌而制胜。故兵无成势，无恒形，能因敌变化而取胜者，谓之神”(《虚实篇》)。此外，孙子提到的“以迂为直，以患为利”“我专敌分”“治气、治心、治力、治变”等基本战法也都是强调以智慧和巧妙最大限度造成我方的“适”及对方的“不适”，以便在复杂的战争环境中敏锐地抓住战机，克敌制胜。

值得强调的是，孙子的“势胜”思想与复杂适应系统理论具有更多的相通之处。“势胜”实际是在战场的大系统中寻求有利的作战态势，即通过力量的积

① 党书国：《海尔管理模式全集》，武汉：武汉大学出版社2006年版，第29页。

聚、运用和发挥，实现战争诸要素的最佳结合，并以此追求完美效果。这里强调指挥员及麾下的军队必须具备复杂适应能力，要在己方实力基础上，结合具体的时空条件和敌情变化，发挥自己的主观能动作用，创造一种有利于我而不利于敌的作战态势或战略格局，最终牢牢掌握主动权。在具体要求上，既要有"激水漂石"的力量和速度，又要有"势险节短"的部署和节奏，最终达到如"高山转石"般的任势境界。

在当前的经济环境下，企业的生存与发展不仅取决于企业自身制定的战略，更取决于与其他企业和组织之间的作用关系以及相应的应变能力。因而，适应性成为企业生存与发展的一个重要能力，企业如何增强其适应性能力已成为当前经营管理领域研究的热点。

用孙子的观点来分析，企业界应对复杂性、增强适应性也可遵循"变胜""巧胜"和"势胜"的基本思路。"变胜"即"因利而制权"，通过灵活和变通来实现利润。这是因为企业个体以及它们的属性在发生变化时，具有"非线性"和"多样化"特征，个体之间的相互影响不是简单的、被动的、单向的因果关系，且它们之间的差别会发展与扩大，最终形成分化。企业只有不拘泥于以往的成功经验，做到"战胜不复，而应形于无穷"(《虚实篇》)，才会提高自身的适应性，在复杂多变的商业环境中取得立身之地。"巧胜"特别强调发挥主观能动性，主攻对方价值链上和市场上的空白点，占领对方系统的制高点。"势胜"是追求企业竞争中的综合效应。为此，要注重企业与环境以及企业之间物质流、能量流、信息流等有关渠道的畅通及周转速度，通过不断革新技术，优化流程，内外结合，实现宏观尺度上结构的"涌现"，最终营造不可超越的气势和势如破竹的态势。

从逻辑上看，"变胜"是机变灵活，应对自如；"巧胜"是胜于易胜，破中求全；"势胜"是着眼大局，以势屈人，以威服人。三者都强调立足于系统诸要素之间的相互作用和影响，充分发挥我方主体的主动性及适应性，在持续不断的"适"与"不适"的博弈中，使对方渐趋陷于被动，我方则牢牢控制竞争主动权。

值得强调的是，孙子"全胜"思想或企业界的"全胜"竞争战略，也可用复杂适应理论下主体的聚集性特征来解释。"'聚集'主要指个体通过'粘着'形成较大的所谓的多主体的聚集体。由于个体具有这样的属性，它们可以在一定条件下，在双方彼此接受时组成一个新的个体——聚集体，在系统中像一个单独的个体那样行动。在复杂系统的演变过程中，较小的、较低层次的个体通过某种特定的方式结合起来，形成较大的、较高层次的个体，这是一个十分重要的关键的步骤，往往是宏观性态发生的转折点。"[①]在现实中，企业间的并购、战略联盟、

---

① 于丽娟、韩伯棠：《用复杂适应系统理论分析企业竞争力》，《改革与战略》2003年第5期。

网络组织以及企业生态群的出现都是通过聚集来实现。由此产生的较高层次的个体，具有比原来的企业个体更强的竞争力。

五、结语

在应对复杂性和多变性，实施战略调控方面，中国古人的整体思维和辩证思维具有先天的优势。它在战争或竞争问题上既具有长远而宏观的战略意识和道胜境界，又具备有效解决实际问题的实用理性和权变机智；它注重对事物进行整体的、动态的把握，强调事物的普遍联系、能动转化和循环发展，适于从主体的角度来反映和驾驭经验知识及现实矛盾运动。正因如此，将《孙子兵法》和现代复杂适应系统理论加以比较和对接，一方面，可以丰富复杂适应系统理论；另一方面，可以借用复杂适应系统理论的有关分析工具深化孙子思想研究，使古老的兵学智慧能够为企业战略调控提供有益的借鉴。

第十四章 《孙子兵法》将帅理论与企业领导者素质的培养

对于战争而言，将领的作用实在是太重要了。中国古人有“千军易得，一将难求”的说法。而在当今市场经济发展、社会竞争日趋激烈的条件下，企业领导者的个人素质问题已成为人们关注的焦点和热门话题。日本索尼公司的盛田昭夫曾经说过：“日本公司的成功之道并无任何秘诀和不可言传的公式。不是理论，不是计划，也不是政府政策，而是人，只有人才会使企业获得成功 。”[①]美国钢铁大王卡内基也说过：“将我所有的工厂、设备、市场、资金全部夺去，但只要保留我的组织人员，四年之后，我仍将是一个钢铁大王。”[②]从兵法经营的角度讲，既然战争与竞争在本质上相通，由此所产生的领导者的个人素质要求也必然具有密切的联系。故本章结合《孙子兵法》将帅理论的基本内容，围绕基本素质、道德境界、性格修养、带兵作风四个方面，论述了战争环境下孙子对将帅素养的基本要求，并由此形成一个完整的内容体系，以揭示其对竞争环境下企业领导者选拔和培养的启迪价值。

一、基本素质——五德兼备，以“智”为首

将帅是战争的灵魂，他的一举一动悬系着千万士卒的性命，关系着战争的胜败结局，左右着国家的兴衰存亡。所以，孙子对将帅的要求是非常全面而严格的。在基本素质方面，孙子提出：“将者，智、信、仁、勇、严也。”(《计篇》)这五

① ［日］盛田昭夫著，伍江等译：《日本造》，北京：三联书店 1988 年版，第 140 页。

② 转引自江庭友：《管理学原理》，合肥：合肥工业大学出版社 2006 年版，第 26 页。

条为将的标准，都包含道德方面的内涵，古人习惯上称为“五德”。五德在充满了不确定性和偶然性的战争环境中是非常关键的。梅尧臣解释说：“智能发谋，信能赏罚，仁能附众，勇能果断，严能立威。五德皆备，然后可以为大将。”[①]何氏在注解中也说：“非智不可以料敌应机，非信不可以训人率下，非仁不可以附众抚士，非勇不可以决谋合战，非严不可以服强齐众。全此五才，将之体也。”[②]总之，五个方面的基本要求必须具备。否则，因将帅本身素质问题出现指挥失误，招致兵凶将危，即为失德。

五德的顺序排列中，孙子将“智”列为第一。兵家尚智是应对残酷战争现实的需要。战争是人类最复杂、最具有迷惑性的人类活动之一，战争的瞬息万变和重重迷雾要求战争指挥者必须能够最大限度地发挥自己的聪明才智，在复杂的形势面前“动而不迷，举而不穷”(《地形篇》)。这样的思路，对于身处市场经济时代的领导者而言，又何尝不是良好的启示？现代商业环境动荡不安、扑朔迷离，各种商机稍纵即逝，唯有大智之人才能真正成为生意场上的主宰者和胜利者。所以，我们强调和呼吁现代领导者要特别重视智力竞争，提高和强化自身的智能素质。在这样一个思维观念深刻变革的时代，胜人的智谋和战略头脑是一名领导者首先应具备的素养。

“信”也很重要，孙子在将帅五德中将其列为第二位，可见其对“信”的重视。对将帅或领导者而言，“信”是维持其组织凝聚力的先决条件。任何组织或团体，假使其成员之间无共信，则这个组织就很难维持其存在。《孙膑兵法·威王问》中记载，齐威王问孙膑：“令民素听，奈何？”孙膑曰：“素信。”孔子也讲：“自古皆有死，民无信不立。”[③]当然，我们对于“信”的理解又不能过于狭隘，它一方面是诚信，强调要以诚待人，恪守信用，彼此可以信赖；另一方面又是威信，令行禁止，有权威性，上面对下面说话算数，下面对上面绝对服从。进一步讲，“信”又可以理解为“信念”，它反映了一名优秀组织者坚定的理想、执着的追求。这种信念，表现为一种对事业的全身心投入，表现为一种克服困难的坚韧不拔的毅力，表现为一种常人所不具备的“战略定力”。值得强调的是，信誉的建立不是一朝一夕就能做到的，必须经过长期的努力。然而，从另一角度讲，要对“信”加以破坏则是非常容易的。长期守信得来的信誉，很可能因一次失信就造成“破产”。因此，作为领导者不仅要坚持不懈地诚信待人，树立信誉和威信，而且对建立起来的信誉要时时珍爱，不断提高信誉的质量，扩大其影响面，从而提高自

---

① 《十一家注孙子校理·计篇》何氏注。

② 《十一家注孙子校理·计篇》梅尧臣注。

③ 杨伯峻译注：《论语译注·颜渊》，北京：中华书局 2011 年版。

己的领导力、统御力和感召力。

所谓"仁",是一种中国兵家特别强调的仁爱品德。"仁"是儒家的核心价值观念,从这个"仁"字上,可以看出儒家思想对《孙子兵法》的影响。"仁"说到底就是爱,就是同情,要求将领对待他的士兵像对待他的子弟、儿女一样。所以孙子说:"视卒如婴儿,故可与之赴深谿;视卒如爱子,故可与之俱死。"(《地形篇》)这一方面,战国名将吴起是典型代表。吴起为魏国将军,行军中自己背负粮袋,徒步行军,把马让给体弱的士卒骑坐,并与士卒同吃同住。有个年轻士兵生了背疽,吴起亲自为他吸出脓汁,使他转危为安。吴起关爱士卒,与士卒同甘共苦,赢得了士卒的爱戴,所以才能"与诸侯大战七十六,全胜六十四,余则钧解(战和)。辟土四面,拓地千里,皆起之功也"[①]。对于一名现代领导者来说,"仁"字同样重要。有了这个"仁",你才能通过你的道德影响力获得部属心悦诚服的信任,才能与下属之间形成一种自然沟通和自然包容的默契、形成一种无形而牢不可破的内在凝聚力。日本企业家松下幸之助说:"凡身为上司者,必须有一颗体恤的心,尤其是站在领导者立场的人,更需要这种素质——体恤属下。"[②]

所谓"勇",是指勇敢精神。这种精神是一名优秀将领或领导者必须具备的最起码的素质。确切地说,它更体现为一种勇于决断的魄力。所谓"用兵之害,犹豫最大;三军之灾,生于狐疑"[③]。日本企业家孙正义说过:"非得有九成胜算才行动的人,会被以七成胜算为行动依据的人所打败。"海尔集团总裁张瑞敏也说:"如果有50%的把握就上马,有暴利可图;如果有80%的把握才上马,最多只有平均利润;如果有100%的把握才上马,一上马就亏损。"[④]当然,这种"决断"绝不是盲目的冒险,而是一种理性的冒险,是建立在"敏锐洞察"和"大局在胸"基础上的气魄和胆识。

"严"作为"仁"的补充,不是"不仁",而是为了追求"大仁"而必须选择的冷酷手段。"严",更体现出一种感情的"冷漠"和"铁石心肠"。这是从事生死较量的将领必须具备的一种"冷血",也是面对残酷竞争的领导者必须具备的一种不为情动的坚定意志。"严"与"仁"相辅相成,"严"表现为一种外在的约束力,"仁"表现为一种内在的感召力,两者缺一不可。松下幸之助说过:"身为一个领导者,最重要的是能做到宽严并济。如果一味宽大为怀,人们就会松懈而不求

---

① 《吴子·图国》。

② [日]松下幸之助著,潘祖铭译:《创业的人生观》,北京:军事译文出版社1987年版,第39页。

③ 《吴子·治兵》。

④ 转引自淞泉:《商道如水》,长春:吉林出版集团有限责任公司2006年版,第64页。

上进；但如果一味严厉，部下便会退缩，不敢以自主的态度面对工作。”[①]所以，宽严适度，恰到好处，才能使员工口服心服。

就现代企业领导者而言，只有把这五者融为一体，发挥整体功能，才能成为高素质的领导者。当然，五德皆备，并非要求领导者都是“全能将军”，而是说，五德是一个努力的方向和标准。在此标准约束和指引下，一名企业领导者应扬长补短，勤于学习，勇于实践，不断提高自身的整体素质，这样才能成为一名跨世纪的优秀领导人才。值得强调的是，孙子“以智为首”的素质要求，对竞争环境下的企业领导者而言，具有特别的意义。面对风云变幻的市场经济形势和错综复杂的社会矛盾格局，当领导的仅有为群众服务的思想和愿望而没有为群众服务的才能和本领，是不可能真正为群众谋利益的。要履行好领导职责就要既有德，又有才，必须具备解决各种复杂矛盾、推动事业发展的本领。工作上没本事，不能掌握本行业的专业技能，就不可能有办事能力，就会瞎办事、办乱事，造成事与愿违、事倍功半。管理学界有这样的理论：能力是道德的分水岭，不胜任的管理者会以放弃道德来作为能力补偿。一个在低级职位上德才兼备的干部，在其不胜任的高级职位上，会因能力缺损引发道德缺损，从而形成连带效应。在这种情况下，原本是好人也有“变坏”的强烈冲动，而如果是坏人则会把坏事做绝。此番道理值得领导者在选人和用人过程中认真思考和对待。

二、道德境界——进不求名，退不避罪

孙子对将帅道德在政治方面的要求是“进不求名，退不避罪，唯民是保，而利合于主”（《地形篇》），这是一种至高的理想境界，其主旨在于立足残酷的战争现实，从集体权利的意义上体现人道精神。

王联斌先生指出：“重视集体的价值，重视作为集体性的生存权利的实现和保护，是孙子兵法军事人道主义最合理的内核。”[②]孙子开篇即言：“兵者，国之大事也。死生之地，存亡之道，不可不察也。”（《计篇》）这明显是把国家、民族和人民的生死存亡问题放在养兵用战的首位。孙子在《地形篇》中又说：“故进不求名，退不避罪，唯民是保，而利合于主，国之宝也。”这里的“民”是指百姓，“主”指

① 转引自王小燕：《领导力：我们共同的语言——专访美国“领导与领导学会”主席弗朗西斯·赫塞尔本》，《中外管理》2005 年第 6 期。

② 王联斌：《走向安国、人道与和平——孙子兵法道德资源对现代世界文明的价值》，《军事历史研究》1999 年第 1 期。

君主,代表了国家。这实际上就是把保护国家和人民群众的利益作为将帅指挥作战的唯一宗旨,认为一切军事决策与行动均应建立在人民群众利益的基点上,以是否符合人民的利益为根本标准。

当今,全球化的社会竞争正在向所有领域渗透,中国的市场经济发展也隐藏着贫富悬殊的危险,贫穷会造成严重的社会不稳定,这会影响党的威信和声誉。因此,作为现代企业领导者,必须要有“先天下之忧而忧,后天下之乐而乐”的政治理想,要把最广大人民群众的生存和发展作为社会经济发展,作为自己的责任和最高价值目标。“集体性的人道关怀高于一切”,这不仅是孙子的道德理想,也是一条具有普遍意义的人道主义伦理原则。就竞争中的商业伦理而言,领导者之所以成为领导者,企业家之所以成为企业家,也是因为他们具有超越了一己的商业运作,而试图为社会和他人服务的精神,这是一种超出常人的使命感和生命信仰。他们不仅自己有精神追求,志向高远,而且善于把自己的个人追求变成企业的使命和愿景,让员工感到自己不仅是在输出产品和服务,而且是在造福社会。相形之下,“三鹿奶粉”事件中的企业领导人,为了追逐利润,无视婴儿健康和安全,这是失德、失“道”,失去了一名领导者最起码的道德底线和道德素养。

值得强调的是,自春秋时期出现专职将帅以后,君将关系变得异常复杂,君将矛盾也变得异常敏感,做将军的“唯君命是从”可能会名利两全,若是违背君意,则会招致叛逆嫌疑,甚至会赔上身家性命。孙子正是在这样的背景下,大胆提出了“将在军,君命要有所不受”的命题。这也是对将帅个人优秀品格的最好阐释。孙子如此主张的目的是力求使将帅的决策和行动在符合战争规律的前提下更好地“安国全军”;但前提是,将帅要敢于承担可能的兵败责任,当然也包括因自己的判断失误而导致的错误和危险。《谋攻篇》讲道:“知兵之将,民之司命,国家安危之主也。”《九变篇》在论述了将有“五危”后指出:“凡此五者,将之过也,用兵之灾也。”《地形篇》在论述了兵有“六败”之后又指出:“凡此六者,败之道也;将之至任,不可不察也。”这些内容都强调了将帅在战争中的责任担当问题。

在强调责任的同时,孙子也将“淡泊名利”作为将帅品格的重要内容。孙子在《形篇》中有这样一段话:“见胜不过众人之所知,非善之善者也;战胜而天下曰善,非善之善者也。故举秋毫不为多力,见日月不为明目,闻雷霆不为聪耳。古之所谓善战者,胜于易胜者也。故善战者之胜也,无奇胜,无智名,无勇功。”在孙子看来,衡量一位将帅的功绩,不能单纯地看他是否战胜了敌人,而且还要看他是如何战胜了敌人,费了多大的气力,花了多大的代价,获得的胜利是“易”还是“难”。通过激烈对抗、拼搏厮杀所赢得的胜利,比较难,也很壮观,但这是

"杀敌一万,自损八千",是"残胜",是以国家利益和大批士兵的生命为代价的;而通过巧谋善断、机智克敌赢得的胜利,比较易,也很平淡,但却避免了很多不必要的牺牲,给国家和民众造成的损失也最小。孙子肯定与称赞的是后者。因为孙子最终是以国家的"大利"而不是将帅一时的"名利"来作出评判的。

当前,部分企业领导者的思想认识与孙子"进不求名,退不避罪"的个人品格要求还有不小的差距。有些人被"官本位"思想严重腐蚀,只关心自己的名利、地位,不管群众在想什么、需要什么。在具体工作中,他们不是尽心尽力地满足群众要求,认认真真地干几件大事、好事、实事,而是舍本逐末,挖空心思地为自己的"政绩"贴金,甚至不惜"杀鸡取蛋""竭泽而渔"。更有少数企业领导干部认为,群众公认不如领导承认,群众赞扬不如领导表扬,只有领导满意,"政绩"才有含金量,个人才有资本,自身才有价值,才能达到升迁之目的。因此,不管"政绩"对群众有无益处,不管项目有多大的风险,只要符合自己的名利需要,他们就去闯、就去干、就去冒险、就去造假。而一旦出现失误,他们则要么归罪于环境,要么嫁祸他人,甚至以"这是改革发展所必须付出的代价"为由,将过失和罪责推得一干二净。

三、性格修养——静幽正治,力戒五危

战场形势变幻莫测,大量存在的不确定性和由此带来的风险与困惑是对将帅个人性格、意志的巨大考验。因此,孙子极力主张将帅要有良好的个性修养,要有大将风度,要冷静沉稳,不急不躁,处变不惊,从容应对。

两军对垒,将帅的性格缺陷常成为对方攻击的弱点。自恃勇猛者,往往难顺众议,好轻举妄动,可因而杀之;贪生怕死,临阵脱逃者,可因而擒之;性情暴躁的,感情易于冲动,可用激将法制之;廉洁好名,过于自尊者,可行以侮辱使之丧失理智;有妇人之仁,优柔寡断者,可设计束缚、牵制他的行动。孙子在《九变篇》中所论的"将有五危"正是这样的情形,他说:"必死,可杀也;必生,可虏也;忿速,可侮也;廉洁,可辱也;爱民,可烦也。凡此五者,将之过也,用兵之灾也。覆军杀将,必以五危,不可不察也。"这从反面论述了将帅的五种性格缺陷,也可以说是五种致命弱点,孙子认为它们是军队覆灭、战争失败的根源。

所谓"必死",是指有勇而无谋,一味地拼死。这里的"必"是"过"的意思。不怕牺牲本来是将帅的优良品格,但如果超过限度,就成了无谓的牺牲,成了拼命主义。

所谓"必生",是指将帅贪生怕死,不敢冒险,临阵畏怯。这里也包含有固执

一端的意思。战场上当然要爱惜生命，但两军相逢勇者胜，越是贪生怕死，越有被俘虏的危险。

所谓“忿速”，是指将帅性格偏急、刚烈而急于求成，这容易因被敌人的侮辱激怒而急躁兴战，招致失败。

所谓“廉洁”，是指廉洁好名，过于自尊。廉洁本来是一种好品德，但是过于追求廉洁的好名声，就可能因敌人所散布的流言蜚语而感到羞辱，以致不顾利害得失，舍身以炫名，这也是很危险的。

所谓“爱民”，指的是姑息求全。爱民本来是一种好品德，是为将“五德”中“仁”的具体表现，但将帅的“仁”，应是一种“大仁”，即从大局出发，以取得战争的胜利为最高目标，而不应挂念于小的“爱民”；否则，会被敌人的暴行所烦扰，为敌所诱，忙于应付，最终危及全局。

总之，孙子在此提出的“五危”应看成是对“五德”的必要补充。孙子在提倡“五德”的同时，又强调不能超过限度，告诫将领要力避“五危”，指出凡具有此五种倾向的人，其性格中都潜藏着某种危险，即使是出于良好的愿望，也会带来“覆军杀将”的后果。

另一方面，保持平和心态，头脑冷静、情绪镇定是将帅性格修养中最重要的内容。孙子在《九地篇》中说：“将军之事，静以幽，正以治。”“静”就是沉重冷静，“幽”就是深隐难测，“正”就是公正严明，“治”就是秩序井然。前两个字是道家的风格，后两个字是法家的原则。孙子兼而融之，意在强调将帅在危机面前，只有保持冷静，处变不惊，才不致因慌乱中思维的断裂而少谋寡断，贻误战机。正所谓“为将之道，当先治心，泰山崩于前而色不变，麋鹿兴于左而目不瞬。然后可以制利害，可以待敌”①。苏轼曾专门写了一篇著名的《留侯论》，赞叹张良的修养与品德：“古之所谓豪杰之士者，必有过人之节。人情有所不能忍者，匹夫见辱，拔剑而起，挺身而斗，此不足为勇也。天下有大勇者，猝然临之而不惊，无故加之而不怒。此其所挟持者甚大，而其志甚远也。”②

同样道理，在团体组织中，一般人的性格缺陷可能并没有什么，但领导者的性格缺陷则会被无限放大，甚至破坏团体整体利益，伤害到整个组织。对此，领导者必须引以为戒，努力克服。从理论上讲，性格是区别于他人的、鲜明的个性特点，是个人主要的、稳定而长久的个性特征。性格和能力是个性心理特征的两个主要方面，它们相互联系，有着共同的心理基础。当心理个别差异在心理过程中表现出来影响活动效率时，一般表现为能力；当它在行为活动中表现出

① （宋）苏洵：《权书·心术》，呼和浩特：远方出版社 2001 年版。

② （宋）苏轼：《留侯论》，游光中：《历代散文名句鉴赏》（下），成都：四川辞书出版社 1996 版，第 57 页。

来影响行为方式时，一般表现为性格。而行为方式和活动效率又是密切联系的，因而性格对能力的发挥有着重要的影响，进而会影响到领导力的发挥。而领导者性格的缺陷往往会制约其才能的充分发挥。

20世纪80年代的中国，有这样一个典型事例：拥有上千万元固定资产的天津光辉食品有限公司原来不过是一家濒临破产的小酱菜作坊。军人企业家武参接任经理后，决心开发国外市场，开拓小酱菜作坊的发展新路。但是，由于不懂合资政策，他们被一位“干部”有意刁难，他们的产品被禁止销往国外。武参弄清原委后，没有跟那位干部发火，也顾不得去讨还“公道”，而是一笑置之，一头扎入新产品的开发中。在整整两年的时间中，武参面对一次次失败、恶意中伤和外商的抱怨指责，不气馁、不怨愤、不急躁，而是冷静地总结经验教训，终于将一批批新产品运出国门，打入海外市场，将一座小小的酱菜作坊变成了现代化的大企业。倘若武参没有良好的个性修养，也许小小的酱菜作坊早就破产了，武参也绝不会有光辉绚丽的今天。

四、带兵作风——爱兵如子，宽严相济

战争是残酷的，需要铁血和理性，但战争中又绝对不能没有仁爱。所以，孙子对将帅道德方面的要求体现在带兵作风上，就是“令之以文，齐之以武”，仁严并用，刚柔相济，既有“视卒如婴儿”“视卒如爱子”般的亲情，又有“勇者不得独进，怯者不得独退”的严明，甚至有“聚三军之众，投之于险”的“冷血”和“冷酷”。

在残酷的战争中，宽厚与仁爱、亲情与冷血是高度对立统一的。一则历史故事可以为此形象地作注。战国时期，身经百战的著名军事理论家吴起将军，与最下层的士卒穿一样的衣服、吃一样的伙食、睡一样的地铺，行军不骑马，和大家一块步行，还亲自背负粮食。士兵中有一人身上长了毒疮，吴起亲自用嘴把毒脓替他吸了出来。这个士兵的母亲听说这件事后，不禁放声大哭。别人很奇怪：“你儿子只不过是个小兵，而吴将军却能这样善待你儿子，你怎么还哭呢？”这位母亲回答说：“诸位有所不知，当年孩子他父亲也长了毒疮，吴将军也是这样为之吸脓，结果他父亲很快就在英勇战斗中死去了。我所以哭，是怕孩子也像他父亲那样。”

吴起不愧为一名战争天才、一代杰出将领，否则他不可能真正做到“爱兵如子”。虽然他的仁爱中渗透着在某种意义上所说的“残忍”（如站在那名士兵母亲的角度看），但他把自己的士兵塑造成英勇无畏、马革裹尸的战士，保家卫国，平乱逐寇，为更多的家庭带来平安，为更多人的幸福提供保障，这是一名将军的责任和义务，是将军的天职所在。至于那位母亲因担心失去爱子而悲泣，这无

疑也是仁，是亲情之仁，是一位母亲的天性所在。但无论是吴起，还是那位母亲，在残酷事实面前都没有选择的余地。这就是战争，这也正是孙子对军人武德要求的一种特殊体现——从集体意义的权利上体现人道精神。

中国传统文化中的这种情感管理思想正日益受到现代领导者和企业家们的重视。学者们认为，西方企业重视有形管理，而东方企业重视无形管理；西方管理强调制服，东方管理强调心服。这其中的差别正在于一个"情"字。日本企业管理的特色之一就是"家族主义"，当职工受雇于某个企业时，就像加入了一个家族一样，企业领导者好比家长，主管就是兄长，所有员工都是企业大家族的重要成员。在企业活动中，就像家庭成员一样，晚辈要听从长辈指导，长辈要关心和爱护晚辈。家庭成员之间要互相爱护、互相帮助。每个家庭成员都应爱护这个家，积极参与家庭活动。企业还经常组织运动会、联欢会、纳凉会、恳亲会、野餐会、忘年会，让全体员工或者家属都参加，以此把员工的感情、利益与企业的命运融为一体，使员工把企业当作自己的家。海尔集团公司的企业家也十分重视情感管理。无论是在集团与成员企业之间，还是在企业内的人与人之间，他们都把感情投资作为处理相互关系的一个准则，他们不是单纯用行政手段去管大家，而是注重情义，以诚相待，相互信任，取信于人，靠感情产生凝聚力。这种做法使这个拥有数家成员企业的跨国公司理顺了情感关系，增强了个体员工的集团意识，建立了"命运共同体"。

孙子在《行军篇》中还说："卒未亲附而罚之，则不服，不服则难用也；卒已亲附而罚不行，则不可用也。故令之以文，齐之以武，是谓必取。"所谓"文"，是指教育、爱抚、感化、奖赏等管理方法；所谓"武"，是指纪律、约束、惩罚等管理方法。简单的一句话，却把治军之道的精髓说得相当透彻。

令文齐武是孙子治军思想的核心内容，因为它触及到了管理学中最本质的问题。纵观我们古往今来各个不同领域的管理方法，都离不开"文"与"武"这两个字，或者说都是这两个字的具体展现。

当然，令文齐武说起来简单，真正做起来却并不容易。领导者在管理工作中，要借鉴运用孙子这一思想，需要注意三点：

第一，要把握好"文"与"武"的辩证关系。文武之道，一张一弛，两者各有各的作用，不可替代。最早提出这一点的应该是孔子。据《礼记正义》卷四十三记载：子贡观于蜡。孔子曰："赐（子贡）也，乐乎？"对曰："一国之人皆若狂，赐未知其乐也。"子曰："百日之蜡，一日之泽。非尔所知也。张而不弛，文武弗能也；弛而不张，文武弗为也。一张一弛，文武之道也。"这里的"文"和"武"分别指善于治国的周文王、周武王。意思是说，一直把弓弦拉得很紧而不松弛一下，这是周文王、周武王也无法办到的；相反，一直松弛而不紧张，那是周文王、周武王也不愿这样做的。只有有时紧张，有时放松，有劳有逸，宽严相济，才是周文王、周武王治国的办法。

第二,“文”与“武”两种方法的使用,是有先有后的。孙子说:“卒未亲附而罚之,则不服,不服则难用也。”(《行军篇》)管理的本质是协调人,而人除了看得见的躯体,还有看不见的人心。如果人心没有亲附,就不要谈什么管理,管了也不服。所以,孙子强调“文”在先、“武”在后,先说服、后制服,只有心服,才会口服。在没有达到心服的情况下,在没有得到部属信服的情况下,盲目采取“武”的方法,只会得到相反的效果,甚至会激起兵变。用一般的话说,就是激化矛盾。

第三,在管理中,到底如何行使文武之道,始终没有固定的模式。“文”与“武”这两种手段在什么时候用,在什么场合用,对什么人用,用到什么程度,这全在于将帅或领导者的临机处置。将帅的管理水平和领导艺术也就体现在这里,体现在这两种手段的控制与变化上。这种变化是没有穷尽的,在这种变化中可以产生出无数的管理上的奇思妙想。孙子讲战术方法时曾说:“战势不过奇正,奇正之变不可胜穷也。”(《势篇》)其实管理也是如此,我们也可以说“管理不过文武,文武之变不可胜穷也”。

总之,“令文齐武”的原则之所以在管理学领域具有普遍的指导意义,是因为它揭示了人类行为在接受控制时的基本规律。从本质上讲,“文”与“武”这两个字分别针对人类本性和行为发生基本动因而提出。人有精神追求的一面,也有物质追求的一面;有理性的一面,也有非理性的一面;有趋利的一面,也有避害的一面。“文”,是一种作用于道义的力量,强调思想心理的作用结果,控制着人的精神追求,左右着人的理性施向;“武”,是一种体现于物质的力量,强调有形的生存性的作用结果,控制着人的物质追求,左右着人的非理性施向。“文”,是基于趋利上的诱导;“武”,是基于避害上的制服。

五、结论

《孙子兵法》将帅理论与领导者关系的研究,既是学术界探讨的重要课题,也是兵法经营学的重要内容之一。综观孙子的兵学思想,可以发现其最重要的核心观念就是“知兵之将”。他在兵法中全面论述了“将帅五德”“将有五危”“静幽正治”“进不求名,退不避罪”等精华思想,构成了较为完整的将帅理论体系。尽管这些理论受时代的限制有其自身的局限,但从提升领导者素质和修养的角度看,其普适性和超越性价值对现代企业领导者不无启示。

第十五章 《孙子兵法》军事地理思想给企业经营管理的借鉴

《孙子兵法》作为传统兵学的代表，蕴含着丰富的军事地理思想，其中既有专门论述的篇章，也有分布于各篇的散点透视；既包括战略地理，也包括战术地理；既谈地形的重要性，也谈人的主观能动作用。然而，学术界目前对孙子军事地理思想价值的研究多限于军事领域，对其在企业经营管理方面的启迪价值尚未有专门的探讨文章和论述。有鉴于此，本章的写作主要是从服务企业经营管理的基本思路出发，以传统战略思维和哲学观念整合孙子军事地理思想的基本观点和主张，并以此形成兵法经营的一个专题内容，弥补兵法经营学领域缺乏孙子军事地理思想应用研究的缺陷。

一、立足整体思维，重视地理因素在战略决策中的地位和作用

孙子《计篇》有所谓“五事七计”之说，其中“五事”之三的“地”被孙子解释为“高下、远近、险易、广狭、死生也”。从文义上看，这些内容均指的是“地利”，而且是从战略高度来分析的。其目的是预见地理环境对战争行动可能产生的利弊，以此判断双方的优劣，预见战争的胜负，使战争指挥者的战略决策更加符合客观实际。几千年后，各国的战略家们仍然把对地理环境的分析作为战略决策活动中的一项重要内容。近代著名军事家克劳塞维茨提出的“战略五要素”中也包括了地理要素。美国战略家约翰·柯林斯在其《大战略》一书中则明确指出：“战略家们，不管属于哪一学派，都发现以武力或武力威胁为基础的任何战

略，几乎全都把注意力集中在地理环境上。”①

在今天，如果我们对孙子所说的“地”作延伸思考，它不仅仅是指“地形”等自然地理条件对战争的影响，还包括力量部署的“地域”和决战“地点”的选择。这对当今的商业竞争而言很重要。把重要的资源配置在什么地方？自己的力量今后向哪些地域拓展？在什么地点与竞争对手较量？这些都是各行各业的战略决策者必须认真思考的问题。为了生存和发展，企业家必须要分析包含“天”“地”等因素的客观环境条件，并在结合“道”“将”“法”等内部因素的基础上，确定自身追求的目标，进而对自己的生产经营活动作出抉择。或进，向新产业、新产品、新市场进军；或守，维持原产业基础、产品基础、市场基础不变；或转，在产业、产品、市场上转向一个新的领域。进，又如何进？守，又如何守？转，转向哪，又如何转？这些都要首先取决于诸如空间范围、交通条件、战略地位等“地利”的观察和分析。

值得强调的是，孙子重视地理因素对战争决策的影响，是从宏观与整体的角度来论证和分析的。在《计篇》中，孙子分析内外部环境条件，并没有就地论地，而是将其自然地融合于整个兵学体系之中。就“五事”而言，“道、天、地、将、法”五个要素之间的联系是系统的、有机的，并在胜败、奇正、虚实、迂直、利害等无穷变幻的实战中体现出来，其系统性、全息性犹如中国传统的阴阳五行思想，其最终目标则是以战略和相关资源及组织的柔性来应对复杂多变的环境。在其他篇章，孙子对于“地利”与战略决策问题的论述也秉承了这样一种思路。如在《作战篇》中，重点论述了战争对国家资源的巨大消耗和依赖，为此，孙子提出“取用于国，因粮于敌”的战略思想，以解决地理因素造成的远距离运输及消耗问题。在《形篇》中，围绕着战争实力建设问题，孙子又根据国家所处地域的不同提出了“称胜”战略思想，并启示我们在竞争中要关注双方的综合国力和潜在实力。在《九地篇》中，孙子又从宏观的战略地理的角度，提出“九地”的重要概念，强调“争地则无攻，交地则无绝，衢地则合交”。这实质上是一种地缘战略思想，其对商业竞争领域也有深刻的现实意义。具体说，就是要认真分析自己所处的战略区域位置，认真分析自己周围各个相关对象的关系，判断各方利益重叠、交叉的“敏感”地区，关注容易引起利益互动的“热点”地区，占据能够保持战略主动地位的“重点”地区（用平常的话说，就是提前占据有利位置）。

战略环境问题的重要性也对经营者提出了至高的要求。作为一个企业战略家，你必须有一种敏锐的战略空间意识，在脑子里要有一个清晰的关于你的

---

① ［美］约翰·柯林斯著，中国人民解放军军事科学院译：《大战略》，北京：战士出版社 1978 年版，第 317 页。

经营地盘的战略空间地图，你要对周围的地理环境条件非常熟悉。哪个地方资源丰富？哪个地方交通便利？哪个地方具备有利条件？哪个地方存在投资风险？对这些，你都要有一种宏观的把握，抑或整体的感悟。你要靠对地形的认知和熟悉程度，来作出理性的判断，进而作出正确的决策。最重要的是，你还要有宽广的战略视野。“红顶商人”胡雪岩说过这样一段话：“如果你拥有一县的眼光，那你可以做一县的生意；如果你拥有一省的眼光，那么你可以做一省的生意；如果你拥有天下的眼光，你可以做天下的生意。”[①]这正如孙子所言：“不知诸侯之谋者，不能预交；不知山林、险阻、沮泽之形者，不能行军；不用乡导者，不能得地利。四五者，一不知，非王霸之兵也。”（《军争篇》）你唯有站得高，看得远，能够放眼世界，统观全局，总揽全局，才能做得远，做得大，最终形成如孙子所讲的那种大思路、大格局：“夫王霸之兵，伐大国，则其众不得聚；威加于敌，则其交不得合。是故不争天下之交，不养天下之权，信己之私，威加于敌，故其城可拔，其国可隳。”（《九地篇》）总之，竞争与战争一样，战略效果的取得与战略环境的认知及战略方向的选择是紧密相关的。

二、辩证认识地形的利与弊，注重灵活变通

辩证思维在兵家谋略中表现得异常突出，“即要求用一种概括性的二分法，抓住矛盾的思维方式来明确、迅速、直截了当地去分别事物、把握整体，以便做出抉择”[②]。孙子在《行军篇》中所概括的行军驻扎的一般性原则——“好高而恶下，贵阳而贱阴，养生而处实”，实际就是将地形的利与弊作为对立统一的两个方面来把握，以便尽夺地形之利，获取用兵优势。当然，对于诸如“高下、阴阳、顺逆、向背、死生”等隶属兵阴阳的内容，今人不可机械地理解、运用，关键是要感悟其中的辩证哲理，引发新的思维。香港商人方润华即由此悟出所谓“信息高地”之说：“孙子所云居利之地者，实即寻找一信息高地也……恰如今日投资，当选择一人地两宜、风土熟悉之地，而所投资领域，亦必我之素谙，或我能掌控核心技术者，此曰构筑信息高地，遂能与对手形成一信息优势。”[③]

更需注意的是，孙子所论“居高向阳”只是一般性方法，千万不能绝对化。

---

① 转引自吴子民：《方圆舍得——中国式的人生智慧》，北京：中国长安出版社 2005 年版，第 165 页。

② 李泽厚：《孙、老、韩合说》，《哲学研究》1984 年第 4 期。

③ 方润华：《略论孙子兵法与商业竞争》，姚有志、阎启英主编：《孙子兵法与战略文化——第六届孙子兵法国际研讨会论文集》，第 522～523 页。

用兵贵在灵活求变，适应地形只是在利用条件，绝不是最终目的。所谓“故将通于九变之地利者，知用兵矣。将不通于九变之利者，虽知地形，不能得地之利矣”(《九变篇》)。也就是说，我们用兵当然要适应地形，但这种适应不是盲目的，要结合实际情况灵活应对。作战目的不同，我们“处军”的方法也不同，并不是特定的地形特征就一定要用特定的部署方法。这方面，更是辩证思维的体现。例如，三国时期的马谡把兵力部署在“居高”之处，结果使要地街亭失守，导致整个作战失败。刘备发兵攻吴，在背靠山林的高地结阵，结果反被吴将陆逊“火烧连营”。解放战争时期，国民党王牌部队第 74 师选择险要之地孟良崮防御，结果也是“扬短避长”，弹尽粮绝，被我军歼灭。

所以说，地形的利弊是可以转化的，这无论对军事家还是经营者来说，都是深刻的启示。有时候，某些地形之“利”，可能恰是地形之“弊”；有时候，某些地形之“弊”，可能正是地形之“利”。有些被视为最安全的地方，往往最不安全；有些被视为最不安全的地方，往往却最安全。聪明的决策者，应该能够辩证认识地形的“利”与“弊”，巧妙地转化地形的“利”与“弊”，将“生地”变为“死地”，或将“死地”变为“生地”。商战中不乏这样的例子。菲律宾有一家餐馆，地理位置极差，顾客很少。后来，餐馆老板在深入调查的基础上，一改闹市区餐馆“现代派”味道十足、“闹”得不能再“闹”的风格，以“幽静高雅”的经营特点吸引了那些喜欢宁静的顾客，终使生意火爆兴隆。

此外，《行军篇》中对“天涧、天井、天牢、天罗、天陷、天隙”等特殊地形的论述也包含着深刻的辩证哲理。特殊地形相对于一般地形而言，本身就意味着指挥者的思维方式要作出相应的变化。这对商业竞争而言，亦是深刻的启示。有些企业家能够在经营过程中预先避开“天涧”或“潢井”之类的风险；有些企业家能够在陷入“天涧”和“潢井”之类的险境时，迅速采取措施脱离；而一些“拙劣”的商家老板，在自己陷入“天涧”和“潢井”时还不知险，甚至见到小利之后主动往“天涧”和“潢井”里面钻。这告诫我们，企业家对地形的利用虽然要关照全局，但同时也应该非常关注那些关键性的小的区域。有时候，很多项目策划在整体布局方面做得很好、很顺利，但因为在一些小的关键方位受到阻碍，导致整个计划受挫，甚至前功尽弃。作为一位高明的企业家，应该对那些带有全局性的小的地区，有着特殊的敏感性。他能够以小见大，见微知著，时刻保持清醒的头脑，见常人所不见，思常人所不思，从而迅速判断和选择周围的有利条件，抢先占领有利的“地形”。

三、强调人地结合，发挥人的主观能动作用

兵法谋略是建立在主客不分、主客相通（天人合一）的传统文化观念之上的。天道与人道相通，最终还是要回到人道。因此，所谓“谋”就不能简单地等同于客观的分析与规划，不能脱离人对于内外世界的体悟，这充分体现了传统文化中的人为思想。从地形利用的角度看，孙子的《地形篇》无疑充分表达了这样的认知思路。在这一篇中，孙子主要通过对“地有六形”和“兵有六败”的分析，论述了军队在作战时利用地形的方法，而其核心则在于强调人地相得，注重发挥人的主观能动作用。孙子说得很明白：“凡此六者，地之道（原则、规律）也，将之至任，不可不察也。”就商业竞争而言，孙子的“地之道”虽不能直接运用，但本着发挥人的主观能动性的基本思路，其方法和原则却是可以借鉴的。洪兵先生说得好：“我们的讨论不要局限于孙子‘地之道’的具体运用上，而应再深入一下，探讨‘地之道’后面的‘道’，以求通过对孙子具体用兵方法的认识，获得一些方法论上的启示。”①

其一，保持进退自由。利用地形，一定要考虑进退的难易和进退的自由。如果我进退不便而敌进退自如，则为不利。另外，既要考虑进，也要考虑退。始终保持住自己的进退自由，进而可攻，退而可守，这就是一个带有普遍性的“地之道”。现实竞争中，无论是开发新的项目还是进军异地市场，既要考虑成功的可能性，也要考虑失败的后果及善后措施，所谓“智者之虑，必杂于利害。杂于利而务可信也；杂于害而患可解也”（《九变篇》）。然而，有些经营者常犯这样的错误，明明知道条件不成熟，风险很大，却还是要投入全部力量，孤注一掷，不留后路。这是兵家的大忌，也是竞争的大忌。沃尔沃总裁吴玉章说：有时候，机会不一定是好事情。当你准备不充分或资源和资金不足的时候，机会是一个陷阱，是一个敌人，是一个悬崖！没有对机会进行深入的分析，盲目地去抓机会，你会死掉。

其二，“先居高阳”，据险以待敌。在战争或竞争中，一定要考虑位势。要善于先对方占据“高阳之地”，控制战略制高点，进而在牢固的基点上确定自己最有利的位置。处在这个位置，你可以最大限度获取地形之利，求得“疾水漂石”“势险节短”的易胜效果。从深层次讲，利用客观条件，能够增强自己的力量。这是中国古代十分重要的一个战略思想。中国战略强调易胜，重视借力，而借力，除了借对方和盟友之力外，还有很重要的一个方面，就是借自然条件之力。

---

① 洪兵：《孙子兵法与经理人统帅之道》，第 153 页。

其三，以有备对无备，千万不要勉强应战。地形的利与弊，与占据者的有备或无备有很大关系。据有利地形而无备，地形之利则变为弊；据无利地形而有备，地形之弊可变为利。孙子在讲到隘形时说："我先居之，必盈之以待敌；若敌先居之，盈而勿从，不盈而从之。"（《地形篇》）这就是说，如果我方先占据了有利地形，就要做好各方面的准备工作，以最大限度发挥地利优势；如果对方先我占据了有利地形，千万不要勉强应战，要冷静分析战局，视对方防备情况而灵活决策。战争或竞争，最忌讳在无胜算的情况下勉强应战。试图靠侥幸取胜，轻举冒进，终究会铸成大错。

孙子在论述完"地有六形"之后，接下来谈到"兵有六败"。孙子认为军队有六种不同的败相，并断言此六者，非天地之灾，而是将之过失。这好像故意要与地形的利用形成鲜明对比，以此揭示人地结合的基本思路。

最后，孙子自然地得出"地形者，兵之助也"的结论。这一结论表面上看是强调地形能够起到辅助用兵的作用，而实质则是强调人的主观能动作用。在孙子看来，地形终归是"兵之助"，人是第一位的，地是第二位的；兵是主，地是辅；论"地"不是脱离人，而是围绕人，不是就地论地，而是就人论地，这就把人与地、主观与客观的关系辩证地统一起来了。与此形成鲜明对比的是，西方历史上的某些军事地理、地缘政治学者在分析地理环境与人类社会政治、军事活动的关系时，却往往过分强调地理环境的影响和作用。特别是近现代的一些西方地缘政治学者，他们片面地认为占据某一优越的地理区域和控制某一心脏地带，就可据此取得政治、军事行动上的胜利，甚至据此控制全世界。与这种地理环境决定论相比，《孙子兵法》对地形作用的认识显得辩证而合理，对企业经营管理的启示也很深刻。

如果对孙子"人地结合"和"人为"的思想进一步作延伸考虑，我们还可以得出两点更深远的启示。其一，在战争或竞争过程中，我们绝不能做一个狭隘的唯"武器"论者，不能单纯依靠自己手中的资源和力量，而要学会充分地掌握和使用各种外在的力量和有利因素，特别是强大而无处不在的自然力。事实上，云雾山川、风雨雷电、飞禽走兽，甚至鬼神妖怪和童谣巷议等，都可能成为竞争者手中的道具。只有那些头脑简单的人才认为只有自己手中的武器是武器，而把一切的外在力量和因素排除在外。其二，战争指挥者知识修养的全面系统性对地形的利用是非常重要的。它需要战略决策者能上知天文，下知地理，中知人事，遇事通达且能权变。你掌握的知识更多，你想到的外力就比对手想到的外力更多，你借到的外力就比对手借到的外力更强。所以说，军事家也好，企业家也好，必须要比平常人懂得更多，尤其是要精通自己所要借力的领域。如此，方能真正做到"动而不迷，举而不穷"。

四、注重特殊地理环境对人的心理的约束和激励作用

孙子可称得上是世界上第一位专门研究过地缘心理学的古代军事家，他在《九地篇》中重点讲的就是这个问题。所谓“客地作战”，即指进入敌境作战。敌境对我方而言，当然是一种异常复杂而危险的特殊地理环境。孙子敏锐地察觉出这种环境与士兵心理之间的微妙关系，深入分析了地域因素对士兵心理的影响，并在此基础上总结出特殊地理环境下的作战方法和管理军队的方法，这是对军事心理学最原始的考察，其基本主张无论对商业竞争还是企业组织管理都有着深刻的启示。

《九地篇》一开始，孙子对“九地”内容的论述，就是伴随着对士兵的心理的分析而逐步展开的。所谓“散地则无战”，是因为“士卒恋土”，人心容易涣散。事实上，我们在竞争中也会遇到各种各样的“散地”。比如在靠近员工家乡的地区开展业务，我们的力量有可能散，我们的军心有可能散，我们的朋友也有可能散，组织管理会出现各种各样的问题。因而，我们有时候要设法避开这些地方，尽量避免在这些地方与对手较劲。所谓“轻地则无止”，是因为“始入敌境，士卒思还，是轻返之地也”。① 这还是考虑到军心的问题，考虑到如何防止士兵逃散的问题。从广义竞争的角度看，我们也会经常遇到这样的“轻地”。比如，当公司新开拓一个市场区域，或是进入某一种科技、专业或经营的新领域，总会遇到下属员工的各种抵制和反对，因为他们对新的环境都要有一个适应、磨合的过程。作为领导者，不要给自己的下属留有太多的犹豫、选择的余地，一旦下决心进入对方的区域，就要快速进入，直奔核心，直击要害。

进入敌境之后，孙子对客地作战的规律作出总结：“凡为客之道：深入则专，主人不克。”意思是说：进入敌国境内作战的一般规律是，越是深入敌境，军心就越牢固，士气就越旺盛，执行就越有力，敌人就越不能战胜我军。为什么会这样呢？还是心理的问题。孙子进一步分析：“兵士甚陷则不惧，无所往则固，深入则拘，不得已则斗。”这句话概括出一个普遍性的真理，即人在面临危机和极端困难的时候，会产生一种常态条件下所不可能有的抗争之力。所谓物极必反，当人们对死亡的恐惧超过了极限时，反而什么都不怕了，什么都无所谓了。在这种情况下，一些弱小者会变得非常强大，一些怯懦者会变得非常勇敢，一些不可能发生的事情则有可能发生。这不仅表现在越境作战的客地战场上，也表现

---

① 吴九龙：《孙子校释》，北京军事科学出版社2000年版，第190页。

在开拓外地市场的商业竞争中。试想一下，当我们的员工远离本土，远离家乡，进入一个完全陌生的环境，面对强大而又不熟悉的对手，在没有任何可利用的关系的条件下开拓市场时，是不是也有这样的心理呢？答案是肯定的。异常艰巨、复杂的任务会使他们“不修而戒，不求而得，不约而亲，不令而信”（《九地篇》）。作为领导者，应该有意识地利用员工这种心理，激励他们的士气，发挥他们“狭路相逢勇者胜”的气概，使他们产生强大的战斗力。要知道，从辩证的角度分析，“死地”与“生地”是可以转换的。“死地”无论对企业还是对人而言都有可能转变成一次巨大成功的机会，这就要看你有没有全力一拼的精神和勇气。

孙子还认为，将部队置于一种客观的特别危险的处境之后，可以形成如同一人的整体协同能力。孙子将其形象比喻为一种名叫“率然”的恒山之蛇，它能环环相接，首尾相顾。用现代的术语来说，这种类似“率然”的整体协同，绝不是一般意义的协同，而是依靠内部机制而形成的自组织式的协同。当情况出现时，无须号令，无须管束，大家都知道该怎样做，朝哪个方向做。① 企业在面临危机时，不确定因素大量增加，控制单元的数量增大，更需要这种类似“率然”的自组织管理。那么，如何实现这种管理呢？应该像孙子所说的那样，“夫吴人与越人相恶也，当其同舟而济，遇风，其相救也如左右手”（《九地篇》）。复杂的形势，共同的险境，会使有矛盾的人团结在一起，使昔日的对手变为朋友，使不遵守纪律的人变为遵守纪律的人，使不自觉行动的人变为自觉行动的人，甚至能使许多不相干的人突然凝聚成“一个人”。这最终使整个团体行动迅速，协同一致，无论遇到什么情况，都能围绕着一个目的统一行动，首尾相接相至，浑然一体。

所谓“夫众陷于害，然后能为胜败”（《九地篇》），孙子上述的战场心理学思想如果用管理学界的术语来分析，就叫“危机式管理”或“末日式管理”。大量的企业管理实践证明，当企业面临危机和灾难的时候，为了摆脱灾难，员工会产生一种在常态条件下不可能有的抗争之力。换言之，越是在激烈的竞争中，人的积极性和主动性越能最大限度发挥出来；越是在最困难的时候，人结成的群体往往最团结，最有战斗力。所以，我们在平时的企业管理中，一定要有忧患意识，要保持一种危机的压力，只有经常想到失败并为此作好准备的人，才会最大限度地减少失败。

当然，孙子所讲的上述内容，明显包含着“愚兵投险”的思想，如“能愚士卒之耳目，使民无知”；“聚三军之众，投之于险”。这些思想虽然有其合理的成分，但也有不合理的地方，它毕竟是建立在士兵不自愿的基础上，建立在士兵避害求生的心理本能基础上，这不符合现代社会“人本”和“人性”的要求，与现代的

---

① 参见洪兵：《孙子兵法与经理人统帅之道》，第 172 页。

管理方式不相匹配,我们对此应当认真鉴别,剔除其糟粕成分。

五、在“天人合一”观念主导下,讲求天地自然与人的和谐统一

在兵法利用过程中,我们往往以现代系统理论来解释传统谋略尤其是《孙子兵法》中的整体观,但现代系统论构建的基础是主客体的分离,是一个在仔细分解之后的整合过程,系统论的整体观并没有改变人对外在于他的本质世界的认识这一基本前提,这与中国传统文化所讲的天、地、人三者和谐统一的思想是不相符的。就孙子所论地形利用而言,整部《孙子兵法》既肯定天、地的作用,又重视人的价值,而且地理地形因素被有机地贯穿于谋略策划和军事行动之中,与其他内容形成和谐相容的整体。如关于地理环境的认知问题,孙子既讲“知彼知己”,又讲“知天知地”。《地形篇》谈道:“知吾卒之可以击,而不知敌之不可击,胜之半也。知敌之可击,而不知吾卒之不可以击,胜之半也。知敌之可击,知吾卒之可以击,而不知地形之不可以战,胜之半也。故知兵者,动而不迷,举而不穷。故曰:知彼知己,胜乃不殆;知天知地,胜乃可全。”在这里,“己”和“彼”是对立统一关系;“己”“彼”与“天”“地”构成内部与外部的关系。同时,孙子所讲的“天”“地”,不仅仅是指天时和地理,还包括与力量运用相关的方方面面的制约因素。而最后所谓“动而不迷,举而不穷”,则是强调通过发挥人的作用,将用兵所处的客观环境及相关要素有机统一起来。这最终还是强调,在天、地、人三者之中,人是最为宝贵、最为重要的,自然是人的生命价值本原,而人又是自然的生命价值的实现者、体现者。这正是兵家文化所包含的天地自然与人的和谐统一的真正内涵。

兵家的这种和谐哲学和重人观念,对当今的经营管理思想有着深刻的启示。从东西方管理文化的比较来看,西方的管理文化和管理思想基本上是以主客相分的二元对立的思维方式为特征的,它在对世界的认识中倾向于以“二元结构”进行分类,并将事物放在一个二元对立的框架中寻找其发展的规律。例如自然与社会的对立统一,个人与集体的对立统一,经验与理论的对立统一等等。这种对立产生了暴力、强权和斗争观念,这种指导思想只能引起更大的冲突,结局是很危险的。然而,在中国传统文化中,尽管也存在着“二元”结构,但它却是以一种二元相通和非对立的方式存在的。在“天人合一”的主导观念下,中国人预设了人心相通的前提,使得中国人的思维方式尽管承认二元结构,却是以二元相通来对待世界万物万事。二元相通决定了天地自然的价值最终通

过人来体现，同时也决定了管理方法和管理过程的整体观、变易观、和谐观。中国传统管理的基本构架和模式对此体现得非常明显：第一，其核心是人本观。一切管理都要求以“修己”作为起点，达到“安人”的目标，把人作为管理活动的出发点和归宿。第二，其基础是整体观。管理被视作一个统一的整体和过程，以力求达到社会与自然、管理系统与外部环境、管理组织内各种组成和状态的最佳和谐为目标。第三，其灵魂是协和观。在生产管理上追求天人合一，在社会管理上追求天下一家，在人事管理上追求知行合一、情理合一。第四，其规范是经权观。“经”是不变的常理，“权”是应变的权宜。管理既讲究“执经达权”，又提倡“通权达变”。

总之，传统兵家思想与先秦儒家、道家思想一样，都非常关注与关心作为自然形态的天、地和作为社会形态与自然形态统一的人的关系问题，都强调三者的协调与和谐。这实际上是中国传统文化所体现出来的一种生态文化观念、一种生态哲学。它最终呈现的是一幅和谐的天人关系图——人尊重自然，遵循自然规律，使社会活动与自然运行和谐相处，使人与人之间、人与自然之间、人与社会之间、社会与自然之间最终能够协调发展。

六、结论

《孙子兵法》的军事地理思想内容丰富、见解深刻。正如明代的顾祖禹在其巨著《读史方舆纪要》中谈到的那样：“论兵之妙，莫如《孙子》，而论地利之妙，亦莫如《孙子》。”[①]台湾学者钮先钟亦言：“孙子对于地理有独到的研究……克劳塞维茨在其书中也曾论及地理因素与作战的关系，但还是不能像孙子那样有体系有创见。”[②]从现实应用的角度看，孙子分析利用地形的战略观念、战术意识以及在人地关系处理上的辩证思维，对企业经营管理有深刻的借鉴价值，其研究内容本身应属于兵法经营学内容体系的重要组成部分。当然，对于目前《孙子兵法》在企业经营管理中的具体应用，我们需要进行系统化的归纳、融合和探讨，进而形成一个比较完整的内容体系。此外，这种价值的挖掘和利用还需要从《孙子兵法》的具体语境出发，立足于传统文化的大视角，从哲理的层面去解读它、领悟它。唯有如此，才能真正发挥其在企业经营管理中的指导作用。

---

① （明）顾祖禹著，贺次君、施和金点校：《读史方舆纪要·总序》，北京：中华书局 2005 年版。

② 钮先钟：《孙子三论》，第 177 页。

主要参考文献

一、古代文献

1.(春秋)孙武撰,(三国)曹操等注,杨丙安校理:《十一家注孙子校理》,《新编诸子集成》本,北京:中华书局1999年版。

2.(西汉)司马迁:《史记》,北京:中华书局1982年版。

3.(晋)陈寿撰,(宋)裴松之注:《三国志》,北京:中华书局2006年版。

4.(宋)朱熹撰,李一忻点校:《周易本义》,北京:九州出版社2004年版。

5.(宋)高似孙:《子略》,《丛书集成初编》本,北京:中华书局1985年版。

6.(明)顾祖舆著,贺次君、施和金点校:《读史方舆纪要》,北京:中华书局2005年版。

7.(清)王先慎撰,钟哲点校:《韩非子集解》,《新编诸子集成》本,北京:中华书局1998年版。

二、今人专著

1.[日]松下幸之助:《松下幸之助经营管理全集》,台北:名人出版事业股份有限公司1984年版。

2.[英]理查德·迪肯著,群益译:《日本情报机构秘史》,北京:群众出版社1985年版。

3.[美]迈克尔·波特著,陈小悦译:《竞争战略:分析产业和竞争者的技巧》,北京:华夏出版社1997年版。

4.[美]达韦尼·理查德著,许梅芳译:《超优势竞争:新时代的动态竞争理论与应用》,台北:远流出版事业股份有限公司1998年版。

5.[美]马克·麦克内利著,宋克勤译:《经理人的六项战略修炼:孙子兵法与竞争的学问》,北京:学苑出版社2003年版。

6.[美]迈克尔·波特著,刘宁、高登第、李明轩译:《竞争论》,北京:中信出版社 2003 年版。

7.[美]杰拉德・A・迈克尔森、斯蒂芬・W・迈克尔森著，贾良定、唐翌译：《孙子兵法的销售智慧》，北京：高等教育出版社 2005 年版。

8.[德]维尔纳・施万费尔德著，吴凤萍译：《孙子管理学》，上海：上海译文出版社 2009 年版。

9.李世俊、杨先举、贾家瑞：《孙子兵法与企业管理》，南宁：广西人民出版社 1984 年版。

10.吴如嵩：《孙子兵法新论》，北京：解放军出版社 1989 年版。

11.第一届孙子兵法国际研讨会论文编写组：《孙子新探》，北京：解放军出版社 1990 年版。

12.第三届孙子兵法国际研讨会论文编写组：《孙子探胜》，北京：军事科学出版社 1992 年版。

13.崔军：《古代兵法与现代企业管理》，北京：国防工业出版社 1994 年版。

14.周述实：《兵法经营概论》，北京：中国计划出版社 1995 年版。

15.周三多等：《孙子兵法与经营战略》，上海：复旦大学出版社 1995 年版。

16.程素红：《中国历代兵书集成》，北京：团结出版社 1999 年版。

17.吴九龙主编：《孙子校释》，北京：军事科学出版社 2000 年版。

18.赵海军：《孙子学通论》，北京：国防大学出版社 2000 年版。

19.过毅、刘庆主编：《新世纪的中国兵学——第五届孙子兵法国际研讨会论文集》，北京：军事科学出版社 2001 年版。

20.李际均：《论战略》，北京：解放军出版社 2002 年版。

21.吴如嵩：《徜徉兵学长河》，北京：解放军出版社 2002 年版。

22.洪兵：《中国战略原理解析》，北京：军事科学出版社 2002 年版。

23.淞泉：《商道如水》，长春：吉林出版集团有限责任公司 2002 年版。

24.钮先钟：《孙子三论》，桂林：广西师范大学出版社 2003 年版。

25.杨克明：《海尔兵法》，北京：中国经济出版社 2003 年版。

26.邱复兴主编：《孙子兵学大典》，北京：北京大学出版社 2004 年版。

27.于汝波：《孙子兵法研究史》，北京：军事科学出版社 2004 年版。

28.洪兵：《孙子兵法与经理人统帅之道》，北京：中国社会科学出版社 2005 年版。

29.姚有志、阎启英主编：《孙子兵法与战略文化——第六届孙子兵法国际研讨会论文集》，北京：解放军出版社 2005 年版。

30.范爱民：《向军队学管理》，北京：中国时代经济出版社 2005 年版。

31.杨先举：《孙子管理学》，北京：中国人民大学出版社 2005 年版。

32. 朱亚非、赵树国:《兵圣孙子研究》,济南:山东人民出版社 2006 年版。

33. 李零:《兵以诈立——我读〈孙子〉》,北京:中华书局 2006 年版。

34. 王泽民:《孙子兵法的管理学阐释》,北京:民族出版社 2006 年版。

35. 陈昆福:《孙子兵法与现代商战论》,杭州:浙江人民出版社 2007 年版。

36. 喻江、陈昆福:《孙子兵法企业家读本》,北京:军事科学出版社 2008 年版。

37. 吴如嵩:《孙子兵法新说》,北京:解放军出版社 2008 年版。

38. 宫玉振:《取胜之道——孙子兵法与竞争原理》,北京:北京大学出版社 2010 年版。

39. 姚振文:《兵道与商道——博弈中的生存哲学》,北京:中国文史出版社 2012 年版。

三、论文

1. 李泽厚:《孙、老、韩合说》,《哲学研究》1984 年第 4 期。

2. 陈炳富:《从〈孙子兵法〉说到中国管理史》,《瞭望周刊》1984 年第 35 期。

3. 樊松林:《孙子的非军事思想与现代经营管理》,《管理世界》1987 年第 1 期。

4. 赵靖:《孙子兵法——经营管理教科书》,《北京大学学报》(哲学社会科学版)1990 年第 6 期。

5. 陈炳富、陈万华:《孙子兵法及其管理思想》,《管理评论》1991 年第 2 期。

6. 杨先举:《论孙子兵法的管理价值》,于汝波主编:《〈孙子〉新论集粹》,北京:长征出版社 1992 年版。

7. 达非:《兵法经营》,《读书》1992 年第 10 期。

8. 芮明杰:《"全胜"竞争》,《上海企业》1993 年第 9 期。

9. 周述实:《具有中国特色的现代企业管理的探索》,《甘肃社会科学》1995 年第 5 期。

10. 苏东:《孙子兵法与西方管理理论比较研究之我见》,《科学管理研究》1997 年第 5 期。

11. 张德玉:《孙子兵法与现代管理应用的几个待认识的问题》,《北京科技大学学报》(哲学社会科学版)1997 年第 5 期。

12. 张再林:《〈孙子兵法〉与现代管理思想》,《西北大学学报》(哲学社会科学版)1997 年第 3 期。

13. 程振清:《孙子兵法与商战》,《甘肃社会科学》1997 年第 6 期。

14. 王联斌:《走向安国、人道与和平——孙子兵法道德资源对现代世界文明的价值》,《军事历史研究》1999 年第 1 期。

15. 李雪峰:《孙子兵法的矛盾范畴及其在战略管理中的应用》,《北方工业大学学报》2001 年第 2 期。

16. 于丽娟、韩伯棠:《复杂适应系统理论分析企业核心竞争力》,《改革与战略》2003 年第5 期。

17. 王泽民:《论孙子兵法的管理价值》,《西北民族大学学报》2003 年第 5 期。

18. 罗宇浩:《质疑兵法管理》,《经理人》2004 年第 7 期。

19. 罗建法:《企业兵法管理的误区》,《投资与营销》2004 年第 12 期。

20. 周海炜:《战略管理中的企业谋略及运作机制研究》,河海大学博士学位论文,2004 年。

21. 廖祖义:《孙子兵法应用于现代企业管理值得商榷》,《攀登》2005 年第 2 期。

22. 王小燕:《领导力:我们共同的语言——专访美国"领导与领导学会"主席弗朗西斯·赫塞尔本》,《中外管理》2005 年第 6 期。

23. 周海炜、张阳:《论企业经营管理活动中的谋略问题》,《山东社会科学》2005 年第 4 期。

24. 孙果达:《让兵法远离社会——浅论孙子兵法在和平建设时期的影响》,《人民论坛》2005 年第 4 期。

25. 洪兵、李同勇:《孙子兵法与现代商战理性竞争》,《滨州学院学报》2005 年第 5 期。

26. 宫玉振:《孙子兵法在经济领域中应用的历史性跨越》,《滨州学院学报》2005 年第 5 期。

27. 吴学文:《关于孙子兵法应用理论的探讨》,《滨州学院学报》2005 年第 5 期。

28. 鄢德春:《〈孙子兵法〉与西方战略管理思想》,《集团经济研究》2005 年第 2 期。

29. 方润华:《略论孙子兵法与商业竞争》,《孙子兵法与战略文化》,北京:军事科学出版社 2005 年版。

30. [日]铃木拓史著,董凤武译:《日本兵法经营史》,《滨州学院学报》2006 年第 5 期。

31. 刘庆:《兵法经营理论:适用与禁忌》,《滨州学院学报》2006 年第 5 期。

32. 苏培鑫:《孙子兵法与商战之法》,《滨州学院学报》2006 年第 5 期。

33. 苏桂亮:《孙子兵法研究在日本》,《滨州学院学报》2006 年第 5 期。

34. 杜怀中:《从竞争到超越竞争》,《滨州学院学报》2006 年第 5 期。

35. 宫玉振:《从战争理论看企业竞争的本质属性及指导原则》,《滨州学院学报》2006 年第 5 期。

36. 杨先举:《〈孙子兵法〉的企业管理价值》,《滨州学院学报》2006 年第 5 期。

37. 纪洪波:《从孙子兵法看构建企业文化核心竞争力》,《滨州学院学报》2006 年第 4 期。

38. 吴如嵩:《孙子兵法的军事思想及现代价值》,2007 年 3 月 22 日《光明日报》。

39. 吴如嵩:《孙子兵法的大智慧》,中国孙子兵法研究会编:《孙子兵法与现代战略:第七届孙子兵法国际研讨会论文集》,北京:军事科学出版社 2007 年版。

40. 钟尉:《先秦兵家思想战略管理特质研究》,河海大学博士学位论文,2007 年。

41. 周海炜:《企业的实力竞争与谋略竞争》,《理论探讨》2007 年第 2 期。

42. 钱为强:《孙子兵法与中国现代企业管理者的素质——兼论中西管理理念的差异》,《滨州学院学报》2008 年第 5 期。

43. 杨先举:《兵法经营刍议》,《滨州学院学报》2008 年第 5 期。

44. 吴如嵩:《超越兵法》,《滨州学院学报》2008 年第 5 期。

45. 宫玉振:《孙子兵法的全胜思想与企业竞争样式的选择》,《滨州学院学报》2008 年第 5 期。

46. 王鹏远:《基于复杂适应系统的作战理论哲学反思》,《南京理工大学学报》(社会科学版)2008 年第 3 期。

47. 孙宝连:《张瑞敏的谋势经营哲学及其启示》,《中外企业家》2009 年第 2 期。

48. 赵亮、宋香谒:《从管理哲学视角看先秦兵家的治道模式》,《辽宁科技大学学报》2009 年第 4 期。

49. 宁建新:《基于〈孙子兵法〉的中国式企业战略管理理论体系之构想》,《滨州学院学报》2009 年第 5 期。

50. 苏桂亮:《兵法经营学文献综览》,《滨州学院学报》2009 年第 5 期。